北京大学教材

PEKING UNIVERSITY TEXTBOOK

汉语高级教程

第二册

ADVANCED CHINESE COURSE

part Ⅱ

姚殿芳 杨贺松 赵燕琬
戴桂芙 傅民 编著

北京大学出版社

PEKING UNIVERSITY PRESS

图书在版编目 (CIP) 数据

汉语高级教程 .2 / 姚殿芳编 .— 北京：北京大学出版社，1989（2004.3 重印）

ISBN 978-7-301-06984-4

Ⅰ. 汉 …　Ⅱ. 姚 …　Ⅲ. 汉语 — 对外汉语教学 — 教材　Ⅳ. H195.4

中国版本图书馆 CIP 数据核字 (2004) 第 013538 号

书　　名：汉语高级教程（第二册）

著作责任者：姚殿芳　主编

责 任 编 辑：胡双宝

标 准 书 号：ISBN 978-7-301-06984-4/H·0982

出 版 发 行：北京大学出版社

地　　址：北京市海淀区成府路 205 号　100871

网　　址：http://www.pup.cn

电　　话：邮购部 62752015　发行部 62750672　编辑部 62753334　出版部 62754962

电 子 邮 箱：zpup@pup.pku.edu.cn

印　刷　者：北京中科印刷有限公司

经　销　者：新华书店

787 毫米 ×1092 毫米　16 开本　14.75 印张　377 千字

1992 年 8 月第 2 版　2010 年 3 月第 12 次印刷

定　　价：30.00 元

目　　录

第十五课　京　　白

萧　乾

五十年代为了听点儿纯粹的北京话，我常出前门去赶相声大会，还邀过叶圣陶老先生和老友严文井。现在除了说老段子，一般都用普通话了。虽然未免有点儿可惜，可我估摸着他们也是不得已。您想，现今北京城扩大了多少倍！两湖两广陕甘宁，真正的老北京早成“少数民族”啦。要是把话说纯了，多少人能听得懂！印成书还能加个注儿。台上演的，台下要是不懂，没人乐，那不就砸锅啦！

所以我这篇小文也不能用纯京白写下去啦。我得花搭着来——“花搭”这个词儿，作兴就会有人不懂。它跟“清一色”正相反：就是京白和普通话掺着来。

京白最讲究分寸。前些日子从南方来了位愣小伙子来看我。忽然间他问我“你几岁了？”我听了好不是滋味儿。瞅见怀里抱着的，手里拉着的娃娃才那么问哪。稍微大点儿，上中学的，就得问：“十几啦？”问成人“多大年纪”。有时中年人也问“贵庚”，问老年人“高寿”，可那是客套了，我赞成朴素点儿。

北京话里，三十“来”岁跟三十“几”岁可不是一码事。三十“来”岁是指二十七八，快三十了。三十“几”岁就是三十出头了。就是夸起什么来，也有分寸。起码有三档。“挺”好和“顶”好发音近似，其实还差着一档。“挺”相当于文言的“颇”。褒语最低的一档是“不赖”，就是现在常说的“还可以”。代名词“我们”和“咱们”在用法上也有讲究。“咱们”一般包括对方，“我们”有时候不包括。“你们是上海人，我们是北京人，咱们都是中国人。”

京白最大的特点是委婉。常听人抱怨如今的售货员说话生硬——可那总比带理不理强哪。从前，你只要往柜台前头一站，柜台里头的就会跑过来问：“您来点儿什么？”“哪件可您的心意？”看出你不想买，就打消顾虑说：“您随便儿看，买不买没关系。”

委婉还表现在使用导语上。现在讲究直来直去，倒是省力气，有好处。可有时候猛孤丁来一句，会吓人一跳。导语就是在说正话之前，先来上半句话打个招呼。比方说，知道你想见一个人，可他走啦。开头先说，“您猜怎么着——”；要是由闲话转入正题，先说声：“喂，说真格的——”，就是希望你严肃对待他底下这段话。

委婉还表现在口气和角度上。现在骑车的要行人让路，不是按铃，就是硬闯，最客气的才说声“靠边儿”。我年轻时，最起码也得说声“借光”。会说话的，在“借光”之外，再加上句“溅身泥”。这就替行人着想了，怕脏了您的衣服。这种对行人的体贴往往比光喊一声“借光”来得有效。

京白里有些词儿用得妙。现在夸朋友的女儿貌美，大概都说：“长得多漂亮啊！”京白可比那花哨。先来一声“哟”，表示惊讶，然后才说：“瞧您这闺女模样儿出落得多水灵啊！”相形之下，“长得”死板了点儿，“出落”就带有“发展中”的含义，以后还会更美；而“水灵”这个字除了静的形态（五官端正）之外，还包含着雅、娇、甜、嫩等等素质。

名物词后边加“儿”字是京白最显著的特征，也是说得地道不地道的试金石。

正像英语里冠词的用法，这“儿”字也有点儿捉摸不定。大体上说，“儿”字有“小”意，因而也往往带有爱昵之意。小孩加“儿”字，大人后头就不能加，除非是挖苦一个佯装成人老气横秋的后生，说：“嗬，你成了个小大人儿啦。”反之，一切庞然大物都加不得“儿”字，比如学校，工厂，鼓楼或衙门。马路不加，可“走小道儿”、“转个弯儿”就加了。当然，小时候也听人管太阳叫过“老爷儿”。那是表示亲热，把它人格化了。问老人“您身子骨儿可硬朗啊”，就比“身体好啊”亲切委婉多了。

京白并不都娓娓动听。北京人要骂起街来，也真不含糊。

可北京更讲究损人——就是骂人不带脏字儿。挨声骂，当时不好受。可要挨句损，能叫你恶心半年。

有一年冬天，我雪后骑车走过东交民巷，因为路面滑，车一歪，差点儿把旁边一位骑车的仁兄碰倒。他斜着瞅了我一眼说：“嗨，别在这儿练车呀！”一句话就从根本上把我骑车的资格给否定了。还有一回因为有急事，我在人行道上跑。有人给了我一句：“干吗？奔丧哪！”带出了恶毒的诅咒。买东西嫌价钱高，问少点儿成不成，卖主朝你白白眼说：“你留着花吧。”听了有多窝心！

生　词

1.京白	jīngbái	（名）	原指京剧中用北京话念的语句。本课指北京口语。
2.杂忆	záyì	（名）	回忆往事的杂文。
3.纯粹	chúncuì	（形）	不掺杂别的成分的。
4.北京话	Běijīnghuà	（名）	北京地区使用的语言，也就是北京方言。
5.普通话	pǔtōnghuà	（名）	现代汉语的标准语。
6.估摸	gūmo	（动）〈口〉	估计。根据某些情况，对事物的性质、数量、变化等做大概的推断。
7.不得已*	bùdéyǐ	（形）	无可奈何；不能不如此。
8.注儿	zhùr	（名）	注解。

9.砸锅	záguō	〈方〉	比喻办事失败。
10.花搭(着)	huādā(zhe)	(动)〈方〉	种类或质量不同的东西错综搭配。
11.作兴	zuòxīng	(副)〈方〉	也许。
12.清一色	qīngyīsè	(形)	比喻全部由一种成分构成；全部一个样子。
13.分寸	fēncun	(名)	说话或做事的适当限度。
14.滋味(儿)	zīwèir	(名)	味道。
15.贵庚	guìgēng	(名)	敬辞。问人年龄。
16.高寿	gāoshòu	(名)	①敬辞。用来问老年人的年纪。②长寿。
17.客套	kètào	(名、动)	①表示客气的套语。②说客气话。
18.朴素	pǔsù	(形)	①(颜色、式样等)不浓艳，不华丽。②(生活)节俭。
19.档	dàng	(名)	(商品、产品的)等级。grade
20.文言	wényán	(名)	指以古汉语为基础的书面语。
21.褒	bāo	(动)	赞扬；夸奖(跟"贬"相对)。
22.不赖	búlài	(形)〈口〉	不坏。
23.委婉	wěiwǎn	(形)	言词温和而曲折，但不失本意。
24.生硬	shēngyìng	(形)	①勉强做的；不自然；不熟练。②不柔和。
25.可心(意)*	kěxīn(yì)		恰合心愿；合意。
26.打消	dǎxiāo	(动)	消除(用于抽象的事物)。
27.导语	dǎoyǔ	(名)	新闻消息的开头部分，扼要地概括全文的基本内容、中心思想。本课指说话前先打个招呼。
28.直来直去	zhí lái zhí qù		形容说话做事直截了当，简单爽快不绕弯儿。
29.猛孤丁	měnggudīng	(副)〈方〉	猛然，突然。
30.吓一跳	xià yī tiào		使人受到惊吓。
31.正话	zhènghuà	(名)	谈主要内容的话。
32.闲话	xiánhuà	(名)	①与正事无关的话。②不满意的话。
33.正题	zhèngtí	(名)	说话写文章的主要题目，中心内容。
34.真格的	zhēngéde	(形)〈方〉	实在的，当真的。
35.按(铃)	àn(líng)	(动)	用手或指头压。
36.闯	chuǎng	(动)	①猛冲。②闯练，走出家庭到实际生活中去锻炼。
37.借光	jièguāng	〈口〉	表示客气的套语。用于向人询问或

			请别人给自己方便。
38.出落	chūluo	(动)〈方〉	青年人(多指女性)的体态容貌向好的方面变化。
39.水灵	shuǐling	(形)〈方〉	①(蔬菜水果)鲜美多汁而爽口。②形状、容貌漂亮而有精神。
40.相形之下*	xiāng xíng zhī xià		相互比较。形：对照，比较。
41.死板	sǐbǎn	(形)	①不活泼；不主动。②(办事)不会变通，不灵活。
42.形态	xíngtài	(名)	①事物的形状或表现。form ②词的内部变化形式，包括构词形式和词形变化的形式。morphology
43.五官	wǔguān	(名)	指耳、目、口、鼻、身。通常指脸上的器官。facial features
44.端正	duānzhèng	(形)	①物体不歪斜；物体各部分保持应有的平衡状态。regular；upright ②正派；正确。proper；correct
45.素质	sùzhì	(名)	指事物本来的性质。quality
46.显著	xiǎnzhù	(形)	非常明显。
47.特征	tèzhēng	(名)	可以做为事物特点的征象、标志等。
48.地道	dìdao	(形)	①真正是有名产地出产的。②真正的；纯粹。③(工作或材料的质量)实在；够标准。
49.试金石	shìjīnshí	(名)	①touchstone ②比喻精密可靠的检验方法和标准。
50.冠词	guàncí	(名)	article
51.捉摸	zhuōmō	(动)	猜测；预料(多用于否定句)。
52.大体(上)*	dàtǐ(shàng)	(形、名)	①就多数情况或主要方面说。on the whole②重要的道理。main prineiple
53.爱昵	àinì	(形)	亲热。
54.挖苦	wāku	(动)	用尖酸刻薄的话讥笑人。ridicule
55.佯装	yángzhuāng	(动)	假装。
56.老气横秋	lǎoqìhéngqiū	〈成〉	①形容人摆老资格，自以为了不起的样子。②形容人没有朝气，暮气沉沉的样子。
57.嗬	hē	(叹)	表示惊讶。
58.反之*	fǎnzhī	(连)	与此相反；反过来说；反过来做。

59.庞然大物	pángrán dà wù		形容体积大而笨重的东西。
60.亲热*	qīnrè	(形)	亲密而热情。
61.人格化	réngéhuà	(动)	童话、寓言等文艺作品中常用的一种创作手法，赋予动物、植物以及非生物以人的特征，使它们具有人的思想、感情和行为。personification
62.身子骨儿	shēnzigǔr	(名)〈方〉	体格。
63.硬朗	yìnglang	(形)〈口〉	(老人)身体健壮。
64.娓娓动听	wěiwěi dòngtīng		形容谈论不倦或说话动听。
65.骂街	mà jiē		不指明对象当众谩骂。
66.不含糊*	bù hánhu		①常用做赞美的话，是"有能耐"或"行"的意思。②不害怕，不畏缩。
67.损人	sǔnrén		①说话带刺，使人难受。②使别人受到损失。
68.恶心	ěxin	(动、形)	①feel nauseated; feel sick ②非常讨厌。nauseating; disgusting
69.仁兄	rénxiōng	(名)	对朋友的敬称。本课指那位不认识的人。带诙谐意味。
70.恶毒	èdú	(形)	(心术、手段、语言)阴险狠毒。vicious; malicious; venomous
71.诅咒	zǔzhòu	(动)	原指祈祷鬼神加祸于所恨的人，今指咒骂。curse; abuse
72.嫌	xián	(动)	厌恶；不满意。dislike; mind
73.卖主	màizhǔ	(名)	货物的出售者。seller
74.窝心	wōxīn	(形)〈方〉	因受到委屈或侮辱后不能表白或发泄而心中苦闷。

注　　释

1.萧乾(1909—　)——现代作家，文学翻译家，著名记者。燕京大学毕业后，1939—1945年曾任《大公报》驻英国记者。主要作品有《篱下集》《蚕》等。译著有《好兵帅克》《莎士比亚戏剧故事集》等。

2.相声——曲艺的一种。以讽刺幽默逗人发笑为特点，基本艺术手段是说、学、逗、唱。

3.严文井(1915—　)——当代著名儿童文学家，文艺理论家。

4.老段子——曲艺的传统节目。

5.两湖——湖南省和湖北省。

6.两广——广东省和广西省。

7.陕甘宁——陕西省、甘肃省、宁夏回族自治区。

8.鼓楼——旧时城市中设置大鼓的楼，楼内按时敲鼓报告时辰。

9.衙门——旧时官员办公的机关。

10.老爷儿——北方方言，即太阳。

11.东交民巷——北京地名。

词语例解

不得已

表示所做所为是出于无奈或没有办法，不能不如此。例如：

1.向别人借钱是不得已的办法。

2.长征路上，草根、树皮都吃光了，红军战士实在不得已才把马杀掉。

3.这位热爱艺术事业的舞蹈演员，由于腿部受伤，不得已告别了舞台。

4.这家工厂，一再亏本，迫不得已，只好宣布破产。

5.他突然病倒了，缺了几天课也是出于不得已。

要是不懂，那不就砸锅啦

“要是…那不就…”这一格式是用反问形式表示假设条件下将会产生某种结果，意思跟“要是…那就…”相同，但语气较强。例如：

1.要是大家都抓紧做，那不就能很快做完了吗？

2.要是还不快去，那不就来不及了吗？

3.要是说写小说容易，那我们不就早都成了文学家了吗？

4.天要是老不下雨，庄稼那不就旱死了？还是赶快打井抗旱吧。

不是滋味儿

“不是滋味儿”有三种用法：

一、味道不正。例如：

1.老王不会做饭，炒出的菜不是滋味儿，谁都不爱吃。

2.这种饮料喝起来不是滋味儿，可能已经变质了。

二、不对头，不正常。例如：

3.他讽刺挖苦别人，大家都感到他这些话不是滋味儿。

4.他一向对我很热情，今天忽然带理不理的，我觉得不是滋味儿。

三、心里感到不好受。例如：

5.他觉得对不起朋友，心里怪不是滋味儿。

6.有了这样好的条件，工作还做不出成绩，他感到惭愧，心里很不是滋味儿。

三十来岁

“来”表示概数。一般指不到那个数目，有时也指比那个数目稍大或稍小。

一、数词+来+量词+名词，数词限于十、百、千、万。如：十来个人/一百

来斤大米/五千来块钱

二、数＋度量词＋来＋形/名。如：四斤来重/一丈来高/六米来深/五里来地

“来”在量词前和量词后，所表示的概数是不同的。如：“十来尺长”是比十尺多或少一、二尺的意思，“十尺来长”是比十尺多或少一、二寸的意思。

带理不理(的)

“带理不理(的)”是形容不愿意理睬的样子，也说“带搭不理(的)”。用“带…不…(的)”这一格式嵌入相同的动词，常表示动作发出者一种不高兴、不耐烦、不认真对待的态度。例如：

1.一看她那带笑不笑的样子，我就知道她心里不太痛快。

2.我说了半天，你怎么老是带听不听的？

3.瞧你这带写不写的样子，你的作业什么时候才能写完？

可您的心意

“可”在这里是“适合”的意思，后面带名词。例如：

1.这家饭店的饭菜很可口。

2.这双鞋不大不小正可脚。

3.这件衣服不肥不瘦挺可身。

4.春天天气可人，正是旅游的好时机。

相形之下

意思是在相互比较的情况下，说话人的侧重点是说明比较逊色的那一方面。例如：

1.两支球队虽然踢成了平局，但相形之下，甲队的攻守技术不如乙队。

2.墙上挂的这几幅画都很好，相形之下，这幅山水画稍嫌逊色。

大体上

意思是就多数情形来看，或从主要方面来说。例如：

1.经过几次讨论研究，这份科研规划大体上有个轮廓了。

2.对于工厂的经济改革，大家的看法大体上是一致的。

3.我大体上同意老张的意见。

反之

是“与此相反”的意思。一般用在两个分句、句子或段落中间，引出同上文相反的另一个意思。“反之”的后面有停顿。多用于书面语。例如：

1.谦虚能使人进步，反之，骄傲会使人落后。

2.雨水不足，庄稼固然长不好，反之，雨水太多，庄稼也长不好。

“反之也一样”是从正反两个方面说明同样的规律或道理。例如：

3.收入越高，购买力越高，反之也一样，收入越少，购买力越低。

4.学习外语，掌握的词汇量越大，阅读能力越强，反之也一样。

不含糊

一、表示赞美，含有能耐大、质量好的意思。例如：

1.这位年轻歌手唱起流行歌曲来真不含糊。

2.到底是名牌产品，质量、式样都不含糊。

二、表示不害怕，不畏缩。例如：

3.中国女排碰上了强劲的对手，也绝不含糊，照样能打出水平。

三、表示认真。例如：

4.不论交给他什么活儿，他都不含糊，总是严格保证质量。

亲热　亲切

一、都是形容词，有“亲密、热情”的意思，用来形容感情好，亲近。例如：

1.在校庆那天，校友们纷纷回到母校，老校长亲热/亲切地跟他们握手、畅谈。

2.大家谈得很亲热/亲切。

二、不同的是“亲热”着重形容感情热烈，跟“冷淡”相对。一般指人的态度、表情，指双方或一方都可以。而“亲切”着重指内心感到亲近，有“关心”“关切”的意思。常用来形容对人或事物的感受，也可以描述对景物的感情。例如：

3.当病人悲观难过的时候，大夫那亲切的目光和话语，增加了病人战胜疾病的勇气。

4.听到故乡人的声音，看到故乡的山山水水，他感到分外亲切。

三、“亲热”可以做动词用，按动词的形式重叠。

5.父亲离家好几年了，他真想回家跟孩子们好好亲热亲热。

练　　习

一、填中心语：

1.朴素的____　2.死板的____　3.恶毒的____　4.水灵的____

5.地道的____　6.爱昵的____　7.显著的____　8.端正的____

二、填宾语：

1.讲究____　2.打消____　3.估摸____　4.诅咒____

5.按____　6.猜____　7.挖苦____　8.闯____

三、写出同义词：

1.纯粹　2.亲热　3.特征　4.佯装　5.硬朗　6.不得已

四、写出反义词：

1.褒　2.朴素　3.生硬　4.水灵　5.死板　6.老气横秋

五、造句：

1.砸锅　2.分寸　3.窝心　4.不是滋味

5.不得已　6.不含糊　7.清一色　8.直来直去

六、比较以下叹词表示的不同感情，并模仿造句：

1.喂，说真格的…

2.哟，瞧您这闺女模样儿出落得多水灵啊。

3.嗬，你成了个小大人儿啦。

4.嗨，别在这儿练车呀！

七、完成句子：

1.这个星期天他不想出去玩，________。（不得已）

2.要是想出了好主意，________。（那不就）

3.________，大家不就都满意了吗？（要是）

4.小张的毛笔字写得很漂亮，________。（相形之下）

5.他经过一个月的住院治疗，________。（大体上）

6.北京人说儿化词很自然，很好听，________。（反之）

7.学习越好，信心越足，________。（反之也一样）

8.俗话说“人心换人心”，你对朋友越好，________。（反之也一样）

9.这位老人打太极拳________。（不含糊）

10.看到他这样忙，而我又不能去帮他，________。（不是滋味）

八、选词填空（可心、可人，差点儿、差点儿没，亲热、亲切）：

1.我们班的同学彼此相处都很____。

2.除夕之夜，全家人高高兴兴____地吃了一顿团圆饭。

3.姐妹俩分别好几年了，都想见见面____。

4.童年的快乐时光都变成了____的回忆。

5.这间屋子光线好，也安静，他住得____。

6.阳春三月，天气____，大家都准备春游。

7.我送给妹妹的生日礼物，她一定____。

8.他今天七点五十分才起床，____迟到。

9.昨天刮大风，他没穿大衣，____感冒。

10.这次考试他得了95分，____高兴得叫起来。

11.小王排队买到了最后一张电影票____看上这场电影。

12.饭馆要关门了，____吃上饭。

九、按下列要求写出词语和句子：

1.用5个表示程度的词修饰“好”。

2.写出10个能够儿化的词。

3.举出5句委婉语气和生硬语气对照的日常用语。

十、回答问题：

1.中国人怎样问年龄，和你们国家的问法有什么不同？
2.为什么作者对“京白”有很深的感情？
3.文章里说“京白最讲究分寸”，你有什么体会？
4.北京话的儿化跟普通话的儿化有什么不同？

第十六课　乐趣与没趣

冯　至

鲁迅在为他翻译的《小约翰》写的《引言》里说他在日本留学时，除了听讲和抄讲义外，也自有一种乐趣，那就是去看看神田区一带为数众多的书店。那里“每当夏晚常常猬集着一群破衣旧帽的学生”，鲁迅也“不觉逡巡而入，去看一通，到底是买几本，弄得很觉得怀里有些空虚”。这种乐趣，不少人作学生时都有过，有人后来随着生活的变化渐渐淡了下去，有人却不但没有淡下去，而且越来越浓，购书成癖。我虽然没有成为书癖，但这种乐趣我长期不曾中断，闷的时候总要到书店里走走，一直继续到五十年代。

我在大学读书时，北京在北洋军阀统治下，黑暗而荒凉，可是书店却不少。且不说琉璃厂、隆福寺街那些历史悠久藏书丰富的大书店，就是东安市场书店和书摊也不下二三十家。有卖新书的，有卖旧书的，还有专门卖外文旧书的。市场里的书店和书摊，规模不大，都可以供我于课余之暇在那里盘桓，浏览架上的群书。至于琉璃厂、隆福寺街的大书店，店门就不那么容易走进了。作为穷学生，自知钱袋羞涩，不无顾虑，要徘徊一些时候，才鼓起勇气进去，鲁迅说“逡巡而入”，遣词的确很恰当，形容出穷学生们迈进书店时的心理和行动的状况。书摊也好，大小书店也好，只要能发现一两本心爱的书，不管明天的饭钱有没有着落，买到手里，那种愉快的心情是人间任何赏心乐事都不能与之比拟的。

学校毕业后当了教师，每月挣得一些工资，继续光顾市场里的书店书摊，自不待言，就是走进大书店也不那么踌躇了。去的次数多了，书店老板也熟识了，有的老板图书知识非常丰富，若是他知道你的专业或兴趣，他会主动拿出与之有关的书籍给你看，你看后不买，他也不介意。有时你想买某一部书，他店里没有，他会尽可能到旁的地方去找，找到后通知你，或是送到你家里。

在书摊旁，在书店里，有如置身于大大小小的开架图书馆，既可以找到迫切需要的书，也可以有意外的新发现，买到素不相识而又非常有意义或有趣味的书。日子久了，我有这么一种感觉，仿佛不是我去找书，却是书在等候着我。既然觉得书在等着我，我为什么不去呢，纵使那里吞噬了我袋里有限的钱币，消磨了我宝贵的光阴，我还是乐此不疲。

但是“乐此不疲”到了六十年代初期渐渐有些“疲”了，尤其是十年浩劫，斯文扫地。买书的乐趣也扫荡无余。十一届三中全会以后，出版界出的书一年比一年多，学校、研究机关以及读书人，数目也都大量增加，可是书店的数目比例比过去反而显著减少了。这种矛盾给书的“消费者”造成的困难不是三言两语所能表达的。

我也曾想恢复我往日的“乐趣”。但是由于书店少买书人多，店内拥挤不堪，我很难挤到玻璃书柜前，看看里边陈列着什么书。有时挤到书柜前，问售货员有没有我所需要的某一本书，售货员往往头也不抬，唇齿间发出两个字音“没有”。不过这样的回答在别的商店里也常听到，不足为奇，足以为奇的是，我由于视力衰退，有一次看不清书架平摆着的一本书的书名，我问一个女售货员那是一本什么书，她冷酷地说了一句：“你戴着眼镜还看不清楚！”便转身走开了。如果说“没有”的回答是软钉子，这个女售货员不像回答的回答就是硬钉子了。碰了多次不足为奇的软钉子和一次足以为奇的硬钉子，更加以由于书店少而造成的拥挤，进书店等于自找没趣，往日的“乐趣”想恢复也恢复不起来了。

现在提倡改革，不少行业都动起来了。我见闻浅陋，好像书的市场还看不出多少改革的征兆。

（选自《北京晚报》1985.12.6）

生　　词

1.引言	yǐnyán	（名）	书或文章前面说明宗旨，介绍内容的部分。类似序言或导言。
2.讲义	jiǎngyì	（名）	为讲课编写的教材。
3.猬集	wèijí	（动）〈书〉	比喻事情繁多，象刺猬(hedgehog)的毛那样聚在一起。
4.逡巡	qūnxún	（动）〈书〉	有顾虑而徘徊或不敢前进。
5.（一）通	（yì）tōng	（量）	（一）遍；（一）次。
6.空虚	kōngxū	（形）	里面没有什么东西。
7.癖	pǐ	（名）	对某种事物的特别爱好。
8.中断	zhōngduàn	（动）	中途停止或断绝。
9.荒凉	huāngliáng	（形）	冷清。这里指市场萧条，经济不景气。
10.藏书	cángshū		收藏书籍。
11.（书）摊	（shū）tān	（名）	路旁或市场卖书的摊子。(book) stall
12.不下（于）*	bùxià（yú）	（动）	不少于；不低于。
13.盘桓	pánhuán	（动）〈书〉	有意停留，逗留。
14.浏览	liúlǎn	（动）	大略地看（书、刊）。
15.作为*	zuòwéi	（动）	①就人的某种身分或事物的某种性质来说。②当做。
16.（钱袋）羞涩	（qiándài）xiūsè	（形）	难为情，态度不自然。“钱袋羞涩”

			没有钱。
17.不无顾虑*	bù wú gùlǜ		不是没有顾虑，也就是有点顾虑的意思。
18.徘徊	páihuái	(动)	在一个地方来回地走。比喻拿不定主意。
19.着落*	zhuóluò	(名)	①assured source②whereabouts
20.赏心乐事	shǎngxīn lèshì		欢畅愉快的心情或令人高兴的事情。
21.(与)之	(yǔ)zhī	(代)	(跟)它(他)。“之”代替人或事物，只能做宾语。
22.比拟	bǐnǐ	(动)	把一件事物比做另一件事物。
23.光顾	guānggù	(动)	敬辞。商家多用来欢迎顾客。这里是一种俏皮的说法，指去书店、书摊买书。
24.自不待言	zì bù dài yán		自然用不着解释和明说。
25.若是	ruòshì	(连)	如果；如果是。
26.(不)介意	(bù) jièyì		(不)把不愉快的事记在心上。
27.开架	kāijià		图书馆或书店里由读者直接从书架上选取图书。
28.素不相识	sùbùxiāngshí		从来不认识。素，素来，向来。
29.纵使	zòngshǐ	(连)	即使。
30.吞噬	tūnshì	(动)	吞食，吃掉。
31.消磨	xiāomó	(动)	①使意志、精力等逐渐消失。②度过(时间，多指虚度)。
32.光阴	guāngyīn	(名)	时间。
33.乐此不疲	lècǐbùpí		对这类事情兴致很高，从不觉得疲倦。
34.斯文扫地*	sīwénsǎodì	〈成〉	文化或文人不受尊重或文人自甘堕落。
35.扫荡	sǎodàng	(动)	泛指彻底清除。
36.比例	bǐlì	(名)	这里指两个同类数互相比较，其中一数是另一数的几倍或几分之几。
37.消费者	xiāofèizhě	(名)	为了生产和生活需要而消耗物质财富的人，这里指买书的人。
38.不堪*	bùkān	(形、动)	①表示程度深。②承受不了。③不能。
39.陈列	chénliè	(动)	把物品摆出来供人看。
40.视力	shìlì	(名)	eyesight

41.衰退　　shuāituì　　（动）　　（身体、精神、意志、能力等）趋向衰弱；（国家的经济状况）衰落。
42.冷酷　　lěngkù　　（形）　　（待人）冷淡苛刻。
43.浅陋　　qiǎnlòu　　（形）　　（见识）贫乏。
44.征兆　　zhēngzhào　　（名）　　预先显露出来的迹象。

注　　释

1.冯至（1905—　）——现代著名诗人、翻译家、教授。原名冯承植。河北涿县人。著有诗集《昨日之歌》《北游及其他》《十四行集》《西郊集》；散文集《山水》《东欧杂记》。译著有《哈尔茨山旅行记》《海涅诗选》等。

2.《小约翰》——荷兰作家望·蔼覃（F.W.Van Eeden，1860—1923）的长篇童话。鲁迅与齐宗颐合译，1928年北京未名社出版。

3.神田区——是日本东京书店众多而集中的地区，其中的神保町尤其著名。

4.北洋军阀——指1912—1928年间代表北方封建势力的军阀集团。军阀：控制政治的军人集团。

5.隆福寺街——“隆福寺”是北京东城区的一座寺庙，寺前的街上原先有很多书店。

6.东安市场——坐落在北京王府井大街的旧式综合性商场，内有各种书铺。

词　语　例　解

且不说…，就是…也…

也作“且不论”。“且”是暂时、姑且的意思。“且不说”相当于“姑且（暂且）不用说”或“先不用说”。在复句里，前一分句用“且不说”引出暂时可以不管的事，后一分句用“就是…也…”表示假设兼让步，转入正意。例如：

1.且不说北京、上海、广州这些大城市，就是一些中小城市也都有各自的风味小吃。

2.且不说自己的亲兄弟了，就是朋友、同事之间也应该互相帮助。

3.说到北京的名胜古迹，且不论万里长城，就是天坛、颐和园，也是值得一看的。

不下（于）二三十家

一、表示“不少于”，也就是不比某个数目少的意思。例如：

1.他带来的样品不下五十种。

2.出席会议的代表，不下于二百人。

二、表示“不低于”，也就是不比别的东西低或差的意思。例如：

3.这种照相机的质量，不下于日本的佳能。

作为穷学生

一、当作，用来作。常用在语气比较庄重的句子里。例如：

1.应当从客观存在着的实际情况出发，从中引出规律性的东西，作为我们行动的指导。

2.把开展多种多样的口语实践活动，作为我们改进教学的有效手段。

二、就人的某种身分或事物的某种性质来说。多用在句首，有提示和加强语气的作用。例如：

3.作为一个人民教师，应当尽到教书育人的责任。

4.他作为我们学校的代表，参加了全国大学生运动会。

不无顾虑

“不无”是“不是没有”“有点儿”的意思。“不无顾虑”就是“有点顾虑”的意思。用双重否定表示肯定，语气比较委婉。例如：

1.尽管医生一再说这种病不传染，但人们还是不无顾虑。

2.增加了这份收入，对生活一向比较困难的人家来说，确是不无小补。

3.整出戏演得非常成功，只是结尾有些松散，使观众不无遗憾。

着落

一、指可以依靠或指望的来源。例如：

1.这笔经费还没有着落，还得继续筹措。

2.工厂急需的原料已经有了着落，产品可以保证供应了。

二、指东西的下落。

3.你前天打听的那个人有着落了，他住在北京饭店。

4.遗失的钱包已有着落，是饭店服务员捡到的。

斯文扫地

这里是用“扫地”的比喻义，比喻“完全丧失了”。如：名誉扫地/信用扫地/威风扫地。

拥挤不堪

一、表示程度深，用在消极意义的词语后面。例如：

1.我从长城回来，已经疲惫不堪。

2.伤口一直不愈合，使他痛苦不堪。

二、经受不住。例如：

3.敌军士气低落，纪律涣散，不堪一击。

4.在法西斯残暴镇压下，被占领区的人民不堪其苦。

三、不能(多用在不好的或消极的方面)。例如：

5.这部电影趣味很低，有些镜头不堪入目。

6.国家的森林资源本来就不多，如果乱砍乱伐，后果不堪设想。

练　　习

一、写出下列各词的反义词：

1.穷　　2.冷酷　　3.黑暗　　4.丰富
5.熟识　　6.主动　　7.清楚　　8.空虚
9.继续　　10.荒凉　　11.悠久　　12.浅陋

二、填上适当的汉字：

1.为数__多　　2.课余之__　　3.逡__而入　　4.乐此不__
5.嗜书成__　　6.三言__语　　7.__心乐事　　8.自不__言
9.__文扫地　　10.__不相识　　11.不足为__　　12.拥挤不__

三、给下列动词填上适当的宾语：

1.翻译__　　2.光顾__　　3.中断__　　4.自找__
5.消磨__　　6.陈列__　　7.吞噬__　　8.浏览__
9.提倡__　　10.恢复__

四、给下列各词填上适当的主语：

1.__悠久　　2.__浅陋　　3.__空虚　　4.__羞涩
5.__丰富　　6.__衰退

五、模仿造句：

1.他在日本留学时，除了听讲和抄讲义外，也自有一种乐趣，那就是去看看神田区一带为数众多的书店。

2.我买书的兴趣渐渐淡了下去，有人却不但没有淡下去，而且越来越浓，购书成癖。

3.在书店里，在书摊上，既可以找到迫切需要的书，也可以有意外的新发现，买到素不相识而又非常有意义或有趣味的书。

4.碰了多次的软钉子和硬钉子以后，往日的乐趣，想恢复也恢复不起来了。

5.且不说琉璃厂、隆福寺街那些历史悠久藏书丰富的大书店，就是东安市场书店和书摊也不下二三十家。

6.书摊也好，大小书店也好，只要能发现一两本心爱的书，不管明天的饭钱有没有着落，也要先把书买到手。

六、完成句子：

1.________，我总要去看望一次祖母。（每当）

2.每月发了工资，________，买几本心爱的书。（光顾）

3.他到处找工作，直到年底，________。（着落）

4.北京火车站每天的客流量都在十万人次以上，________。（拥挤不堪）

5.孩子正在抢救，亲人们________。（徘徊）

七、造句：

1.不曾　　2.作为　　3.不介意　　4.着落

5.不无…　　6.…不堪

八、写一篇小杂感(500字到800字)。

第十七课　荷花淀

孙　犁

月亮升起来，院子里凉爽得很，干净得很。白天破好的苇眉子湿润润的，正好编席。女人坐在小院当中，手指上缠绞着柔滑修长的苇眉子。苇眉子又薄又细，在她怀里跳跃着。

要问白洋淀有多少苇地，不知道；每年出多少苇子，也不知道。只晓得每年芦花飘飞苇叶黄的时候，全淀的芦苇收割，垛起垛来，在白洋淀周围的广场上，就成了一条苇子的长城。女人们在场里院里编着席。编成了多少席？六月里，淀水涨满，有无数的船只运输银白雪亮的席子出口。不久，各地的城市村庄就全有了花纹又密又精致的席子用了。大家争着买："好席子，白洋淀席！"

这女人编着席。不久，在她的身子下面就编成了一大片。她像坐在一片洁白的雪地上，也像坐在一片洁白的云彩上。她有时望望淀里，淀里也是一片银白世界。水面笼起一层薄薄透明的雾，风吹过来，带着新鲜的荷叶荷花香。

但是大门还没有关，丈夫还没有回来。

很晚丈夫才回来了。这年轻人不过二十五六岁，头戴一顶大草帽，上身穿一件洁白的小褂，黑单裤卷过了膝盖，光着脚。他叫水生，小苇庄的游击组长，党的负责人。今天领着游击组到区上开会去来。

女人抬头笑着问："今天怎么回来得这么晚？"站起来要去端饭。

水生坐在台阶上说："吃过饭了，你不要去拿。"

女人就又坐在席子上。她望着丈夫的脸，她看出他的脸有些红涨，说话也有些气喘。她问："他们几个呢？"

水生说："还在区上。爹哩？"

"睡了。"

"小华哩？"

"和他爷爷去收了半天虾篓，早就睡了。他们几个为什么还不回来？"

水生笑了一下。女人看出他笑得不像平常，"怎么了，你？"

水生小声说："明天我就到大部队上去了。"

女人的手指震动了一下，想是叫苇眉子划破了手。她把一个手指放在嘴里吮了一下。

水生说："今天县委召集我们开会。假若敌人再在同口安上据点，那和端村就成了一条线，淀里的斗争形势就变了。会上决定成立一个地区队。我第一个举手报了名的。”

女人低着头说：“你总是很积极的。”

水生说：“我是村里的游击组长，是干部，自然要站在头里。他们几个也报了名。他们不敢回来，怕家里的人拖尾巴，公推我代表，回来和家里人说一说。他们全觉得你还开明一些。”

女人没有说话。过了一会，她才说：“你走，我不拦你。家里怎么办？”

水生指着父亲的小房，叫她小声一些，说：“家里，自然有别人照顾。可是咱的庄子小，这一次参军的就有七个。庄上青年人少了，也不能全靠别人，家里的事，你就多做些，爹老了，小华还不顶事。”

女人鼻子里有些酸，但她并没有哭，只说：“你明白家里的难处就好了。”

水生想安慰她。因为要考虑和准备的事情还太多，他只说了两句：“千斤的担子你先担吧。打走了敌人，我回来谢你。”

说罢，他就到别人家里去了，他说回来再和父亲谈。

鸡叫的时候，水生才回来。女人还是呆呆地坐在院子里等他，她说：“你有什么话，嘱咐嘱咐我吧。”

“没有什么话了，我走了，你要不断进步，识字，生产。”

“嗯。”

“什么事也不要落在别人后面！”

“嗯。还有什么？”

“不要叫敌人汉奸捉活的。捉住了要和他们拚命。”这才是那最重要的一句。女人流着眼泪答应了他。

第二天，女人给他打点好一个小小的包裹，里面包了一身新单衣，一条新毛巾，一双新鞋子。那几家也是这些东西，交水生带去。一家人送他出了门。父亲一手拉着小华，对他说：“水生，你干的是光荣事情，我不拦你，你放心走吧。大人孩子我给你照顾，什么也不要惦记。”

全庄的男女老少也送他出来。水生对大家笑一笑，上船走了。

女人们到底有些藕断丝连。过了两天，四个青年妇女聚在水生家里来，大家商量。

“听说他们还在这里没走。我不拖尾巴，可是忘下了一件衣裳。”

“我有句要紧的话，得和他说说。”

“听他说，敌人要在同口安据点……”水生的女人说。

“哪里就碰得那么巧，我们快去快回来。”

“我本来不想去，可是俺婆婆非叫我再去看看他——有什么看头啊！”

于是这几个女人偷偷坐在一只小船上，划到对面马庄去了。

到了马庄，她们不敢到街上去找，来到村头一个亲戚家里。亲戚说："你们来得不巧。昨天晚上他们还在这里，半夜里走了，谁也不知开到哪里去。你们不用惦记他们，听说水生一来就当了副排长，大家都是欢天喜地的……"

几个女人羞红着脸告辞出来，摇开靠在岸边上的小船。现在已经快到晌午了，万里无云，可是因为在水上，还有些凉风，这风从南面吹过来，从稻秧上苇尖上吹过来。水面没有一只船。水像无边的跳荡的水银。

几个女人有点失望，也有些伤心，各人在心里骂着自己的狠心贼。可是青年人永远朝着愉快的事情想，女人们尤其容易忘记那些不痛快。不久，她们就又说笑起来了。

"你看，说走就走了。"

"可慌哩！比什么也慌，比过新年，娶新——也没见他这么慌过！"

"拴马桩也不顶事了。"

"不行了，脱了缰了。"

"一到军队里，他一准得忘了家里的人。"

"那是真的。我们家里住过一些年轻的队伍，一天到晚仰着脖子，出来唱，进去唱，我们一辈子也没那么乐过。等他们闲下来没有事了，我就傻想：该低下头了吧。你猜人家干什么？用白粉子在我家影壁上画上许多圆圈圈，一个一个蹲在院子里，托着枪瞄那个，又唱起来了。"

她们轻轻划着船，船两旁的水，哗，哗，哗。顺手从水里捞上一棵菱角来，菱角还很嫩很小，乳白色，顺手又丢到水里去。那棵菱角就又安安稳稳浮在水面上生长去了。

"现在你知道他们到了哪里？"

"管他呢！也许跑到天边上去了。"

她们都抬起头往远处看了看。

"唉呀！那边过来一只船。"

"唉呀，日本！你看那衣裳！"

"快摇！"

小船拼命往前摇。她们心里也许有些后悔，不该这么冒冒失失走来，也许有些怨恨那些走远了的人。但是立刻就想：什么也别想了，快摇，大船紧紧追过来了！

大船追得很紧。

幸亏是这些青年妇女，白洋淀长大的，她们摇得小船飞快。小船活像离开了水皮的一条打跳的梭鱼。她们从小跟这小船打交道，驶起来就像织布穿梭、缝衣透针一般快。

假如敌人追上了，就跳到水里去死吧！

后面大船来得飞快。那明明白白是日本兵。这几个青年妇女咬紧牙，制止住心跳，摇橹的手并没有慌，水在两旁大声地哗哗，哗哗，哗哗哗！

“往荷花淀里摇！那里水浅，大船过不去。”

她们奔着那不知道有几亩大小的荷花淀去，那一望无边挤得密密层层的大荷叶迎着阳光舒展开，就像铜墙铁壁一样。粉色荷花箭高高地挺出来，是监视白洋淀的哨兵吧。

她们向荷花淀里摇，最后，努力地一摇，小船窜进了荷花淀。几只野鸭扑楞楞飞起，尖声惊叫，掠着水面飞走了。就在她们的耳边响起一排枪。

整个荷花淀全震荡起来。她们想，陷在敌人的埋伏里了，一准要死了，一齐翻身跳到水里去。渐渐听清楚枪声只是向着外面，她们才又扒着船帮露出头来。她们看见不远的地方，那肥大的荷叶下面，有一个人的脸，下半截身子长在水里。荷花变成人了？那不是我们的水生吗？又往左右看去，不久，各人就找到了各人丈夫的脸。啊，原来是他们！

但是那些隐蔽在大荷叶下面的战士们，正在聚精会神瞄着敌人射击，半眼也没有看她们。枪声清脆，三五排枪过后，他们投出了手榴弹，冲出了荷花淀。

手榴弹把敌人那只大船击沉，一切都沉下去了，水面上只剩下一团烟硝火药气味。战士们就在那里大声欢笑着，打捞战利品。他们又开始了沉到水底捞出大鱼来的拿手戏。他们争着捞出敌人的枪枝、子弹带，然后是一袋子一袋子叫水浸透了的面粉和大米。水生拍打着水，去追赶一个在水波上滚动的东西——是一盒用精致纸盒装着的饼干。

妇女们带着浑身水，又坐到她们的小船上去了。

水生追回那个纸盒子，一只手高高举起，一只手用力拍打着水，好使自己不沉下去。对着荷花淀吆喝：

“出来吧，你们！”

好像带着很大的气。

她们只好摇着船出来。忽然从她们的船底下冒出一个人来，只有水生的女人认得那是区小队的队长。这个人抹一把脸上的水，问她们：“你们干什么去来呀？”

水生的女人说：“又给他们送了一些衣裳来。”

小队长回头对水生说：“都是你村的？”

“不是她们是谁，一群落后分子！”说完，把纸盒顺手丢在女人们船上，一泅，又沉到水底下去了，到很远的地方才钻出来。

小队长开了个玩笑，他说：“你们也没有白来。不是你们，我们的伏击不会这么彻底。可是，任务已经完成，该回去晒晒衣裳了。情况还紧得很。”

战士们已经把打捞出来的战利品全装在他们的小船上，准备转移。一人摘了一片大荷叶顶在头上，抵挡正午的太阳。几个青年妇女把掉在水里又捞出来的小包裹丢给了他们。战士们的三只小船就奔着东南方向，箭一样飞去，不久就消失在中午水面上的烟波里。

几个青年妇女划着她们的小船赶紧回家，一个个像落水鸡似的。一路走着，因为过于刺激和兴奋，她们又说笑起来。

坐在船头脸朝后的一个撅着嘴说："你看他们那个横样子，见了我们爱搭理不搭理的！"

"啊，好像我们给他们丢了什么人似的。"

她们自己也笑了，今天的事情不算光彩，可是——

"我们没枪；有枪就不往荷花淀里跑，在大淀里就和敌人干起来！"

"我今天也算看见打仗了。打仗有什么出奇？只要你不着慌，谁还不会趴在那里放枪呀！"

"打沉了，我也会浮水捞东西，我管保比他们水式好，再深点我也不怕！"

"水生嫂，回去我们也成立队伍，不然，以后还能出门吗？"

"刚当上兵就小看我们，过二年，更把我们看得一钱不值了。谁比谁落后多少呢！"

这一年秋季，她们学会了射击。冬天，打冰夹鱼的时候，她们一个个登在流星一样的冰船上来回警戒。敌人"围剿"那百顷大苇塘的时候，她们配合子弟兵作战，出入在那芦苇的海里。

一九四五年于延安

（选自《白洋淀纪事》）

生　　词

1.淀	diàn	（名）	较浅的湖，多用于地名。
2.凉爽	liángshuǎng	（形）	凉快。
3.破	pò	（动）	劈开，用刀一类的工具从纵面把东西分为两半。
4.苇眉子	wěiméizi	（名）	劈成细长条的苇子，供编席用。
5.潮润润	cháorùnrùn	（形）	又潮湿又光滑。
6.编	biān	（动）	把细长条状的东西交叉编织起来。weave
7.席	xí	（名）	用苇、竹、草等编成平片的东西，用来铺炕、床、地或搭棚子等。mat
8.缠绞	chánjiǎo	（动）	缠绕。wind; twine

9.柔滑	róuhuá	(形)	又柔软又光滑。
10.修长	xiūcháng	(形)	细长。
11.怀	huái	(名)	胸部或胸前。
12.跳跃	tiàoyuè	(动)	跳。
13.苇子	wěizi	(名)	即芦苇。reed
14.晓得	xiǎode	(动)	知道。
15.收割	shōugē	(动)	割下成熟的农作物；收获。
16.垛	duò	(动、名)	①整齐地堆起来。②整齐地堆成的堆。
17.场院	chángyuàn	(名)	打粮食或晒粮食用的平坦的空地。
18.银白	yínbái	(形)	像银子一样白。silvery white
19.出口	chū kǒu		export
20.花纹(儿)	huāwénr	(名)	各种条纹或图形。
21.精致	jīngzhì	(形)	(制造)精巧细致。
22.洁白	jiébái	(形)	没有被其他颜色染污的白色。
23.云彩	yúncai	(名)〈口〉	云。
24.透明	tòumíng	(形)	(物体)能透过光线的。transparent
25.顶	dǐng	(量)	用于某些有顶的东西。
26.草帽	cǎomào	(名)	用麦杆等编成的帽子，夏天用来遮阳光。straw hat
27.小褂(儿)	xiǎoguà(r)	(名)	中式短上衣。
28.单裤	dānkù	(名)	只有一层布的裤子。
29.游击	yóujī	(名)	(对敌人进行的)分散的出没不定的袭击。
30.组长	zǔzhǎng	(名)	小组的负责人。
31.虾	xiā	(名)	shrimp
32.篓	lǒu	(名)	用竹条等编成的盛东西的用具。
33.震动	zhèndòng	(动)	①颤动，抖动。②(重大的事情、消息等)使人心不平静。
34.划(破)	huá(pò)	(动)	尖锐锋利的东西从表面上擦过去或刻过去。
35.吮	shǔn	(动)	用嘴含着吸。suck
36.召集	zhàojí	(动)	通知人们聚集起来。
37.假若	jiǎruò	(连)	要是，如果。
38.安	ān	(动)	安装，设立。
39.据点	jùdiǎn	(名)	军队据以作战的地点。 strong-hold
40.形势	xíngshì	(名)	①地势。②事物发展的状况。
41.头里	tóuli	(名)〈口〉	前头，前面。
42.拖尾巴	tuō wěiba		比喻利用亲密关系拉住人，使人不

			能自由活动(含贬义)。也说“拖后腿”“拉后腿”。
43.公推	gōngtuī	(动)	大家一致推举(某人担任某职务或做某事)。
44.开明	kāimíng	(形)	指人思想开通，不顽固保守。
45.参军	cān jūn		参加军队，当兵。
46.顶事	dǐngshì	(形)	能解决问题，有用。
47.难处	nánchu	(名)	困难。
48.担子	dànzi	(名)	①扁担和挂在两头的东西。a carrying-pole with its two loads ②比喻担负的责任。burden
49.担	dān	(动)	①用肩膀挑 carry on a shoulder pole②担负take on
50.汉奸	hànjiān	(名)	原指汉族的败类；现指投靠侵略者出卖中国国家民族利益的人。
51.拼命	pīn mìng		①舍命，不顾性命。②比喻尽了最大的力量；极度地。
52.打点	dǎdian	(动)	收拾、准备礼物、行装等。
53.藕断丝连	ǒuduàn sīlián	〈成〉	比喻表面上好象断了关系，实际上牵挂着。
54.碰巧	pèngqiǎo	(副)	表示正是时候或正遇着所希望的或所不希望的事情。恰巧。
55.划(船)	huá(chuán)	(动)	拨水前进。paddle; row
56.亲戚	qīnqi	(名)	跟自己家庭有婚姻关系的家庭或它的成员。relative
57.欢天喜地*	huāntiān xǐdì		形容非常欢喜。
58.摇(船)	yáo(chuán)	(动)	划(船)row(a boot)
59.晌午	shǎngwu	(名)	中午。
60.万里无云	wàn lǐ wú yún		形容天气晴朗，没有云彩。
61.秧	yāng	(名)	幼苗。
62.跳荡	tiàodàng	(动)	跳跃摇动。
63.水银	shuǐyín	(名)	mercury
64.狠心	hěnxīn	(形)	心肠残忍。
65.贼	zéi	(名、形)	①偷东西的人。引申指做大坏事危害国家和人民的人。②不正派的。③狡猾。本课是妻子用来骂丈夫狠心的词语，带有说俏皮话的意味。
66.慌	huāng	(形)	“慌”原意是“慌忙”。本课用来形容

			因高兴而心急。
67.拴马桩	shuān mǎ zhuāng		用来拴马的桩子。桩子：stake
68.缰	jiāng	（名）	reins
69.一准	yīzhǔn	（副）	一定，必定。
70.脖子	bózi	（名）	neck
71.影壁	yǐngbì	（名）	正对大门的一道墙壁，有的在门里，有的在门外。又叫"照壁"。
72.（圆）圈圈	(yuán)quānquān	（名）	圆而中空的环形。circle
73.瞄	miáo	（动）	把视力集中到一点上，注意看。
74.菱角	língjiǎo	（名）	water chestnut
75.哗	huā	（象声）	本课形容水的声音。
76.乳白	rǔbái	（形）	象奶一样白。
77.安稳	ānwěn	（形）	①稳当，平稳。②（举止）沉静；稳重。
78.冒失	màoshi	（形）	说话做事不经过考虑。
79.怨恨	yuànhèn	（动、名）	①对人或事物强烈地不满或仇恨。②强烈的不满或仇恨。
80.活像*	huóxiàng	（动）	非常像。
81.水皮	shuǐpí(r)	（名）	水面。
82.梭鱼	suōyú	（名）	mullet, a kind of fish
83.驶	shǐ	（动）	驾驶开动交通工具。本课指划船。
84.穿梭	chuān suō		织布时梭子来回活动。常用来形容来往速度快，次数多。
85.制止*	zhìzhǐ	（动）	强迫使停止；不允许继续行动。
86.橹	lǔ	（名）	scull; sweep
87.一望无边	yī wàng wú biān		一眼看不到边，形容辽阔，也作"一望无际"。
88.密密层层	mìmicéngcéng	（形）	形容很密很多。
89.舒展	shūzhǎn	（形）	①伸展开，不卷缩，不皱。②身心安逸舒适。
90.铜墙铁壁	tóngqiángtiěbì		比喻十分坚固不可摧毁的事物。
91.荷花箭	héhuājiàn	（名）	指像箭一样的含苞的荷花。箭：arrow
92.监视	jiānshì	（动）	从旁注意察看，以便发觉不利于自己方面的活动。
93.哨兵	shàobīng	（名）	sentry
94.扑楞楞	pūlēnglēng	（象声）	形容翅膀抖动的声音。
95.掠	lüě	（动）	轻轻擦过去。
96.震荡	zhèndàng	（动）	震动，摇动。

97.扒	bā	(动)	抓着(船帮)。
98.船帮	chuánbāng	(名)	船身侧面。
99.隐蔽	yǐnbì	(动)	藏，躲。
100.聚精会神	jù jīng huì shén	〈成〉	形容注意力集中。
101.射击	shèjī	(动)	shoot
102.清脆	qīngcuì	(形)	声音清楚好听。
103.投	tóu	(动)	扔。
104.手榴弹	shǒuliúdàn	(名)	band grenade
105.沉	chén	(动)	(在水里)往下落，跟“浮”相对。
106.硝	xiāo	(名)	硝石(KNO_3)。制火药的原料。
107.火药	huǒyào	(名)	gunpowder
108.战利品	zhànlìpǐn	(名)	从敌人那里缴获的东西。
109.拿手戏*	náshǒu xì		最擅长的技艺。
110.浑身	húnshēn	(名)	全身。
111.吆喝	yāohe	(动)	大声喊叫。
112.冒(出)	mào(chū)	(动)	往上升。
113.落后	luòhòu	(形)	①在行进中落在同行者的后面。②工作进度迟缓，落在原定计划的后面。③停留在比较低的发展水平上，落在客观形势要求的后面。
114.泅	qiú	(动)	游泳。swim
115.伏击	fújī	(动)	ambush
116.转移	zhuǎnyí	(动)	①改换位置，从一方移到另一方。②改变。
117.消失	xiāoshī	(动)	事物逐渐减少，直到没有。
118.烟波	yānbō	(名)	水面上的烟一般的水气。
119.落水鸡	luòshuǐjī	(名)	形容浑身都湿透像掉在水里的鸡样。也做“落汤鸡”。
120.横	hèng	(形)	不讲理，凶狠，粗暴。
121.搭理	dāli	(动)	对别人的言语行动表示态度（多用于否定句)。也作“答理”。
122.出奇	chūqí	(形)	特别，不平常。
123.着慌	zháo huāng		着急，慌张。
124.趴	pā	(动)	①身体向下卧倒。②身体向前靠在物体上。
125.浮水	fú shuǐ		在水里游。
126.管保*	guǎnbǎo	(动)	保证。
127.水式	shuǐshì	(名)	游泳的姿势或本领。

128.小看	xiǎokàn	(动)〈口〉	看不起，轻视。
129.流星	liúxīng	(名)	meteor; shooting star
130.警戒	jǐngjiè	(动)	guard against
131.围剿	wéijiǎo	(动)	包围起来用武力消灭。
132.塘	táng	(名)	本课指水淀。
133.子弟兵	zǐdìbīng	(名)	指本乡本土的青年战士。

注　　释

1.孙犁(1913—　)——现代著名作家。河北省安平县人。作品有《风云初记》《白洋淀纪事》等。

2.荷花淀——白洋淀的一部分。

3.白洋淀——河北省中部的一个大湖。

4.区上——县以下的行政单位。区上指区政府或区委。

5.虾篓——把许多小篓子用绳系着，里面放些食饵，沉在水里，用来捕虾。

6.地区队——中国共产党领导下的当地人民武装队伍。

7.副排长——军队里的副排级干部。排：platoon

8.脱缰——牲畜用力挣脱了缰绳。

9.白粉子——白垩(è)。常用来做粉刷的材料。chalk

10.打冰夹鱼——打开冰，捞底下的鱼。

11.冰船——也叫冰排子，或者冰床。一种在冰上行驶的木制交通工具。

词　语　例　解

欢天喜地

“欢天喜地”是非常高兴的意思。“…天…地”是四字格式之一。这种格式还有“顶天立地”“翻天覆地”“铺天盖地”“哭天喊地”“冰天雪地”“战天斗地”等。

说走就走

“说…就…”这个格式中插入两个相同的动词，表示很快出现某种情况，或很快发生某种动作。例如：

1.夏天的雨真是说来就来。

2.这个人真干脆，做什么事都是说干就干。

有时也可以插入两个相同或相似的动词词组。例如：

3.北京的春天说刮风就刮风。

管他呢

“管他呢”这个反问句是“何必管他”“不必管他”的意思。动词“管”在这里是“过问”的意思。用反问语气表示不必过问，往往含有不满的意味。“他”往往是泛指，不一定确指某人、某事。例如：

1.——天都这么晚了，小王怎么还不回来？

——管他呢！反正丢不了。

2.——你刚才说话太冒失了，他已经生气了。你快去解释一下吧。

——管他呢！他总会明白我是为他好。

小船活像离开了水皮的一条打跳的梭鱼

这是一个比喻，“活像”是强调比喻的逼真。“活”修饰“像”的程度，意思跟“真正、简直”相近。例如：

1.苏州刺绣上的金鱼和熊猫活像真的。

2.他的长相活像他父亲。

制止　禁止

这两个动词都有“不许”的意思。“制止”偏重于强迫已发生的行为停止，不允许继续下去。例如：

1.我瞪了他一眼，制止他再说下去。

2.我们要采取行动制止敌人的侵略。

“禁止”多指法律、道义不容许某种行为发生。例如：

3.阅览室内禁止吸烟。

4.今日上午修路，禁止车辆通行。

“禁止”可用于无主句，而“制止”前一定要有主语。例如：

5.禁止攀折花木。

6.禁止砍伐树木。

拿手戏

一、“拿手”指对某种技艺或技术特别擅长。例如：

1.荷花舞是他们的拿手节目。

2.画人物速写他最拿手。

二、“拿手戏”又常说“拿手好戏”。指特别擅长演的戏，引申为掌握特别熟练的某种技艺或技术。例如：

3.那位京剧演员的拿手好戏是《借东风》。

4.一到冬天，打冰夹鱼是白洋淀妇女的拿手好戏。

爱搭理不搭理的

“爱搭理不搭理的”形容不爱、不喜欢、不愿意搭理别人的样子。也说“爱理不理的”。跟“带理不理的”意思相近。

在“爱…不…的”这个格式里，“爱…”是陪衬，“不搭理”才是实际的意思，多指轻视或不耐烦的态度。例如：

1.我在路上招呼他，他爱理不理的，好像有什么心事似的。

2.我请他修改一篇文章，他爱看不看的，直说现在没功夫。

打仗有什么出奇

“有＋什么＋形”表示不以为然。“有什么出奇”是“并不出奇”的意思。下面是类似的例子。

1.天气冷一点有什么可怕！

2.小孩子有好奇心有什么不好？

管保

动词“管保”表示说话人的自信。有“一定会这样，保证不出问题”，和“一定办得到”的意思。多用于口语。例如：

1.苏州的八大园林，管保你看了一处还想再看一处。

2.名牌产品管保质量可靠。

3.吃这种药管保能治好你的病。

练　　习

一、填中心语：

1.洁白的____　2.清脆的____　3.透明的____　4.修长的____

5.凉爽的____　6.湿润润的____　7.精致的____　8.密密层层的____

二、写出下列各词的反义词：

1.嫩　2.薄　3.沉　4.细　5.闲　6.密

7.傻　8.紧　9.落后　10.进步　11.出口　12.失望

三、填补语：

1.破__的苇眉子湿润润的。

2.女人看出他笑得________。

3.哪里就碰得________。

4.你们来得________。

5.不久，他们就又说又笑________。

6.风从南面吹________。

7.后面大船来得________。

8.好使自己不沉________。

9.情况还紧得________。

四、写出与下列各词意义相当的单音词：

1.打捞　2.缠绞　3.咒骂　4.聚集　5.跳跃　6.依靠

五、本课出现了集合名词“船只”，偏正式形容词“雪亮”，请再各举出三个例子来。

六、解释下列词语并造句：

1.藕断丝连　2.拿手戏　3.碰巧　4.欢天喜地　5.拖尾巴　6.铜墙铁壁

7.打交道　8.顶事　9.聚精会神　10.丢人

七、模仿造句：

1.这年轻人不过二十五六岁，头戴一顶大草帽，上身穿一件洁白的小褂。

2.我是村里的游击组长，是干部，自然要站在头里。

3.我本来不想去，可是俺婆婆非叫我再去看看他。

4.打仗有什么出奇，只要你不着慌，谁还不会趴在那里放枪呀！

5.我有句要紧的话，得和他说说。

6.看他们那个横样子，见了我们爱搭理不搭理的！

八、选词填空(像、好像、活像，管保、保证，制止、禁止，跳荡、跳跃)：

1.我刚要发火，被我朋友____住了。

2.我们都赞成公共场所____吸烟。

3.____践踏草地。

4.交通警用指挥棒示意____那辆汽车闯红灯。

5.____白求恩大夫那样的国际主义战士，会永远活在人们心里的。

6.在白洋淀附近长大的人，浮起水来都____水里的野鸭子。

7.他那无精打采的样子____一个重病号。

8.那小姑娘爱科学，她说长大了要做一个____居里夫人那样的科学家。

9.我看她俩长得____一对孪生姐妹。

10.看你的眼睛都红了，____没睡好觉，是不是？

11.海水在阳光照射下，像____的水银。

12.运动员们正在做____运动。

13.青蛙在陆地上活动有时爬行，有时____。

14.舞会结束后，脑海里仍然____着舞曲的旋律。

15.战士们出发前说：____完成任务，请领导放心。

16.别着急，你的录音机____是弟弟拿去用了，不会丢的。

17.这是你当着大家的面作的____，怎么又不算数了。

18.这种药治感冒很见效，连着吃三天，____病全好了。

九、完成句子：

1.我们要抓紧时间学习，________。(白)

2.我高兴了半天________。(白)

3.我们都各自发表了自己的意见，________。(该…了)

4.已经七点半了，________。(该…了)

5.他虽然刚满15岁，________。(顶事)

6.雨下得太大了，________。(顶事)

7.我们一定要好好锻炼身体，________。(不然)

8.干工作要多听听大家的意见，________。(不然)

9.今天天气这么好，万里无云，________。(管保)

10.他这个人很可靠，你托他的事________。(管保)

11.这里的天气变化很快，________。(说…就…)

12.他是个很痛快的人，________。(说…就…)

13.他是商店售货员，________。(打交道)

14.我不认识他，________。(打交道)

15.他的讲演内容充实，________。(有听头)

16.那个电影的确很精彩，________。(有看头)

17.________，一夜都没睡好。(过于)

18.________，问题反而没解决好。(过于)

19.天还不亮，清洁工人就开始清扫街道，________。(好使)

20.每座大城市的大街小巷都有醒目的路标，________(好让)

十、回答问题：

1.水生离家到哪儿去？他临走时怎样嘱咐妻子的？

2.荷花淀里的那场战斗的经过和结果如何？

3.这一年秋季，白洋淀的妇女们有了哪些变化？

第十八课　在国际笔会第四十五届大会上的讲话

巴　金

主席先生，各位代表：

秘书长的报告给了我们深刻的印象。显然，过去一年，在瓦斯特堡会长和艾里斯托普先生的主持下，国际笔会中心完成了很多有益的工作，同时也为我们展现了一派大有可为的前景，纵然其中还存在若干困难。我们也很高兴看到：国际笔会运动，随着它成员的扩大和事业的开展，正受到世界各国作家和文化界以及联合国教科文组织越来越大的重视。不用说，同联合国的精神和实践保持一致，对笔会这样的国际组织来说是十分重要的。

我虽是第一次出席国际笔会的活动，但长期以来，笔会对中国作家、对我本人，并不陌生。它在各时期对世界进步文化事业的拥护、支援，如在三十年代反对法西斯侵略，曾赢得我们的敬佩。最近发现的二十年代的资料表明，国际笔会成立不久，便和中国作家建立了联系。活跃在世纪转换期的中国著名作家梁启超曾是笔会的名誉会员，稍后还有卓越的新闻记者戈公振。但只是隔了这样久以后，我们现在(从去年五月起)才终于有了一个名副其实、担当得起严肃责任的中国笔会中心，它的背后是我国广大文学家和亿万具有悠久文化传统的人民。我认为，这对中国作家和国际笔会都是值得庆幸的事。我们相信，中国笔会中心，加上中国若干城市成立的中心，是可以在国际笔会工作中作出自己有价值的贡献的。

朋友们，我是怀着极其愉快的心情来赴会的：我知道，这时整个法兰西都沉浸在灿烂秋色之中。照中国传统说法，这正是“宜会亲友”的好日子。

我又是带着喜庆的气氛来的；我在这里代表中国作家和中国笔会中心隆重祝贺这个世界作家组织的六十大庆，愿它真能像金刚石一样坚实、有光彩。

国际笔会文件中经常出现的“世界文学”这个概念，使我很感兴趣。显然，我们这个笔会Pen Club，并不只是一般Club(俱乐部)的性质，而是要通过作家之间在国际范围内就共同关心的文学事业做出一番事业来，就是要促进这个“世界文学”的发展。

我们乐见的“世界文学”是一个各国各民族中的健康、进步的文学所组成的百卉争艳的园地，是一个各逞其姿，各布其芳，互相媲美，又互相借鉴，共生共荣，在繁荣和提高各国各族文学之花的基础上形成人间瑰宝的世界文学群芳谱，又转而增益于一国一族的人民文学。这是和我们在国内所主张的“百花齐放”的原则是一致的。中国作家很高兴，他们同国际笔会运动的总方向相同。

我想起，在“世界文学”这个崇高理想上，各国的文学哲人曾有过不少先见之明。我们在这里重温一下，也许有好处。

歌德在二百年前给加莱尔的一封信里说：

“……只有各民族了解了他们相互之间的关系，一个共同的世界文学才能应运而生。这样，他们必然会看到，别民族的长处短处，值得模仿的和应该避免的东西。”又说：“决不能认为所有的国家都要统一思想，但他们应该彼此知道，彼此了解。如果他们还做不到彼此相爱，至少也应该学着互相容忍才是。”

惠特曼以其诗人的浪漫气质有过这样一段倾诉：

“我最向往的梦境是将诗和诗人结为一个国际，令其威力胜于一切条约、外交，使世间所有的国家由此亲密无间。”

伟大的鲁迅以其确切、坚定的语言说出了现代中国作家的看法，这就是他一九三六年为他的小说《阿Q正传》的捷克文本所作的序言中所说的：

“自然，人类最好是彼此不隔膜，相关心。然而最平正的道路，却只有用文艺来沟通。”

中华民族之乐于和善于同别国的优秀文化艺术进行交流是有悠久传统的。我们曾向西方送去印刷术、丝绸、唐诗宋词，也从印度和其他民族迎来佛经文学和音乐舞蹈。本世纪以来，特别是带有文艺复兴精神的五四运动以来，中国曾大量翻译世界各国的优秀文学作品，这一点也许还不为外国许多人所习知。粗略说来，法国、英国、俄国、德国、日本、美国乃至北欧大部分具有传世价值的作品都已译成中文。其中包括莎士比亚、托尔斯泰、歌德、巴尔扎克、马克·吐温、安徒生、易卜生的全部或接近全部著作。现代、当代的作品的翻译就更繁荣了。所有这些译作的销数往往以十万计。今天，中国专门刊登研究和翻译外国文学的刊物不下三十种。前几天当我在北京时，那里最大的剧院正在上映莫里哀的《悭吝人》。在我居住的上海整个春天都在演出《罗米欧与朱丽叶》，而对大家可能更感兴趣的是，演员都来自我国西藏的青年男女，它是今年全国演出的六个莎剧之一。这些当然是相当大的成就。但一想到我们地大人众，又觉得还很不够。

很自然的，中国老一辈的作家大都同中外文学交流有极深的联系。首先应该提到鲁迅，这位中国近代最伟大的文学家，在其匆促而艰苦的一生中，曾亲自动笔大量翻译介绍了俄国、苏联、日本、法、英、德、奥、荷、西、芬、波兰、匈牙利、捷、罗、保等国的优秀作品到中国，同时主持将中国文学作品介绍到国外的工作。恰好在这几天，北京和世界其他一些地方正在隆重举行他的百年诞辰，因此我要在这里特别提到鲁迅。他的极为丰富的作品，是属于全人类的财富，他的同辈或稍晚的文学创作家，如郭沫若、茅盾(他是中国作家协会主席，笔会的热心帮助者，今年春天刚逝世)、周扬、夏衍等著名作家也都同时曾在这项有意义的工作上出过大力。我想这是中国文学史上的特点，也是一件值得中国作家自豪的事。我本人也是服膺以鲁迅为代表的中国新文学这个好传统的。我近年一方面写回忆录，写长篇小说，同时在一偿多年宿愿，翻译俄国作家兼思想家赫尔岑的《往事与回忆》。

中国笔会中心是由六十多名全国知名的作家组成，得到中国广大作家的支持。中国作家参加国际笔会运动并受到欢迎。这是一件意义深远的事。这是近年来朋友们经过一段酝酿，相互加深了认识和尊重，看到了美好合作的前景的结果。这个成果得来不易，我们应该加以珍惜。

就中国人民和作家而言，他们在今后一段岁月中的任务很多，其中一是发展经济、文化，提高生活水平；一是反对霸权、侵略，维护世界和平。这两者都和繁荣文学的工作有极大关系，它指导和促进文学，而文学则推动并丰富它。中国文学在一九四九年中华人民共和国诞生后，进入了一个新时期，虽然以后一段时间在前进道路上也有过曲折和险阻，但我们终于克服了困难，又向前发展了。当前我国的文学，和其他各项事业一样，比近代历史上任何时期都更生机勃勃，人才辈出，有极广阔的前途，同时我们也在不断总结经验，使之能更顺利地发展，更好地贯彻“百花齐放”和“百家争鸣”的方针。在我们前进的过程中，加强反对侵略、维护和平的国际文学活动，同步调，共呼吸，是十分必要的。这也是我们应尽的国际责任。我们尊重笔会的原则，我们愿意同各地会友一道携手工作。我们在国内事务繁忙之际派一个人数众多的代表团，可以说明这一点。我们相信，事实将证明，我们此行是值得的。

我们注意到国际笔会近年关心的两项工作，即：(一)促进稀用文种文学优秀作品译成多用文种的工作；(二)保障作家写作的基本权利。我认为这些工作都是有益的，及时的。

我们高兴地看到，翻译委员会的工作在各国笔会和作家的推动下，已经有了具体的结果，不久将要出版一本英文的《欧洲小说选》。这是可喜的第一步。我们希望下一本将是亚洲、非洲或拉丁美洲的创作选。我们希望我们在今后组成编选委员会时，以及在组成讨论翻译出版方针计划的委员会时应该注意到通过协商，吸收足够的属于该地域的、具有广泛代表性的、合格的作家、编辑、翻译家参加到这项工作中去。

关于保障作家写作的基本权力的问题，我觉得这次大会中的“文学圆桌会议”议题之一“危机四伏的世界对文学的威胁”倒是点出了要害所在。

历来，对作家写作权力的威胁总是来自各方面，我们应当从各方面来采取对策。但对在座大多数作家来说，恐怕都可以得出一条切身的痛苦经验，有时是血的经验，那就是：最大的威胁来自外国干涉，来自侵略战争。而众所周知，正在此时此刻，一种最大的"危机"正在世界上一些地区向世界和平进行"威胁"，甚至进行明目张胆的破坏。国际间的安宁是各民族文学和世界文学繁荣的先决条件。在第二次世界大战期间，不仅像今天这样的盛会无从举行（国际笔会就是受害者，有好多年不能活动），就连一个正直的作家的写作甚至生存权力都失去了保障。这正如中国古话所说："皮之不存，毛将焉附"。这是一个常识问题，也是核心的问题，关系到全人类的问题。我们不能无视今天天边升起的乌云。我们要反对霸权主义的侵略，我们要为维护世界和平而努力，这样才有可能认真谈论世界文学这个美好的题目。我相信，有良心、有正义感的作家是不会被迷惑的，不会袖手旁观的。

最后，容我和中国笔会中心的同志们借此向我们的东道主法国和里昂致以诚挚的敬意和谢忱。对我们大多数人来说，法兰西都是时在念中的旧游之地，但也许算我感情最深，因为法兰西文学艺术曾是对我青少年时代影响最大的动力之一，我的第一篇小说便是在巴黎拉丁区的小楼上写的。我在二十年代也曾在里昂呆过。我知道，在那前后，你们曾为我们培养了一批杰出的作家、学者，当然，还有杰出的政治家、军事家，其中有些人至今还在我国国家生活中发挥极大作用。因此，中国人确实感激伟大的法兰西人民和里昂。

我也再一次感谢国际笔会使我们有机会到这个名城来开会，并使我有机会讲话。

谢谢主席，谢谢大家。

（《文艺报》1981年21期）

生　　词

1.秘书长	mìshūzhǎng	（名）	secretary-general
2.有益	yǒuyì	（形）	有好处，有帮助。
3.展现	zhǎnxiàn	（动）	明显地表示出来。
4.（一）派	（yí）pài	（量）	用于形势、气象、景色、声音、语言等。
5.前景	qiánjǐng	（名）	将要出现的景象。
6.纵然*	zòngrán	（连）	即使。
7.随着*	suízhe	（介、副）	①跟着。②伴随着。
8.拥护	yōnghù	（动）	表示赞成或支持。
9.赢得	yíngdé	（动）	获得；得到。
10.名誉	míngyù	（名）	①名义上的（赠给或授与的，含尊敬意味）。②个人或集团的名声。
11.卓越	zhuóyuè	（形）	非常优秀，超出一般。

12.名副其实	míngfù qíshí	〈成〉	名声或名称跟实际相符合。副：相称，符合。
13.亿万	yìwàn	(数)	泛指极大的数目。一亿等于一万万。
14.庆幸	qìngxìng	(动)	为好事感到高兴。
15.赴(会)	fù(huì)	(动)	①前往；去、到(某地)。②投身进去。
16.法西斯	fǎxīsī	(名)	fascist
17.金刚石	jīngāngshí	(名)	diamond
18.坚实	jiānshí	(形)	坚固而结实。
19.概念	gàiniàn	(名)	concept
20.逞	chěng	(动)	①显示（才华、能力、风姿、威力等)。②达到目的(坏主意、坏事)。③放纵。
21.媲美	pìměi	(动)	比美；美(好)的程度不相上下。
22.借鉴	jièjiàn	(动)	拿别的人或事做镜子，以便从中吸取经验教训。鉴：镜子。
23.瑰宝	guībǎo	(名)	珍奇的宝物。
24.群芳谱	qúnfāngpǔ	(名)	原指按照各种花草的类别、特点编排的供人参考的书。本课指世界文学名著集锦。
25.增益	zēngyì	(动)	增添好处，给予帮助。
26.崇高	chónggāo	(形)	极其高尚的。
27.哲人	zhérén	(名)〈书〉	有卓越智慧的人。
28.先见之明	xiānjiànzhīmíng		预见性；事先看清问题的眼光。foresight
29.应运而生	yìngyùn ér shēng		顺应时机而降生。arise at the historic moment
30.容忍	róngrěn	(动)	宽容忍耐，不计较。
31.浪漫	làngmàn	(形)	romantic
32.倾诉	qīngsù	(动)	尽情地诉说出来。
33.梦境	mèngjìng	(名)	dreamland
34.威力	wēilì	(名)	使人信服或畏惧的强大力量。
35.胜(于)*	shèng(yú)	(动)	一种事物比另一种事物优越。be better than；surpass
36.条约	tiáoyuē	(名)	treaty
37.亲密无间	qīnmìwújiàn		形容感情好，关系密切，没有任何隔膜。
38.序言	xùyán	(名)	引言。preface

39.隔膜	gémó	(形)	①彼此感情不相通；有意见。②不了解，不熟悉。
40.平正	píngzhěng	(形)	不歪斜。
41.文艺复兴	wényìfùxīng	(名)	Renaissance
42.习知	xízhī	(动)	熟知。
43.粗略	cūlüè	(形)	不精确；大概。
44.乃至	nǎizhì	(连)	连接并列词语，表示事情所达到的范围，相当于"甚至"。
45.传世	chuán shì		珍宝、著作等流传到后世。
46.销数	xiāo shù		售出(货物)的数量。
47.往往*	wǎngwǎng	(副)	表示某种情况或动作时常出现或经常发生。
48.刊登	kāndēng	(动)	指文章、消息等登在报章、刊物上。
49.匆促	cōngcù	(形)	匆忙仓猝。
50.诞辰	dànchén	(名)	生日(敬辞)。
51.服膺	fúyīng	(动)〈书〉	牢牢记在心里，比喻非常佩服。膺：胸。
52.偿(愿)	cháng(yuàn)	(动)	满足(愿望)。
53.宿愿	sùyuàn	(名)	一向怀有的志愿。也作："夙愿"。
54.回忆录	huíyìlù	(名)	memoirs; reminiscences
55.珍惜	zhēnxī	(动)	珍重爱惜。
56.霸权	bàquán	(名)	依靠武力或其它手段压迫、控制弱小国家的强权。hegemony; supremacy
57.侵略	qīnlüè	(动)	invade; aggression
58.维护	wéihù	(动)	使避免遭受破坏；维持保护。safeguard; uphold
59.指导	zhǐdǎo	(动)	指示教育；指点引导。
60.促进	cùjìn	(动)	促使发展。
61.推动	tuīdòng	(动)	使事物前进；使工作展开。
62.险阻	xiǎnzǔ	(名)	(道路)险恶而有阻碍，不容易通过。也比喻人事的障碍和挫折。
63.人才辈出	réncáibèichū		形容人才一批接一批地涌现。
64.广阔	guǎngkuò	(形)	广大宽阔。
65.方针	fāngzhēn	(名)	引导事业前进的方向和目标。
66.加强	jiāqiáng	(动)	使更坚强或更有效。
67.步调	bùdiào	(名)	行走时脚步的大小快慢。比喻事情进行的程序和进度等。

68.原则	yuánzé	(名)	观察或处理问题的准则。
69.携手	xiéshǒu	(动)	手拉着手。
70.权利	quánlì	(名)	right
71.协商	xiéshāng	(动)	有关方面互相商议以便取得一致意见。
72.地域	dìyù	(名)	①范围广大的地区。②指本乡本土。
73.广泛	guǎngfàn	(形)	(涉及的)方面广，范围大，普遍。
74.合格	hégé	(形)	符合标准。
75.议题	yìtí	(名)	会议上讨论的问题。
76.危机四伏	wēijīsìfú		到处都潜伏着危机。
77.威胁	wēixié	(动)	用武力逼迫恫吓使人屈服。
78.点(出)*	diǎn(chū)	(动)	指点。
79.要害	yàohài	(名)	①人体上能致命的部位。泛指事物的要紧处。②军事上重要的地点。
80.所在*	suǒzài	(名)	①存在的地方。②处所，地方。
81.对策	duìcè	(名)	对付的策略；解决处理当前问题的办法。
82.在座	zàizuò	(动)	在聚会、宴会的座位上。
83.切身*	qièshēn	(形)	①跟自己有密切关系的。②亲身。
84.干涉	gānshè	(动)	①对别人的事强行过问、干预。②牵涉、关联。
85.众所周知	zhòngsuǒzhōuzhī		大家全都知道。
86.明目张胆	míngmùzhāngdǎn	〈成〉	形容公开地大胆地做坏事。
87.安宁	ānníng	(形)	①秩序正常，没有动乱。②(心情)安定、平静。
88.先决条件	xiānjuétiáojiàn		在处理某事之前，应当首先解决和具备的条件。
89.盛会	shènghuì	(名)	隆重的大规模的会议。
90.无从*	wúcóng	(副)	①没办法。have no way (of doing sth.)②不知道从哪儿。not know where to begin
91.生存	shēngcún	(动)	(人或生物)保存生命，活着。跟"死亡"相对。
92.皮之不存，毛将焉附	pí zhī bù cún, máo jiāng yān fù	〈成〉	皮都没有了，毛还往哪儿长？比喻事物没有生存的基础，就不能存在。
93.常识	chángshí	(名)	一般人应掌握的知识。

94.核心	héxīn	(名)	中心；主要部分。
95.关系(到)*	guānxì(dào)	(动)	牵涉(到)；关连(到)。
96.无视	wúshì	(动)	不放在眼里；不认真对待。disregard
97.正义感	zhèngyìgǎn	(名)	主持正义的精神。sense of justice
98.袖手旁观	xiùshǒupángguān		比喻置身事外，不协助别人。
99.东道主	dōngdàozhǔ	(名)	也叫"东道"。指请客的主人，也指主办某项活动所在地的主人。host
100.致(以)	zhì(yǐ)	(动)	给与；向对方表示(礼节、情意等)。
101.诚挚	chéngzhì	(形)	诚恳真挚。
102.谢忱	xièchén	(名)	感谢的心意。
103.大多数	dàduōshù	(数)	超过半数很多的数量。
104.动力	dònglì	(名)	使机器运转作功的各种作用力。motive force

注　　释

1.巴金(1904—　)——中国现代著名作家。原名李芾甘。四川成都人。长篇小说《家》是他的代表作。除小说外，还写了很多散文、特写。《巴金文集》14卷于1958年——1962年出版。近年完成《随想录》。1981年任中国作家协会主席。1982年获意大利但丁国际奖。

2.国际笔会——International Pen Club，由英国女作家道森·司各特发起，于1921年成立。解放前，中国作为成员国参加。1949年以后，台湾省继续参加活动。1980年4月，国际笔会中国中心成立，巴金为会长，1981年正式加入国际笔会。

3.联合国教科文组织——United Nations Educational, Scientific and Cultural Organization (UNESCO)——联合国教育、科学及文化组织的简称。

4.梁启超(1873—1929)——字卓如，号任公，广东新会人。曾参加康有为领导的戊戌变法。主办过京师大学堂译书局，并积极办报、著书、讲学。晚年在清华大学任教。著作编为《饮冰室合集》。

5.戈公振(1890—1935)——新闻记者和新闻学家。江苏东台人。先后参加过上海《时报》《申报》工作，并至欧美各国考察新闻事业。1933年访问苏联。著有《中国报学史》《从东北到苏联》等。

6.百花齐放和百家争鸣——中国共产党于1956年提出的促进社会主义文艺和科学事业发展繁荣的方针。

7.歌德(Goethe Johann Wolfgang von, 1749—1832)——德国著名诗人、剧作家、思想家。

8.加莱尔(Carlyle Thomas, 1795—1881)，又译作卡莱尔，英国散文家，历史学家，著有《席勒(Shiller)传》等。

9.惠特曼(Walt Whitman, 1819—1892)——美国著名诗人。主要诗作《草叶集》。

10.《阿Q正传》——中国现代文学中杰出的中篇小说，鲁迅的代表作。1921—1922年在北京《晨报》上连载，后收入鲁迅第一部小说集《呐喊》。

11.印刷术——按照图文的原稿制成印版，在纸或其他材料上印出图文的技术。中国是最早发明印刷术的国家。

12.唐诗宋词——中国文学史上唐代以诗歌著称，宋代以词盛行，素有唐诗宋词之称。

13.佛经——佛教经典。

14.五四运动——1919年5月4日爆发的中国人民反对帝国主义和封建主义的伟大革命运动。

15.莎士比亚(Shakespeare William, 1564—1616)——文艺复兴时期英国伟大的戏剧家、诗人。

16.托尔斯泰(Tolstoy, Leo, 1828—1910)——俄国伟大的批判现实主义作家。

17.巴尔扎克(Balzac Honore'de, 1799—1850)——法国著名小说家。

18.马克·吐温(Twain Mark, 1835—1910)——原名塞·朗·克莱门斯。美国著名批判现实主义作家。

19.安徒生(Andersen Hans christian, 1805—1875)——丹麦著名童话作家。

20.易卜生(Ibsen Henrik Johon, 1828—1906)——挪威著名剧作家，欧洲近代戏剧的重要代表。

21.莫里哀(Molière, 1622—1673)——法国著名喜剧作家，戏剧活动家。

22.《悭吝人》(I'avare)——莫里哀的代表作。

23.《罗米欧与朱丽叶》(Romeo and Juliet)——莎士比亚所著悲剧。

24.郭沫若(1892—1978)——中国现代杰出的作家、诗人、历史学家、考古学家、古文字学家，著名的社会活动家。四川乐山人。五四时期发表反封建的新诗《女神》等，成为中国新诗的奠基人。曾任中国文联一、二、三届主席，中国科学院院长。一生著作极多，《郭沫若全集》正陆续出版。

25.茅盾——详见第二十一课注释。

26.夏衍(1900—　)——中国现代作家、文艺活动家。浙江杭州人。代表剧作有《上海屋檐下》《法西斯细菌》，改编《祝福》《林家铺子》等电影文学剧本。

27.赫尔岑(Herzen, Aleksander, 1812—1870)——俄国革命民主主义者，唯物主义哲学家，作家。

28.《往事与回忆》——赫尔岑晚年所写回忆录(一译《往事与随想》)。

29.里昂(Lyon)——法国第二大城市。

词 语 例 解

纵然

有“即使”“哪怕”的意思，表示假设的让步。前句用“纵然”先承认某种假设的情况，后句常用“也”“还”“还是”“仍然”等呼应，加强语气，转入正意。多用于书面语。例如：

1.由于充分利用了水源，完善了灌溉系统，纵然今年天气干旱，还是夺得了丰收。

2.商店货物齐全，顾客盈门。纵然应接不暇，营业员还是礼貌待人，热情服务。

3.他二十年如一日坚持天天游泳。纵然冬季天寒，也从不间断。

“纵”也是“纵然”的意思，修饰单音节动词。用于书面。例如：

4.纵有千难万险，也要力争首漂长江的胜利。

“纵使”“纵令”意思、用法跟“纵然”相同。

随着

介词“随着”表示产生某种结果所需具备的条件。例如：

1.随着经济体制和科技体制改革的不断深入，科研工作与经济建设的关系越来越密切。

2.随着新的旅游胜地的开发和旅游设施的完善，到中国来游览的人越来越多了。

3.语言随着社会的产生而产生，随着社会的发展而发展。

副词“随着”表示由于前面所说的原因而产生后面的结果。例如：

4.由于人民生活水平不断提高，家用电器市场随着不断扩大。

5.天气热了，作息时间随着作了适当的调整。

令其威力胜于一切条约、外交

“胜”是“超过”的意思。后边常带“于”“似”“过”。例如：

1.青出于蓝而胜于蓝。

2.事实胜于雄辩。

3.那个工艺美术工厂生产的绢花胜似鲜花。

往往　常常

这两个副词意思相近，都有“时常”“经常”的意思。有时可以互相替换。例如：

1.他往往/常常晚饭后出去散步。

2.考试期间，小张往往/常常要开夜车。

但是这两个副词在意思和用法上还是有细微区别的。

一、“往往”表示某种事情在一般情况下时常存在或经常发生，带有总结的意味，常用来说明有一定规律性的事情。例如：

3.外国朋友到中国旅游观光，往往要一睹万里长城的风采。

4.每逢假日，学校往往举办舞会。

5.用主观片面的眼光看问题，往往会得出错误的结论。

二、“常常”着重在表示动作经常重复，但不一定有规律性。例如：

6.小张近来常常去游泳。

7.今年夏天常常下雨。

三、"常常"可以用于未曾发生的事情，如"欢迎常常来玩"，"往往"不能这样用。

用"常常"的地方可以单用一个"常"字。例如：

8.工人们常(常)在业余时间去俱乐部参加各种文体娱乐活动。

9.他俩常(常)一起打网球。

以十万计

介词"以"是"用、拿、按"的意思，组成介词结构表示动作行为的手段、凭借或方式。

"以…计"是"用(这个数字)做单位计算"的意思。"以十万计"就是"用十万做单位计算"。还可以说"以千万计""以百万计"。

就中国人民的作家而言

介词"就"在这里的作用是引进动作的对象或范围。"就…而言""就…而论""就…来说""就…来讲"都表示从某方面论述，用来与其他人、事比较。"…就…"可以用在主语前，有停顿。例如：

1.就社会经验来说，青年人远不如老年人丰富；就对新事物的敏感来说，老年人又不及青年人。

2.就临床医学而言，如果有深厚的临床实践基础，则对临床学上的新知识很容易理解，并有可能自如地运用于实践。

点出了要害所在

"点出"是"指出""指明"的意思，"所在"指"存在的地方"，"点出了要害所在"就是"指出了要害在什么地方"。常说的还有"点出了原因所在""指出了症结所在"等。

切身的痛苦经验

一、"切身"用作定语，形容"跟自己有密切关系的"。例如：

1.企业的生产和经营搞得怎么样，直接关系着企业所有成员的切身利益。

2.这件事跟老王有切身关系。

二、"切身"用作状语，是"亲身"的意思。例如：

3.只有参加过劳动的人，才能切身体会到劳动的价值。

4.经过两个月的长跑锻炼，我已切身体验到它的益处。

无从举行

"无从"是"不知道从哪儿""没有办法"的意思，表示动作行为找不到门径或缺乏根据。例如：

1.这段话出自何人之口，已经无从查考。

2.建设首先要有资金，没有资金，一切就无从谈起。

3.库房的地上堆满了货物，简直无从下脚。

这是…关系到全人类的问题

“关系”作动词用，是“关连”“牵涉”的意思，常带补语“到”或动态助词“着”。例如：

1.防止和控制空气污染是关系人民健康的大问题。

2.对青年一代的培养、教育，关系到国家的命运和前途。

3.施肥是否及时，是否适量，关系着庄稼的生长和收成的好坏。

练　　习

一、解释下列各词语中带点的汉字：

1.众所周知　2.人才辈出　3.危机四伏　4.应运而生　5.亲密无间

6.受苦受难　7.大有作为　8.先见之明　9.先决条件　10.生机勃勃

二、解释下列成语：

1.明目张胆　2.袖手旁观　3.名副其实　4.皮之不存，毛将焉附

三、熟读词组并用带点的词组造句：

1.互相媲美　互相借鉴　互相容忍　互相尊重

2.值得庆幸　值得模仿　值得自豪　值得纪念

3.彼此了解　彼此相爱　彼此关心　彼此熟识

4.赢得人们的敬佩　赢得大家的信任　赢得群众的尊重　赢得大多数人的拥护

四、给下列量词填上适当的名词：

1.一番____　2.一派____　3.一件____　4.一种____　5.一段____

6.一项____

五、写出下列各词的同义词：

1.卓越　2.陌生　3.坚实　4.崇高　5.广阔

6.诚挚　7.珍惜　8.切身　9.沟通　10.匆促

六、给下列动词填上适当的宾语：

1.保障____　2.拥护____　3.反对____　4.采取____

5.维护____　6.繁荣____　7.展现____　8.致以____

七、填上适当的中心语并扩展成句：

1.合格的　2.崇高的　3.广泛的　4.浪漫的

5.广阔的　6.有价值的　7.有益的　8.有正义感的

八、选词填空(往往、常常)

1.周末的电视节目____比平日的吸引人。

2.大学本科低年级的课程中，基础理论课的课时____多于专业课。

3.这几天的气温____在30°C以上。

4.我希望回国后能____收到你的信。

5.有关节炎的人，遇到阴天下雨，____会感到疼痛。

6.他____在这个市场买东西，所以对这儿的一切很熟悉。

九、完成句子：

1.随着咱们两国经济技术合作的发展，____。（随着）

2.我们掌握的词汇越来越多，________。（随着）

3.他一向意志坚强，________。（纵然）

4.大火威胁着人民的生命财产，消防队员们说：________。（纵使）

5.他讲的故事是一段神话传说，________。（无从）

6.________，别人无从下手。（无从）

十、造句：

1.切身　　2.以…计　　3.点出

4.胜于（似、过）　5.关系（看、到）　6.就…而言（就…来说）

十一、写一篇千字以内的会议发言稿。

第十九课　丁香花下

黄秋耘

今年的暮春和初夏，我是在北京度过的。除了刮风天和阴雨天，我吃过晚饭后就溜达到中山公园去，在紫丁香花丛中消磨掉整个黄昏。一个人安静地坐在公园的长椅子上，让那浓郁的花香弥漫在包围着我的气氛里，沉思着四十多年来像云烟一般的前尘往事。对于一个性情孤僻而心境寂寞的老年人来说，这恐怕是最难得的享受了。

一个熟悉而亲切的面孔突然出现在我的面前，他的年纪和我差不多，是一家有名的出版社的老编辑："怎么，老王，又是在这儿碰到你，你好像对紫丁香花有点特殊的感情似的。"

"嗯，也许，紫丁香花这种淡雅而又有点忧郁的情调适合我的气质。"

"这恐怕不见得是唯一的原因吧！"他狡黠地眨着眼睛："在你的一生中，说不定有一件不寻常的事情和紫丁香花有点什么关系。比方说，在年青时候，你是不是认识过一个像紫丁香花一般忧郁的姑娘？"

像我这么一大把年纪，距离"灰飞烟灭"的日子已经不很远，似乎再也没有什么事情需要"保密"了。而且，像这样美好而纯洁的回忆，多让一个朋友知道也未尝不是好事。我们并肩坐在长椅子上。我稍微沉默了一会儿，就开了腔，那位老先生居然全神贯注地在倾听着。

说起来，这是四十四年前的事了。和我同时代的人也许还会记得，一九三六年三月三十一日，北平的大、中学生在沙滩北大三院开过一个追悼在狱中受刑病死的战友郭清的大会，会后举行抬棺游行。我和六七百个同学参加了这次游行。我们的队伍从北池子走到南池子，就跟上千名反动军警碰上了，他们挥舞着警棍、皮鞭和大刀片向游行队伍冲击；而我们却赤手空拳，只能用几根竹竿招架着。经过一场剧烈的搏斗，我们终于被冲散了。当场逮捕了五十多个同学之后，反动军警还穷追着我们，几乎是两三个撵一个。我在前面跑，两个警察在后面追，我后脑勺挨了一下警棍，鲜血渗出了便帽，滴在天蓝色的大褂儿上，前后都有斑斑点点的血迹。幸亏我在大学里是个运动员，终归跑得比他们快些，一眨眼就把他们落下了一百多米。我窜过几条七枝八叉的胡同，跑进北池子南口的一条小巷里，看见有一户人家虚掩着门，我推开门一闪身躲了进去，反手就关上了门。当时我浑身都是污泥和血迹，脸上也是红一块花一块的，不像个人样。院子里收拾得挺干净，静悄悄的，没有一个人影。过了半晌，门帘子一掀开，走出来一个很文静的姑娘，小个子，大眼睛，年纪看来还比我小一两岁，大概是个高中学生吧。她看到我这个模样，吓了一跳，但还是很镇定地问我："您怎么啦？哪儿受的伤？"

"我是个学生，刚才去参加游行，被警察打伤了。他们要抓我。借您这儿躲一躲，行不行？假如您不同意，我马上就出去。"

"您不能出去。这个样子出去，岂不是自投罗网！来！让我先给您包扎一下。"接着，她把我领进屋里，拿出绷带和药棉，上了药，迅速地用熟练而轻快的手指给我包扎好伤口，用酒精擦干净我的脸孔，关切地问道："弄痛了您没有？不难受吗？"

我整理整理衣服，站起来："不怎么痛啦！我可以走了。"

她拦住我："不行，您身上有血迹，警察会认出来的，得换上衣服，戴上呢帽！"她从衣柜里拿出一件蓝布大褂儿和一顶旧呢帽："是我大哥的，您穿戴上大概还合适，他个子和您差不多。"

我一再推辞，她有点生气了："唉，您这个人呀，真是个书呆子！生死关头，逃命要紧嘛，还顾得上那么多礼数？"

我走出这户人家，回头望一眼门牌号码。靠着蓝布大褂和呢帽的掩护，谁也看不出我是个被打伤的"逃犯"，拐了个弯，到了骑河楼清华同学会，坐上直开清华园的校车，我就这样安然无恙地脱险了。

我养好伤以后，总想着要把蓝布大褂和呢帽还给人家。直接送到她家里去吗？万一出来应门的不是她而是别人，那我该怎么说才好呢？我只好写了一封短信，请她在下一个星期六的傍晚亲自到中山公园来今雨轩旁边的紫丁香花丛附近，取回我借去的大褂和呢帽。收信人的姓名只写着"大小姐"收，落款我没有写，因为那天在匆忙中我们谁都没有请教过彼此的尊姓大名。

我们终于在紫丁香花下见面了。她很大方地走到我面前，稍微点点头示意。

当时我还是一个十分腼腆的小伙子，我总觉得，随便询问一个不认识的姑娘的姓名或者介绍自己的姓名都是不太庄重的、太唐突的。我只是激动地对她说："非常感谢您的帮忙，那一天，要不是换了衣服，我一出门就会被捕的。胡同口有两只穿黑制服的狗在守着呢！"

"别客气！这些都是我应该做的。其实这些旧东西您大可不必还给我。"

"我怕您不好向您的大哥交代！"

"不要紧。他不是经常穿戴的。再说，他和您一样，也是个大学生。他是爱国的，不过，没有您那么勇敢。"

她将手上的纸包递给我："给，这是您那天换下来的布大褂和便帽，上面的血迹我给洗掉了。多可惜，这是志士的鲜血啊！"她半开玩笑半认真地说。当时有一支流行的爱国歌曲《五月的鲜花》，开头有一句歌词：五月的鲜花开遍了原野，鲜花掩盖着志士的鲜血。

"其实，您也大可不必还给我。这件血衣，留下来作纪念不是很好吗？"

她稚气地笑着说："您叫我搁在哪儿呢？假如家里的人问起来，我又该怎么说才好呢？这件事，除了咱俩，现在还没有第三个人知道！我爹是个好人，在中学里教书，他胆子小得要命！假如让他知道了……"

她默默地望了我一眼，好像要记住我的容貌似的。但很快就说："假如没有什么事，我该走了！"临别时我们轻轻地握了握手，手指尖仅仅接触到对方的手指尖。她走到离开我约莫十多步的地方，迅速地回过头来望了我一眼，好像有点依依惜别的样子。她那轻盈而苗条的身影，很快就消失在苍茫的暮色和茂密的紫丁香花丛里面了。我猛地想跑上前去跟她多说几句话，至少问清楚她的姓名，但我终于痛苦地克制住自己，我不愿意株连她，因为我还随时有被捕的危险。

这就是全部事情的经过，要说是'爱情'吧，恐怕算不上；要说是友谊呢，又和普通的、寻常的友谊不太一样，好像多了一点什么东西——革命的情谊，一种患难与共、信守不渝的革命情谊，这是人世间最值得珍贵的东西。不知怎的，虽然事情已经过去四十多年了，每当我一看到紫丁香花，一闻到紫丁香花的香味，我就情不自禁地想起了这么一件事，这么一个人，仿佛又看到她那消逝在紫丁香花丛中的身影，仿佛又听到她离去时轻轻的脚步声。

听完了我的故事，那位老先生无限感慨地说："在我们一生中，生活有时会像河流一样，和另一条河流遇合了，又分开了，带来了某一种情绪的波流，永远萦绕着我们的心灵……淡淡的，却难忘！唉！怪不得你那样喜欢紫丁香花。不过，你真是个古怪的老头儿，在斑白的头发底下还保持着一个二十岁小伙子般强烈的感情，这样的人是不会幸福的。"

（选自《丁香花下》，百花文艺出版社1981年版）

生　　词

1.丁香花	dīngxiānghuā	（名）	Lilac
2.暮春	mùchūn	（名）	春季的末期；中国农历三月。
3.初夏	chūxià	（名）	夏季的开始；农历的四月。
4.黄昏	huánghūn	（名）	dusk
5.浓郁	nóngyù	（形）	香气很浓。
6.包围	bāowéi	（动）	从四面围住。
7.沉思	chénsī	（动）	深思。
8.云烟	yúnyān	（名）	云雾和烟气。
9.前尘	qiánchén	（名）〈书〉	从前经历过的事。
10.心境	xīnjìng	（名）	心情，情绪的状况。
11.熟悉	shúxī	（动）	知道得很清楚。
12.面孔	miànkǒng	（名）	脸。
13.特殊	tèshū	（形）	special; particular

14.嗯	ǹg	(叹)	表示答应。
15.淡雅	dànyǎ	(形)	(颜色或花样)素净雅致。simple and in good taste.
16.忧郁	yōuyù	(形)	忧愁郁闷。melancholy
17.情调	qíngdiào	(名)	思想感情所表现出来的格调。sentiment
18.适合*	shìhé	(动)	符合(实际情况或客观要求)。
19.不见得*	bù jiànde		不一定。
20.狡黠	jiǎoxiá	(形)〈书〉	狡诈。sly; cunning
21.寻常	xúncháng	(形)	平常。
22.灰飞烟灭	huī fēi yān miè		比喻事物的消失，象灰尘飞散，烟雾消失。
23.保密	bǎo mì		保守机密，不让泄露出去。
24.未尝*	wèicháng	(副)	相当于"不是不"或"不是没有"，"没有…过"。
25.并肩	bìngjiān		肩挨着肩；比喻行动一致共同努力。
26.全神贯注	quán shén guàn zhù		形容精神集中。
27.狱(中)	yù(zhōng)	(名)	prison; jail
28.受刑	shòu xíng		be tortured
29.战友	zhànyǒu	(名)	在一起战斗的人。
30.挥舞	huīwǔ	(动)	举起手臂摇摆。
31.冲击	chōngjī	(动)	①(水流等)撞击物体。②进攻的部队向敌人迅猛进攻。
32.赤手空拳	chì shǒu kōng quán		①指搏斗或作战时手中不拿武器。②比喻空无所有或毫无凭借。
33.招架	zhāojià	(动)	抵挡。
34.逮捕	dàibǔ	(动)	捉拿罪犯。arrest
35.撵	niǎn	(动)	驱逐；追赶。
36.后脑勺(儿)	hòu nǎosháo(r)		the back of the head.
37.渗(出)	shèn(chū)	(动)	液体慢慢地透过或漏出。
38.天蓝色	tiānlánsè	(形)	sky blue colour; azure
39.斑斑点点	bānbān diǎndiǎn		形容有很多斑点。斑点：在一种颜色的物体表面上显露出来的别的点状或块状的颜色。spot; stain
40.终归*	zhōngguī	(副)	毕竟；到底。
41.七枝八叉*	qī zhī bā chà		表示头绪多而杂乱。
42.污泥	wūní	(名)	泛指脏东西。
43.文静	wénjìng	(形)	(性格、举止等)文雅安静。gentle and quiet

44.镇定	zhèndìng	(形)	遇到紧急情况不慌不乱。
45.岂(不是)*	qǐ(bùshì)	(副)〈书〉	表示反问。
46.自投罗网	zìtóuluówǎng		比喻自己走上死路。罗网：捕鸟兽的工具。
47.包扎	bāozā	(动)	包裹捆扎。bind up
48.绷带	bēngdài	(名)	bandage
49.药棉	yàomián	(名)	absorbent cotton
50.迅速	xùnsù	(形)	速度非常快。
51.轻快	qīngkuài	(形)	①动作不费力。②轻松愉快。
52.酒精	jiǔjīng	(名)	alcohol
53.穿戴	chuāndài	(动、名)	①穿上和戴上。②穿的和戴的。
54.关头*	guāntóu	(名)	起决定作用的时机或转折点。juncture
55.礼数	lǐshù	(名)	礼节，礼貌。
56.门牌	ménpái	(名)	house number; house plate
57.逃犯	táofàn	(名)	未捕获或捕获后逃亡的犯人。
58.安然无恙	ānrán wúyàng		形容很平安，没有什么疾病灾难。
59.脱险	tuō xiǎn		脱离危险。
60.人家*	rénjia	(代)	别人。有时也可用来指"我"。
61.直接	zhíjiē	(形)	不经过中间事物的（跟"间接"相对）。direct
62.应门	yìngmén	(动)〈书〉	管开关门户。
63.落款	luò kuǎn		在书画或书信上写上姓名。
64.尊姓大名	zūnxìng dàmíng		敬辞，询问对方的姓名时用。
65.示意	shìyì	(动)	用表情、动作或含蓄的话表示意思。
66.腼腆	miǎntiǎn	(形)	害羞；不自然。
67.唐突	tángtū	(动、形)〈书〉	①冒犯。offend; rude②冒失。rash
68.守(着)	shǒu(zhe)	(动)	①守候。②靠近；依傍。
69.志士	zhìshì	(名)	意志坚定，追求某种崇高目标的人。
70.原野	yuányě	(名)	空旷的田野平原。
71.稚气	zhìqì	(形)	孩子气。
72.搁	gē	(动)	①放。②搁置。
73.要命*	yàomìng		表示程度达到极点。
74.约莫	yuēmo	(副)	大概；估计。
75.依依	yīyī	(形)	①形容依恋不忍分离的样子。②形容树枝柔弱，随风摇摆。
76.轻盈	qīngyíng	(形)	形容女子身材苗条，动作轻快。
77.暮色	mùsè	(名)	傍晚昏暗的天色。

78.茂密	màomì	（形）	茂盛而繁密。
79.克制	kèzhì	（动）	勉强抑制住感情，不表现出来。
80.株连	zhūlián	（动）	指一人有罪，牵连别人。implicate; involve
81.信守不渝	xìnshǒu bùyú		忠诚地尊重，决不改变。
82.消逝	xiāoshì	（动）	逐渐离去以至于看不见。
83.遇合	yùhé	（动）	①碰到。②相遇而彼此投合。
84.情绪	qíngxù	（名）	①人从事某种活动时产生的兴奋心理状态。spirit ②指不愉快的情感。moodiness
85.萦绕	yíngrǎo	（动）	回旋缠绕。
86.心灵	xīnlíng	（名）	指内心、精神、思想等。heart; soul; spirit
87.怪不得*	guài bu de	（副）	表示忽然明白了某种原因，对某种情况就不觉得奇怪。
88.斑白	bānbái	（形）〈书〉	（头发）花白。
89.保持	bǎochí	（动）	维持（原状），使不消失或减弱。

注　　释

1.黄秋耘（1918—　）——中国现代作家、文艺评论家。主要作品收在《黄秋耘自选集》里（广州花城出版社出版）。

2.抬棺游行——一种抗议形式。抗议者抬着死难者的棺材在街上结队而行，以此向当局示威。

3.沙滩北大三院——北京大学校址原在北京东城沙滩。北大三院是北京大学的理工学院。

4.同学会——某学校历届毕业生的组织。

5.清华园——北京西郊清华大学的校园。

6.中山公园来今雨轩——建于1915年，原是公园董事会俱乐部，后改为餐馆。

7.《五月的鲜花》——当时流行的一首歌曲。

词 语 例 解

适合　合适

这两个词都表示符合实际情况和要求。

“适合”是及物动词，后面必须带宾语。例如：

1.他们的经验适合我们的情况，应该向他们学习。

2.制定政策，必须适合本国的国情。

3.他的能力适合做这家工厂的厂长。

“合适”是形容词。例如：

4.他们的经验对我们不合适。

5.以他的才能担任这项工作很合适。

不见得

“不见得”是“不一定”“未必如此”的意思，表示否定的估计、猜测，语气比较委婉。用在形容词、动词、某些助动词前面；也可以单独回答问话。例如：

1.这篇文章生词是多了一些，但也不见得完全看不懂。

2.这种形势在短期内不见得会有多大变化。

3.这次打赢了，下次不见得就一定还能赢。

4.药吃多了，对身体不见得好。

5.“这孩子很聪明吧？”“不见得。”

6.你说小王一定比小李跑得快，那可不见得，小李这些天进步很大。

说不定

一、表示不能肯定，跟“说不准”“说不好”意思相近。常用作谓语。例如：

1.他什么时候从上海回来，现在还说不定。

2.这次旅行哪天出发，恐怕还说不定。

二、表示预料或估计有发生某种情况的可能性，但不能肯定。常用作状语。例如：

3.半年不见，孩子长得这么高，说不定都赶上他爸爸了。

4.这么晚还没回来，说不定住在城里了。

未尝

一、加在“不”“无”“没有”等否定词的前面，用双重否定的形式表示肯定，语气委婉，带有一定程度保留的意味。例如：

1.文章篇幅虽嫌长了些，适当删改一下未尝不可以发表。

2.小厂未尝没有先进设备，只是没有充分利用罢了。

二、用在肯定形式前面，否定某种行为的发生，相当于“未曾”。例如：

3.入春以来天气干旱，未尝下过透雨。

4.他为人诚恳，一生未尝做过对不起人的事。

终归

一、表示无论如何，最终必然是这样的。例如：

1.只要肯学，终归学得会。

2.不要着急，事情最后终归会弄清楚的。

二、毕竟；到底。例如：

3.朝南的房子冬天终归比较暖和。

4.个人力量终归有限，集体的力量才强大。

5.事实终归是事实，你不能不承认。

七枝八叉

数词“七”和“八”连用，分别嵌入相关的词语，表示多或多而杂乱。最常见的格式是“七…八…”，中间嵌入名词或动词。例如：

1.几个小伙子七手八脚，不大工夫就把几个大箱子搬走了。

2.听说发生了这件意外的事情，大家七嘴八舌，纷纷议论起来。

3.在这紧急情况下，他心里七上八下的，不知如何是好？

岂不是

“岂”是文言虚词，现代书面语还用来表示反问，有加强语气的作用。

一、用在否定形式的反问句里(后面经常跟“不”“不是”“非”等词语)，实际上表示肯定。例如：

1.天气这么冷，你穿得这样少，岂不会冻出病来？

2.到了北京不去游览长城，岂不可惜！

二、用在肯定形式的反问句里，实际表示否定，常跟“能”“有”“敢”等词连用，意思相当于“怎么”或“哪里”。例如：

3.看到人家有困难，我岂能坐视不管。

4.犯了法就要受法律制裁，岂有犯法而不受制裁的道理。

生死关头

“关头”指关键时刻或起决定作用的时机。例如：

1.在临近考试的紧要关头，要安排好复习计划。

2.大学毕业后选择职业是决定人一生道路的关头，必须认真对待。

3.他在生死关头，仍然处处为别人着想。

人家

“人家”的“家”轻读。可用于泛指，也可用于确指。

一、泛指说话人和听话人以外的人，跟“自己”相对，相当于“别人”。例如：

1.一个人不能只看人家的缺点，看不到人家的优点。

2.借了人家的东西，要按期归还才好。

二、确指上文已提到的人，或说话人、听话人都知道的某个人或某些人，相当于“他”“他们”。例如：

3.主人不在，咱们不能随便动人家的东西。

4.听说小王病了，你快去看看人家吧！

三、指说话人自己，相当于“我”。带有亲热俏皮的意味，只用于口语。例如：

5.人家都急死了，你还开玩笑，快告诉我吧！

他胆子小得要命

"要命"是口语里一种夸张的说法，突出动作行为的程度达到极点，放在助词"得"后面构成程度补语。类似于"透、极、坏、死"之类程度补语。例如：

1.她从小怕蛇，一见了蛇就怕得要命。

2.我坐了十八个小时长途汽车，累得要命。

3.一路上没喝水，渴得要命。

碰到困难，感到极为着急或抱怨时，也可以用。例如：

4.催得这么紧，真要命！

5.真要命，临上飞机了，护照找不着了！

怪不得

"怪不得"表示明白了原因，不再觉得奇怪。前后常有表明原因的语句。例如：

1.下雪了，怪不得这么冷。

2.他从小就开始练习钢琴，又经名师指点，怪不得弹得这么好呢。

3.怪不得衣服这么合身，原来是定做的。

动词"怪不得"是"不能责怪"的意思，后面必须带名词宾语。例如：

4.这是我自己弄坏的，怪不得别人。

5.这次考得不好，怪不得题目太难，是我自己没有认真复习。

练　　习

一、根据拼音写出汉字，并解释词语意义：

1.(huī)____飞(yān)____灭　2.(quán)____神(guàn)____注

3.七(zhī)____八(chà)____　4.(zì)____投(luó)____网

5.安(rán)____无(yàng)____　6.(xìn)____守不(yú)____

二、给下列修饰语配上适当的中心语：

1.腼腆的　2.淡雅的　3.文静的　4.合适的　5.苗条的

6.古怪的　7.庄重的　8.稚气的　9.狡黠的　10.情不自禁地

三、给下列各词配上适当的修饰语：

1.头发　2.感情　3.友谊　4.搏斗

5.暮色　6.紫丁香花丛　7.血迹　8.面孔

四、造句：

1.不见得　2.说不定　3.终归　4.岂不是　5.未尝　6.怪不得

五、选词填空：

1.他学习勤奋，几乎每天都在图书馆读书，就这样(消磨、度过)了两个春秋。

2.他的晚境十分孤独，常常一个人坐在公园的长椅上(消磨、度过)岁月。

3.今年的花展规模很大，走进大厅一股(浓厚、浓郁)的花香扑鼻而来。

4.四川人学普通话，n、l分不清，带有(浓郁、浓厚、浓重)的鼻音。

5.天空布满了(浓郁、浓厚、浓重)的乌云，一场暴风雨就要到来了。

6.这套服装的设计，很(适合、合适)中年妇女的体型。

7.小王做了好几套新衣服，没有一件(适合、合适)的，不是太肥了就是太瘦了。

六、用指定的词语完成下列句子：

1.李明虽然是个大小伙子了，却特别怕见生人，________。(腼腆)

2.北京的冬天气温经常降到零下十几度，北方人不觉得怎么样，但从南方乍来的人，________。(要命)

3.他在英国留学好几年，又学的是英国文学，________。(怪不得)

4.我从香山骑车到颐和园________。(约莫)

5.这件事关系重大，________。(保密)

6.那起纵火案已经查清，________。(逮捕)

7.李先生已经八十六岁，但仍然鹤发童颜，________。(保持)

8.画是画好了，________。(落款)

9.________，怯懦者总是容易动摇。(关头)

10.我借了老王的书，________。(人家)

七、回答问题：

1."我"为什么除了刮风天和阴雨天，吃过饭后就溜达到中山公园去？

2."我"为什么要躲进小巷里的那户人家？

3."我"是怎样安然无恙地脱险的？

4.说说"我"与"大小姐"在来今雨轩旁边的紫丁香花丛附近见面时的情景。

5."我"为什么一闻到紫丁香花味就想起那件往事？

八、将本篇改编成小话剧。

第二十课　语言和文字

吕叔湘

只有人类有真正的语言

语言，也就是说话，好像是极其稀松平常的事儿。可是仔细想想，实在是一件了不起的大事。正是因为说话跟吃饭、走路一样的平常，人们才不去想它究竟是怎么回事儿。其实这三件事儿都是极不平常的，都是使人类不同于别的动物的特征。别的动物都吃生的，只有人类会烧熟了吃。别的动物走路都是让身体跟地面平行，有几条腿使几条腿，只有人类直起身子来用两条腿走路，把另外两条腿解放出来干别的、更重要的活儿。同样，别的动物的嘴只会吃东西，人类的嘴除了吃东西还会说话。

记得在小学里读书的时候，班上有一位“能文”的大师兄，在一篇作文的开头写下这么两句：“鹦鹉能言，不离于禽；猩猩能言，不离于兽。”我们看了都非常佩服。后来知道这两句是有来历的，只是字句有些出入。又过了若干年，才知道这两句话都有问题。鹦鹉能学人说话，可只是作为现成的公式来说，不会加以变化（所以我们管人云亦云的说话叫“鹦鹉学舌”）。只有人们的说话是从具体情况（包括外界情况和本人意图）出发，情况一变，话也跟着一变。至于猩猩，根据西方学者拿黑猩猩做试验的结果，它们能学会极其有限的一点符号语言，可是学不会把它变成有声语言。人类语言之所以能够“随机应变”，在于一方面能够把语音分析成若干音素（当然是不自觉地），又把这些音素组合成音节，再把音节连缀起来，——音素数目有限，各种语言一般都只有几十个音素，可是组成音节就可以成百上千，再组成双音节、三音节，就能有几十万、几百万。另一方面，人们又能分析外界事物及其变化，形成无数的“意念”，一一配以语音，然后综合运用，表达各种复杂的意思。一句话，人类语言的特点就在于能用变化无穷的语音，表达变化无穷的意义。这是任何其他动物办不到的。

人类语言采用声音作为手段，而不采用手势或图画，也不是偶然。人类的视觉最发达，可是语言诉之于听觉。这是因为一切倚赖视觉的手段，要发挥作用，离不开光线，夜里不成，黑暗的地方或者有障碍物的地方也不成，声音则白天黑夜都可以发挥作用，也不容易受阻碍。手势之类，距离大了看不清，声音的有效距离大得多。打手势或者画画儿要用手，手就不能同时做别的事，说话用嘴，可以一边儿说话，一边儿劳动。论快慢，打手势赶不上说话，画画儿更不用说。声音唯一不如形象的地方在于缺乏稳定性和持久性，但在原始社会的交际情况下，这方面的要求是次要的，是可以用图形来补充的。总之，正是由于采用了嘴里的声音作为手段，人类语言才得到前程万里的发展。

文字不能超脱语言

自从有了人类，就有了语言。世界上还没有发现过任何一个民族或者部落是没有语言的。至于文字，那就不同了。文字是在人类的文化发展到一定阶段的时候才出现的，一般是在具有国家的雏形的时候。直到现在，世界上还有很多语言是没有文字的，也可以说，没有文字的语言比有文字的语言还要多些。最早的文字也只有几千年的历史，而且就是在有文字的地方，直到不久以前，使用文字的也还是限于少数人。

文字起源于图画。最初是整幅的画，这种画虽然可以有表意的作用，可是往往意思含胡不清，应该怎么理解取决于具体环境，例如画在什么地方，是谁画的，画给谁看的，等等。这种图画一般都比较复杂，这里设想一个简单的例子来说明。比如画一个井，里边画三只兔子。如果是一个猎人画在一棵树上的，就可能是表示附近的陷阱里有三只兔子，要后边来的伙伴处理。如果是画在居住的洞壁上的，就可能表示猎人们的愿望，这种画有法术的作用，那里边的三只兔子就不是确实数目而只是许多兔子的意思。

图画发展成为文字，就必须具备这样一些特点：(1)把整幅的画拆散成个别的图形，一个图形跟语言里的一个词相当。(2)这些图形必得作线性排列，按照语言里的词序。比如先画一个井，再画三个直道儿或横道儿，再画一个兔子，代表“阱三兔”这样一句话。如果把三个道儿画在井的前边，就变成三个陷阱里都有兔子的意思了。(3)有些抽象的意思，语言里有字眼，不能直接画出来，得用转弯抹角的办法来表示。比如画一只右手代表“有”，把它画在井的后边，就成为“阱有三兔”。这种文字是基本上象形的文字，但是可以念，也就是说，已经跟语言挂上钩，成为语言的视觉形式了。

到了这个阶段以后，为了便于书写，图形可以大大简化(图案化，线条化，笔划化)，丝毫不损害原来的意思。从汉字形体变化的历史来看，甲骨文最富于象形的味道，小篆已经不太象，隶书、楷书就更不用说了。从形状上看，第二阶段的零碎图形和第一阶段的整幅画很相似，第三阶段的笔划化图形和第二阶段的象形图形可以差别很大。但是从本质上看，象形文字和表意画有原则上的区别，而象形文字和后来的笔划化的文字则纯粹是字形上的变化，实质完全相等。

图画一旦变成文字，就和语言结上不解之缘。一个字，甚至是最象形的字，也必然要跟一定的字音相联系；表示抽象意思的字，笔划化了的字，就更加离不开字音了。这样，语言不同的人看不懂彼此的文字，哪怕是象形成分最多的文字。假如一个人的语言里"有"和"右"不同音，他就不懂一只手夹在一个井和三只兔子中间是什么意思。

文字发展到了这种"词的文字"之后，仍然有可能进一步发展成纯粹表音的文字，这将来再谈。这里所要强调的是：尽管文字起源于图画，图画是与语言不相干的独立的表意系统，只有在图画向语言靠拢，被语言吸收，成为语言的一种形式(用图形或笔划代替声音)之后，才成为真正的文字。

对于文字和语言的关系没有好好思考过的人，很容易产生一些不正确的理解。很常见的是把文字和语言割裂开来，认为文字和语言是并行的两种表达意思的工具。这种意见在我国知识分子中间相当普遍，因为我们用的是汉字，不是拼音字。有人说，文字用它自己的形体来表达人的思维活动、认识活动。当人们写文字的时候，目的在写它的思想而不仅为的是写语言；当人们看文字的时候，也只是看它所包含的内容，不一定把它当作语言；只有把它读出来的时候，才由文字转化为语言。这个话显然是不对的。文字必须通过语言才能表达意义；一个形体必须同一定的语音有联系，能读出来，才成为文字。如果一个形体能够不通过语音的联系，直接表达意义，那就还是图画，不是文字。代表语言，也就是能读出来，这是文字的本质，至于写的时候和看的时候读出或者不读出声音来，那是不关乎文字的本质的。事实上，教儿童认字总是要首先教给他读音；不通过语言而能够学会文字的方法是没有的。粗通文字的人看书的时候总是要"念念有词"，哪怕声音很小，小到你听不见，你仍然可以看见他的嘴唇在那儿一动一动。完全不念，只用眼睛看(所谓"默读")，是要受过相当训练才能做到的。

有人拿阿拉伯数字和科学上各种符号作为文字可以超脱语言的例子。这也是只看见表面现象，没有进一步观察。数字和符号也都是通过语言起作用的，不过这些符号是各种语言里通用，因此各人可以按照各自的语言去读罢了。例如"1，2，3"可以读成"一，二，三"，可以读成"one，two，three"，可以读成"один，два，три"，等等，但是不把它读成任何语言的字音是不可能的。而况在任何语言的语汇里这种符号都只是极少数呢？

语言和文字也不完全一致

文字(书写符号)和字音不可分割，因而文字(书面语)和语言(口语)也就不可能不相符合。但是事实上文字和语言只是基本上一致，不是完全一致。这是因为文字和语言的使用情况不同。说话是随想随说，甚至是不假思索，脱口而出；写东西的时候可以从容点儿，琢磨琢磨。说话的时候，除了一个一个字音之外，还有整句话的高低快慢的变化，各种特殊语调，以及脸上的表情，甚至浑身的姿态，用来表示是肯定还是疑问，是劝告还是命令，是心平气和还是愤愤不平，是兴高彩烈还是悲伤抑郁，是衷心赞许还是嘲讽讥刺，等等不一；写东西的时候没有这一切便利，标点符号的帮助也极其有限。因此，说话总是语汇量不大，句子比较短，结构比较简单甚至不完整，有重复，有脱节，有补充，有插说，有填空的“呃、呃”，“这个、这个”；而写文章就不然，语汇常常广泛得多，句子常常比较复杂，前后比较连贯，层次比较清楚，废话比较少。这都是由不同的使用条件决定的。另一方面，语言和文字又互相作用，互相接近。语言里出现一个新字眼或者新说法，慢慢地会见于文字，例如“棒”、“搞”、“注点儿意”；文字里出现一个新字眼或者新说法，慢慢地也会见于语言，例如“问题”、“精简”、“特别是”、“在什么什么情况下”。剧作家和小说作者得尽可能把人物对话写得流利自然，生动活泼，虽然不能完全像实际说话。而一个讲故事或者作报告的人，却又决不能像日常说话那样支离破碎，即使不写稿子，也会更像一篇文章。所以一个受过文字训练的人，说起话来应该能够更细致，更有条理，如果有这种需要。一个原来善于说话也就是有“口才”的人，也应该更容易学会写文章。

一般说来，文字比语言更加保守。这是因为人们只听到同时代的人说话，听不到早一时期的人说话，可是不仅能看到同时代的文字，也能看到早一时期的文字，能摹仿早一时期的文字，因而已经从口语里消失了的词语和句法却往往留存在书面语里。再还有一些特殊的著作，例如宗教经典、法律条文，它们的权威性叫人们轻易不敢改动其中的古老的字句；优秀的文学作品也起着类似的作用。在文字的保守力量特别强烈的场合，往往会形成文字和语言脱节的现象。中国，印度，阿拉伯国家，古代罗马，都曾经出现过这种情况。这时候，书面语和口语的差别就不仅是风格或者文体的差别，而是语言的差别了。但是只有在文字的使用限于少数人，也就是多数人是文盲的条件下，这种情况才能维持。一旦要普及文化，这种情况就必定要被打破，与口语相适应的新书面语就必定要取古老的书面语而代之。

语言文字要两条腿走路

在人们的生活中，语言和文字都有很大的用处，也各有使用的范围。面对面的时候，当然说话最方便；除非方言不通，才不得不“笔谈”。如果对方不在面前，就非写信不可；如果要把话说给广大地区的人听，甚至说给未来的人听，更非写成文章不可。（有了录音技术之后，情况稍有不同，也还没有根本改变。）人们既不得不学会说话，也不得不学会写文章，也就是说，在语言文字问题上，不得不用两条腿走路。可是自从有了文字，一直就有重文轻语的倾向。为了学习写文章，人们不吝惜十年窗下的工夫，而说话则除了小时候自然学会的以外，就很少人再有意去讲究。这也难怪。在古时候，语言只用来料理衣、食、住、行，也就是只派低级用场；一切高级任务都得让文字来担任。可是时代变了。三天两天要开会，开会就得发言。工业农业的生产技术以及其他行业的业务活动都越来越复杂，交流经验、互相联系的范围越来越大，以前三言两语可了的事情，现在非长篇大论不成。语言不提高行吗？再还有传播语言的新技术。有了扩音器，一个人说话能让几千人听见；有了无线电广播，一个人说话能让几千里外面的人听见。很多从前非用文字不可的场合，现在都能用语言来代替，省钱，省事，更重要的是快，比文字不知快多少倍。语言文字两条腿走路的道理应该更受到重视了。可是人们的认识常常落后于客观形势。学校的“语文”课实际上仍然是只教“文”，不教“语”。是应该有所改变的时候了，不是吗？

（选自《语文常谈》，三联书店1980年北京版）

生　　词

1.稀松	xīsōng	（形）	①无关紧要。②差劲。
2.平行	píngxíng	（形）	parallel
3.来历	láilì	（名）	人或事物的历史由来或背景。
4.出入*	chūrù	（名、动）	①数目、语句不一致；差别。②出去和进来。
5.公式	gōngshì	（名）	①formula②泛指可以应用于同类事物的方式、方法。
6.人云亦云	rén yún yì yún		人家说什么，自己也跟着说什么，没有自己的见解。
7.鹦鹉学舌	yīngwǔ xué shé		鹦鹉学人说话。比喻别人怎样说，也跟着怎样说（含贬义）。鹦鹉：又叫鹦哥。parrot
8.随机应变	suíjī yìngbiàn	〈成〉	跟着情况的变化，掌握时机，灵活应付。
9.音素	yīnsù	（名）	语音中最小的单位。phoneme
10.自觉	zìjué	（动）	①自己感觉到。②自己有所认识而觉悟。
11.连缀	liánzhuì	（动）	联结。
12.意念	yìniàn	（名）	念头；想法。
13.一一*	yīyī	（副）	一个一个地。
14.表达	biǎodá	（动）	表示（思想、感情等）。
15.复杂	fùzá	（形）	complicated；complex.
16.无穷	wúqióng	（形）	没有穷尽，没有限度。
17.手段	shǒuduàn	（名）	①为达到某种目的而采取的具体方法。②指待人处世所用的不正当的方法。

18.视觉	shìjué	(名)	visual sense
19.诉之于	sù zhī yú		用语言作用于某种感觉，或向某人诉说。
20.听觉	tīngjué	(名)	sense of hearing
21.倚赖	yǐlài	(动)	rely on; be dependent on.
22.障碍物	zhàng'àiwù	(名)	阻挡前进的东西。
23.交际	jiāojì	(名、动)	人与人之间的往来接触；社交。
24.补充	bǔchōng	(动)	①原来不足或有损失时增加一部分。②在主要事物之外追加一些。
25.前程万里	qiánchéng wàn lǐ		形容前途远大。
26.超脱	chāotuō	(动、形)	①超出；脱离。②不拘泥成规、传统、形式。
27.部落	bùluò	(名)	由若干血缘相近的民族结合而成的集体。tribe
28.一定(的)*	yídìng(de)	(形)	①某种程度的；相当的。②特定的，某一个(人、事物)。
29.雏形	chúxíng	(名)	①未定型前最初的形式。embryonic form②依照原物缩小的模型。microcosm
30.起源	qǐyuán	(动)	开始发生。
31.整幅	zhěngfú	(形)	完整的一幅，没有残缺。
32.表意	biǎoyì	(动)	显示意义。
33.含胡	hánhu	(形)	不明确；不清晰。
34.取决(于)*	qǔjué(yú)	(动)	由某种条件或某人决定。
35.设想	shèxiǎng	(动)	①假想；想象。②着想。
36.陷阱	xiànjǐng	(名)	①trap②比喻害人的圈套。
37.洞壁	dòngbì	(名)	洞穴的壁。
38.法术	fǎshù	(名)	道士巫婆等所用的骗人手法(画符念咒等)。magic touch
39.拆散	chāisàn	(动)	使整体分散。
40.个别	gèbié	(形)	①单个；各个。②极少数；少有。
41.词序	cíxù	(名)	词在词组或句子里的先后次序。
42.道儿	dàor	(名)	①线条；细长的痕迹。②道路。
43.抽象	chōuxiàng	(形)	abstract
44.转弯抹角	zhuǎnwān mòjiǎo		①顺着弯弯曲曲的路走。②比喻说话作文不直截了当。也作"拐弯抹角"。
45.挂(上)钩*	guà(shang)gōu		和某人或某单位取得联系。
46.简化	jiǎnhuà	(动)	simplify

47.丝毫*	sīháo	(副、名)	①与否定词"不""没有"连用，表示彻底的否定。②极小或很少，一点儿。
48.零碎	língsuì	(形)	细碎。
49.一旦*	yīdàn	(副)	①忽然有一天。②只要有一天；要是有一天。
50.不解之缘	bù jiě zhī yuán		分不开的密切的联系。
51.不相干*	bù xiānggān		(彼此)没有关系。
52.靠拢	kàolǒng		挨近；靠近。
53.思考	sīkǎo	(动)	进行比较深刻、周到的思维活动。
54.割裂	gēliè	(动)	把不应当分割的东西分割开（多指抽象事物)。
55.并行	bìngxíng	(动)	同时进行。
56.转化	zhuǎnhuà	(动)	转变；改变。
57.关乎	guānhū	(动)	关系到。
58.粗通	cūtōng		大略地懂得、了解。
59.而况	érkuàng	(连)	何况。
60.念念有词	niànniàn yǒu cí		嘴里不停地说着什么。
61.通用	tōngyòng	(动)	(在一定范围内)普遍适用。
62.不假思索	bù jiǎ sīsuǒ		用不着思考就作出反应。形容说话作事敏捷。
63.脱口而出	tuō kǒu ér chū		形容没有经过思考就随口说出来了。
64.从容	cōngróng	(形)	①不慌不忙。②镇定；沉着。
65.姿态	zītài	(名)	①姿势；样儿。②态度。
66.心平气和	xīnpíng qìhé		心里平和，不急躁，不生气。
67.愤愤不平	fènfèn bùpíng		很生气的样子。
68.抑郁	yìyù	(形)	心有怨恨，因不愿诉说或不能诉说而烦闷。
69.衷心	zhōngxīn	(形)	出自内心的。
70.赞许	zànxǔ	(动)	认为好而加以称赞。
71.嘲讽讥刺	cháofěng jīcì	〈书〉	嘲笑讽刺。sneer at, ridicule
72.不一	bùyī	(动)	不相同。differ; vary
73.脱节	tuō jié		原来连接的物体分开。借指原来联系着的事物失掉联系，或原来应该有联系的事物没有联系起来。
74.插说	chāshuō	(名)	一种句法格式：把一个句子的结构打断，插进一句话，表示一定的附加意义。parenthesis

75.连贯	liánguàn	(动)	连接贯通。
76.支离破碎	zhīlí pòsuì	〈成〉	形容事物零散破碎，不成整体。
77.条理	tiáolǐ	(名)	思想、言语、文字的层次；生活、工作的次序。
78.口才	kǒucái	(名)	说话的才能。
79.保守	bǎoshǒu	(动、形)	①保持使不失去。guard②维持原状，不求改进；跟不上形势的发展。conservative
80.经典	jīngdiǎn	(名)	①classics②scriptures
81.法律	fǎlǜ	(名)	law
82.条文	tiáowén	(名)	法规、章程等的分条说明的文字。(clause, article)
83.权威性	quánwēixìng	(名)	authonitativeness
84.场合	chǎnghé	(名)	一定的时间、地点、情况。occasion
85.风格	fēnggé	(名)	style
86.文体	wéntǐ	(名)	文章的体裁。
87.文盲	wénmáng	(名)	不识字的成年人。
88.维持	wéichí	(动)	使继续存在下去。
89.普及	pǔjí	(动)	①普遍推广。②普遍地传到。
90.适应	shìyìng	(动)	适合(客观条件或需要)。
91.取而代之	qǔ ér dài zhī		夺取别人的地位、权利等而代替他；排除其他事物，自己来占这个位置。
92.笔谈	bǐtán	(动)	①两人对面在纸上写字交换意见，代替谈话。②用书面形式发表意见。
93.根本	gēnběn	(形)	彻底。
94.吝惜	lìnxī	(动)	过分爱惜，舍不得拿出（自己的东西或力量)。
95.了(结)	liǎo(jié)	(动)	解决；结束。
96.传播	chuánbō	(动)	广泛散布。

注　　释

1.吕叔湘(1904—　)当代著名语言学家，语文教育家。江苏丹阳县人。曾任清华大学教授，中国科学院语言研究所所长。主要著作有《中国文法要略》《语法修辞讲话》（与朱德熙合著)《语文常谈》《汉语语法分析问题》等。

2.原始社会——primitive society.

3.线性排列——linear arrange.

4.思维活动——指人类特有的一种精神活动。思维：thought；thinking

5.认识活动——人脑经过观察、概括、分析、判断、推理等步骤，对客观世界的反映活动。包括感性认识和理性认识。认识：knowledge

6.十年窗下工夫——形容闭门苦读时间之长，工夫之深。

7.两条腿走路——一种比喻的说法。这里用来说明文字和语言应当并重，不可偏废的道理。

词 语 例 解

只是字句有些出入

一、名词“出入”是指数目、语句不一致，意思跟“差别”相近。例如：

1.他前后两次的答复，说法有出入。

2.售货员清点货物时，发现跟货单上的数目有些出入。

二、动词“出入”是“出去”和“进来”的意思。例如：

3.出入机场，必须办理各种手续。

4.少年时期的鲁迅经常出入于当铺和药店，用典当得来的钱，给病重的父亲买药。

形成无数的“意念”，一一配以语音

副词“一一”是“逐个”“一个一个地”的意思，表示动作行为挨次发生或出现。例如：

1.书中的引文已经一一核对过，没有错误。

2.晚会的节目丰富多采，就不一一介绍了。

3.他把看过的报刊一一放回原处。

一定(的)

一、表示某种程度的；相当的。例如：

1.他已经取得了一定的成绩。

2.这种新药治疗关节炎有一定的效果。

二、特定的。例如：

3.一定的文化是一定社会的政治和经济的反映。

三、固定的，必然的。例如：

4.体质强弱跟个子高矮并没有一定的联系。

5.水的各种成分有一定的比例。

也可以说

“也”有一种用法是表示“同样”。“也可以说”就是“同样可以说”，即同一个意思换一种说法。后面的话往往用来解释前面的话，使意思更加明确。例如：

1.“决一雌雄”也可以说“决一胜负”。

2.我喜欢吃中国式的饭菜，也可以说中餐更合乎我的口味。

这种画……应该怎样理解取决于具体环境

1.汤姆能不能到中国学习汉语取决于是否申请到奖学金。

2.新建宿舍是否适用，取决于设计人员的指导思想是否正确。

这种文字……已经跟语言挂上钩

“挂上钩”原意是指用挂钩把两节车厢连接起来。现在通用的是它的比喻意义，指双方彼此取得了联系。如“生产与消费挂上钩”“产品质量与价格挂上钩”“科研与生产挂上钩”等。

图形可以大大简化，丝毫不损害原来的意思。

副词“丝毫”与“不”“没有”等连用，表示彻底的否定。例如：

1.这几次失误，丝毫也不能动摇他夺魁的决心。

2.那些无中生有的诽谤，丝毫无损于他的伟大形象。

名词“丝毫”是“极少”或“很少”“一点儿”的意思。例如：

3.眼科手术要求十分精确，不容许有丝毫差错。

图画一旦变成文字，就和语言结上不解之缘

一、表示不确定的时间，意思是“忽然有一天”。例如：

1.多年失散的亲人一旦相逢，怎能不激动呢？

2.大家一起共事多年，一旦分别，那滋味可不好受呵！

3.事先无思想准备，一旦发生意外，就会手足无措。

二、用在假设句里，表示假如有了某种条件，就会有某种结果随之发生，后一分句往往要用“就、将”等呼应。例如：

4.这次技术革新一旦成功，生产率将会提高两倍。

5.抽烟一旦上了瘾，就很难戒掉。

“一旦”也可以出现在句首。例如：

6.一旦水电站建成，这里的自然面貌就会发生巨大变化。

7.他是个体弱的人，一旦染上肺结核就不容易在短期内治愈。

图画是与语言不相干的独立的表意系统

1.这件事跟他不相干，完全由我负责。

2.这次飞机晚点，是由于机器出了故障，跟天气并不相干。

练　　习

一、解释带点的词语：

1.人云亦云　2.鹦鹉学舌　3.变化无穷

4.不解之缘　5.不假思索　6.脱口而出

二、解释下列词语：

1.随机应变　2.前程万里　3.转弯抹角　4.心平气和

5.愤愤不平　6.长篇大论　7.取而代之　8.支离破碎

三、给下列动词添上适当的宾语：

1.表达　2.依赖　3.补充　4.适应　5.维持　6.传播

四、写出下列各词的反义词：

1.粗通　2.含胡　3.普及　4.客观　5.低级　6.复杂

7.重视　8.消失　9.细致　10.保守　11.抽象　12.有限

五、填写关联词语：

1.人类语言采用声音作为手段，____不采用手势或图画，____不是偶然的。

2.人类的视觉最发达，____语言诉之于听觉。

3.____一个形体能够不通过语音的联系，直接表达意义，____还是图画，不是文字。

4.文字和字音不可分割，____文字和语言也就不可能不相符合。____事实上文字和语言只是基本上一致，不是完全一致。这是因为文字和语言的使用情况不同。说话是随想随说，____是不假思索，脱口而出；写东西的时候，可以从容点儿，琢磨琢磨。

5.说话的时候，____一个一个字音以外，____整句话的高低快慢的变化，各种特殊语调，____脸上的表情，____浑身的姿态，用来表示是肯定____疑问，是劝告____命令，是心平气和____愤愤不平，是兴高采烈____悲伤抑郁，是衷心赞许____嘲讽讥刺，等等不一。

6.剧作家和小说作者得尽可能把人物对话写得流利自然，生动活泼，____不能完全象实际说话。____一个讲故事的或者作报告的人，____又决不能象日常说话那样支离破碎，____不写稿子，____会更象一篇文章。____一个受过文字训练的人，说起话来，应该能够更细致，更有条理；____有这种需要。

六、找出下列各段话中的插入语，并说明各自的具体作用：

1.语言，也就是说话，好象是极其稀松平常的事儿。

2.……然后综合运用，表达各种复杂的意思。一句话，人类语言的特点就在于能用变化无穷的语言，表达变化无穷的意义。

3.直到现在，世界上还有好多语言是没有文字的，也可以说，没有文字的语言比有文字的语言还要多些。

4.这种文字是基本上象形的文字，但是可以念，也就是说，已经跟语言挂上钩，成为语言的视觉形式了。

5.一般说来，文字比语言更加保守。

七、造句：

1.一一　2.一旦　3.出入(名词)　4.取决于

5.丝毫　6.挂上钩　7.一定的　　　8.不相干

八、回答问题：

1.举例说明为什么说“只有人类有真正的语言”？

2.“人类语言采用声音作为手段”的道理何在？

3.为什么说“文字不能超脱语言”？

4.语言和文字有哪些不完全一致的地方？

5.为什么会出现重文轻语的现象？

6.语言文字为什么要两条腿走路？为什么这一道理在今天更应该受到重视？

第二十一课　当铺前

茅　盾

一

东方刚刚发白，那呜呜的小火轮的汽笛声就从村外的小河里送到村里来了。小火轮在这河里行驶，总也有五六年了。河道是很狭的，小火轮经过时卷起了两股巨浪，豁刺刺地冲击着那些沿河的田横埂，叫乡下人叫苦。像前年发大水的时候啊，这小火轮恶狠狠地开着快车走过，就像河里起了蛟，轰轰轰地，三五尺高的水头打过那些田横埂，直灌进稻田里去了。

所以村里的农民一听见那汽笛声就发恨。发大水的时候，他们想过许多方法不许那小火轮走这条河道，他们到十几里路外的轮船局里闹过，他们又听了什么人的指教到镇上那区公所里递过禀帖，然而都没有效果。后来他们就直接行动了，等那小火轮走过的时候，全村五六十人一个总动员，石子泥块像雨点一般打过去，小火轮发疯似的叫着，逃命似的走着。第二天，果然没有听到那鬼哭一般的汽笛叫。小火轮绕出这一段河道了。可是第三天，区公所派了人下乡来，说要严办指使暴动的人。第四天，小火轮依然横冲直撞地走过了，船上有保卫团，挺起枪、预备放。乡下人自然懂得枪弹比石子厉害，而况区公所又要抓人，只好忍气吞声，天天把冲坏了的田横埂修整加高。

现在的情形又不同了。小火轮改了班，经过这条河道时，正好是东方打白，乡下人从梦里醒来。那火轮船也不是从前那样大家伙，而是小巧的，叫做什么柴油轮船。因为今年旱得太久，河水浅了，只有这小巧的柴油轮船还能够勉强开过去，而且轮船公司生意清淡，哪怕是小船啊，舱里也还是空落落的。这些事，乡下人本来不管他的账，但是那柴油轮船总在快天亮的时候走过，那呜呜的叫声也恰好代替了报晓鸡，——开春以来就把杂粮当饭吃的村里人早就把鸡卖得精光，所以这一向听着可恨的汽笛声现在对于村里人居然有点用处了。

天像有点雾，没有风。那惨厉的汽笛声落到那村庄上，就同跌了一交似的，尽在那里打滚，又像一个笨重的轮子似的，格格地碾过那些沉睡的人们的灵魂。

村东头的一间矮屋里闪着灯光，寸半长的铜元圈儿那么粗的白烛头在悄悄地滴着蜡泪。这矮屋的居住者王阿大，当汽笛叫了第一声时，就像被人家打了一棍似的从床上跳起身来。现在他匆匆忙忙地在烛光下打叠一个小包袱。他们要不是万分紧急，怎么肯点这宝贵的烛头。这还是三个月前王阿大到镇上一家做丧事的人家"吃饭白相帮"做了三天临时工役带回来的宝贝。他这短差，虽说没有工钱，饭是让他尽肚子装的；村里人到现在还常常讲起，夸羡他的好运气，何况还带来了这么一个粗大的蜡烛头。但那是三个月以前的事了。王阿大在丧事人家的三天里虽然把肚子装饱，也早就饿瘪，昨天又吃完了最后的一点麸皮和豆子。这时他把几件旧衣服包起来，打算拿到镇上去上当铺。

"这件也包了去吧！"阿大的老婆撂过一件半新的土布棉袄来，阴凄凄地说。

"也包了去？你穿什么呢？"王阿大一面回问，一面拎着那件半新的土布棉袄，决不定主意。

"哎！"

那女人只叹了一声，缩着头，对丈夫摇手。

王阿大迟疑地打开了那包袱，把一沓旧衣服一件一件看了又看，手指头把不住发抖，这里的每一件衣服都是一个伤心的故事。那蓝布夹袄上的几点血迹，是他去年跟村坊里的人到那轮船局里去吵闹被人家一拳打破了鼻子的时候沾上去的；那花洋布的女裤是老婆大前年做奶妈的时候向女主人讨来的，——老婆为的想做奶妈挣几个钱帮家用，还债，硬着心肠溺死了自己第二胎的女孩子，她到现在看见这花洋布裤子就要掉眼泪；还有，还有一身蓝绵绸的棉袄裤，是从死了的十三岁大女儿招弟的尸身上剥下来的，招弟是前年水灾的时候活活饿死的。……

这一个小小的包袱就是王阿大夫妻俩惨痛的生活史！

可是他们这全部惨痛生活史的唯一纪念品——他们现在所有的全部财产，在典当朝奉的眼睛里看来，也许不值一块钱呢！

王阿大鼻孔里呼噜了两声，忍住了眼泪，抖着手指，再拿起老婆撂给他的半新的棉袄来。棉袄上还留着老婆身上的热气，王阿大猛觉得心里像刀割似的，抱住了那棉袄，就哭起来了。

女人却不哭，睁大了眼睛发怔。她也想起了自己硬着头皮溺在马桶里闷死的第二胎的女孩子，她的心就像冰冻住了似的。

忽然她浑身一跳，就扑到床上，从破棉絮堆里抱过那不满半岁的孩子，紧紧偎在胸前，好像怕被人家夺了去。

哑！哑！哑！

婴孩啼了，那声音像是哑嗓子的小猫。女人解开了衣服，把干瘪的乳房塞到孩子嘴里，摇着身子。孩子吮住了乳头，也就不作声。

"包在一起，赶快走罢！——到迟了，当不进去，今天就没有吃的！"女人望着丈夫这边，轻声说。

白烛头的火焰跳了一下，便又奄奄地矮下去了。门缝里透进白光。

王阿大抬起头来，叹一口气，把老婆那件棉袄包进了包袱，却把自己身上的破烂夹袄脱下来，望老婆床上一丢，就转身开那板门了。

“外边比不得屋里！你一件单衣不冷么？你穿了去！”女人抱着孩子跳下床来，哽着咽喉叫。

王阿大不回答。一阵风扑向屋里来，白蜡烛头吹熄了，王阿大和他的女人都冷得发抖。哇的一声，女人怀里的婴孩哭起来了。那干枯的乳房不能使他满足。王阿大机械地回头看了那孩子一眼，就咬着牙齿，夹着那包袱，拔步走了。

女人到廊檐口又唤了她丈夫一声，也就站住了，阴凄凄的一双眼里充满了眼泪。她本能地换一个乳房给孩子吮，又回到房里，坐在破竹凳上。风像剪刀似的吹来。她冷得嘴唇都麻木了。她关上门，又披上丈夫让给她的破烂夹袄，可还是浑身发抖。但想到丈夫拿去的一包衣服总该当几文钱来买米，她又惨然一笑。

这时候，她方才觉得自己的没有乳汁的乳头被饿狠了的孩子吮得作痛。她紧紧地抱住那孩子，觉得暖些。她惘然看着孩子的瘦脸，那小小额角上的嫩皮起了皱纹，象个老太婆。

二

王阿大急步跑了半个钟头光景，天已大明，可没有太阳。因为跑了路，他倒不觉得冷了，额角上还有汗珠。可是肚子里咕咕地叫起来了。起初还勉强熬得住，后来却越叫越勤，王阿大两条腿渐渐发重。

他咽下几口唾沫，慢慢地走。

他走得那样慢，简直不像是乡下人。三四起邻村的农民赶过了他前头，他们都是上镇去的。

到了那有名的马家坟时，王阿大便坐在坟堆前那坍塌的石登上歇一口气。石楠树的红叶子落到他脚边，他拾了一张叶子放在嘴里咬着。头顶有麻雀叫。他咽下了一口树叶子的苦汁，仰脸看那些麻雀。

那边远远一座桥，桥背后就有黑簇簇的房屋，这就是镇市梢。

啵！啵！啵！镇市梢那机器碾米厂的汽管骄傲地叫着。

咕！咕！咕！王阿大的肚子又一次猛烈地叫着。并且他听出那叫声里还有他的不满半岁的儿子哑哑地哭。他急急忙忙跳起来，紧紧地夹着那包袱，就向镇上跑。

“到迟了，当不进去，今天就没有吃的了！”老婆的话又在王阿大耳边响。他把裤腰带收紧些，没命地跑。他赶上了许多在前面走的农民，疯子似的直扑到那当铺的大门外，方才住脚。

当铺的两扇乌油大门还没有开，然而守在门外的人可已经不少。有几个店铺才只开了半扇门，趿着鞋皮的伙计探头到门口看了一眼，咳着，把痰吐在街心里石板上。小乞丐似的学徒提着水吊子懒懒地走过。赶早市的糕团铺伙计顶着热气蓬蓬的蒸笼，接连吆喝着“糕呀，糕呀！”眨眨眼就跑过了。

守在当铺门外的穷人队伍，时时刻刻在增加，把那一段街道挤得没有空隙。他们都望着那一对乌油大门，他们都想挤到门前。王阿大夹着他的衣包也在人堆里挤。在他旁边，有一个红眼睛的老太婆，抱着一卷土布，瘪嘴唇翕翕地动，好像在那里念佛，也想挤到前面去。

忽然一个鱼贩子挑着一担鱼，远远地吆喝着来，要穿过这当铺门前的密集队伍。这鱼贩子的担子，前面是一个木桶，满满地装着水和活鱼，后面是一个筐子，盛着带泥的蚌；他用那水桶开路，摇摇摆摆冲进来。

人堆里起了扰动了。那红眼睛的老太婆，一心想挤上当铺门前去，不防斜刺里冲出那鱼贩子的扁担来，一头撞着，就跌倒了。木桶里的水泼了满地，川条鱼在石板上跳。

“撞倒了老太婆了！大家不要挤啊！”王阿大喊起来，用背脊和屁股抵住了挤紧来的人们。

“啊哟哟！不要踩了我的鱼啊！——嘿，官路大家走得！”鱼贩子赶快歇下担子，一面嚷，一面弯着腰在人腿缝里捉活鱼。

老太婆却已经爬起来，拍着手骂那鱼贩子“瞎了眼”。一会儿她记起了她的布，慌忙在地上捡起来，那白布却已变成灰布了。老太婆的骂就也变成了哭。然而人们依然挤紧来。老太婆没有工夫尽哭，夹在人堆里再向前挤，一面慌慌忙忙把泥污了的一段布在她的破衣服上揩擦。

王阿大好容易挤到了那乌油大门前。他一身大汗，肚子里只管咕咕地叫。背靠着那门，坐在地下的，有一位脸色青白的青年女人，仰起一对惊惶的眼睛朝天空看。女人的旁边有乡下人，也有镇上人，都把身子贴在那门上。

“哎！施粥厂门外也没有这般挤呀！”有人在王阿大耳朵边叹着气说。

“荒年荒时，哎！——几时开门呢？”王阿大松一松腰，也叹口气，好像是回答那耳边的人。他说那句“几时开门呢”的当儿，虽则有几分焦灼，可实在还带点自慰的意味；他总算没有落后，挤到这门前时，门还没开，他的小衣包也许能够顺利地换成了钱。

“说是要到九点才开哪！——喂，不是已经九点了么？”坐在地下的青年女人接口说，眼睛看着王阿大。

“一定是九点过头了，我跑了十多里路，谁知道门还没开！”王阿大回答，用手背去抹额角上的汗。

“十多里路么？可是我呢，我是天还没有发亮的时候就来这里坐着守的！他们几位比我慢几步。我们守了好半天了！又饿又冷！牢门还不开！这忽儿，人又那么多了！”青年女人气虎虎地说着，把肘弯在门上撞了几下。

“还不开门么？开门呀！”旁边的人也都喊起来，拳头捶得那乌油门蓬蓬地响。

王阿大的拳头够不到那门，就在那里嚷，他觉得嚷一阵肚子叫就好了些。他背后的人们也在嚷，可不是嚷“开门”，却是嚷“挤上前去”。王阿大也巴不得能够再上前，可是在他前面有那青年女人，女人背后又是门，他只好把背脊和屁股抵住了后面的推挤。

现在这一条街上的店铺也都开市了。卸店板的声音劈劈啪啪传来，王阿大也听得，然而他面前那对乌油门依然关得紧紧的。

他回头去看一眼。那是几层的人，有涨红的脸，也有灰白喘气的脸，都在嘈嘈地嚷骂，恨那当铺不肯早点开门。

“嗳，喔唷，喔唷！”那青年女人忽然咬紧着牙关哼起来了，两手捧着肚子。

等待着的人们只是呼噪着“开门”，谁也没有注意这女人。

王阿大因为是面对面站着，只他看清了那女人的惨痛的挣扎有点异样。他记得曾经见过这样捧着肚子哼的形状，可是他一时记不清。女人哼了一会儿，便也不作声，她慢慢地抬起头来，额角上青筋直爆，黄豆大的汗珠直往下滚，嘴唇上咬出深深的齿痕，眼睛里充满了惊惶。

她看了王阿大一眼，又看看左边和右边，好像有什么话想找个适当的人告诉。

但此时人们突然发一声喊：“开了！”王阿大面前的两扇乌油门闪开一条缝。人们又一声喊，王阿大再也站不稳了，昏头昏脑撞了几步，身子已经在乌油门内了，却又听得一声刺耳的惨叫，接着是男人的声音狂喊道：“不好了！踏倒一个女人了！一个大肚子的女人！”

王阿大就像浸在冰水里冷得浑身战抖。他想站住，可是不行。人们像潮水似的涌来，将他直推到那高高的柜台前面，将他挤在柜台边，透不过气。

柜台边是无数的手，各式各样的旧衣服，小包袱。

王阿大本能地也挣出他那拿着包袱的手来，插进了那手的林。他暂时忘记了那一声刺耳的惨叫和那惨痛挣扎的女人的面孔。他也学着他那一伙人直着喉咙乱嚷“朝奉先生”。

他看见一个朝奉走过来了。但是那朝奉接了别人手里的东西。

他看见左边又有一个朝奉皱着眉头把几件蓝布衣服直摞到柜台外人堆里，大声吆喝道：“烂东西！不当！”

他又看见自己面前那个朝奉拎起两件绸衣喊道：“一块钱！”

“两块，行吗？是新的呢！”有人在王阿大身边踮起了脚对柜台上说。

但是那朝奉并没有回答，把那两件绸衣直摞下来，就去接另一个人手里的东西了。这是雪白光亮的一车丝。朝奉拿在手里掂了一掂，也喝道：“一块钱！”

丝的主人略迟一些回答，那朝奉早就撇下丝。王阿大乘这机会把自己的包袱凑上去，心里把不住卜卜地跳。

“什么！你来开玩笑么？这样的东西也拿来当！”朝奉刚打开了包袱，立刻就捏住了鼻子，连包袱和衣服推下柜台来，大声喝骂。

王阿大像当头吃了一棍子，昏头昏脑地不知道怎样才好。他机械地弯着腰在人脚的海里捞他的几件衣服。同时他的耳朵里呜呜地响；他听得老婆哭，孩子哭；他听得自己肚子叫。

等到他从地下人脚缝里捞起他的衣服来，打算换一个地点再作第二次尝试——挑一个面相和气的朝奉来碰碰运气的时候，他听得人们乱哄哄地喊着："怎么？不过一管烟的工夫，一百二十元就当满了么？今天就止当了么？就停当候赎了么？"

王阿大叹一口气，知道今天又是白跑了一趟。他失神似的让人们把他拥着推着，直到了那乌油的大门边。他猛一低头，看见门槛石上有一摊紫黑的血迹。于是他立刻又听得了那女人的刺耳的惨呼，并且他猛然想起了那女人捧着肚子哼的样子就同他老婆去年在水车旁边生孩子的时候一样。

于是王阿大想起了他自己的没有奶吃的半岁的孩子，想到了老婆的一身瘦骨头和两只干瘪的乳房，他的心就同一块石头似的发沉了。

生　　词

1.当铺	dàngpu	(名)	pawnshop
2.火轮	huǒlún	(名)	轮船。
3.汽笛	qìdí	(名)	轮船、火车或工厂装置的发声器。steam whistle
4.狭	xiá	(形)	窄(跟"宽"相对)。
5.豁剌剌	huòlālā	(象声)	形容水浪冲击堤岸的声音。
6.田(横)埂	tián(héng)gěng	(名)	指稻田四周或中间用来分界或蓄水的土埂。a low bank of earth between fields
7.蛟	jiāo	(名)	蛟龙，古代传说中所说的一种能发洪水的龙。
8.稻田	dàotián		paddy field
9.发恨*	fā hèn		感到强烈不满；怨恨。
10.指教	zhǐjiào	(动)	指示教导。
11.发疯*	fā fēng		①神经错乱；精神失常。②比喻做事违反常情。
12.严办	yánbàn		严厉处分(处理)。
13.指使	zhǐshǐ	(动)	出主意叫别人去做某事。
14.暴动	bàodòng	(名)	insurrection
15.横冲直撞	héng chōng zhí zhuàng		乱冲乱撞。
16.忍气吞声	rěn qì tūn shēng		形容受了气而勉强忍耐，不说什么话。
17.打白	dǎbái	〈方〉	发白。

18.旱	hàn	(形)	没有下雨或下雨太少(跟"涝"相对)。
19.生意	shēngyì	(名)	指商业经营；买卖。
20.清淡	qīngdàn	(形)	①颜色气味清而淡。②食物含油脂少。③营业数额少，生意不好。
21.空落落	kōngluòluò	(形)	里面没有或只有很少东西，显得冷冷清清。
22.报晓	bào xiǎo		用声音使人知道天已经亮了。
23.杂粮	záliáng	(名)	稻谷、小麦以外的粮食，如玉米、高粱、豆类等。coarse grain
24.精光	jīngguāng	(形)	一无所有；一点不剩。
25.惨厉	cǎnlì	(形)	声音凄凉、凄惨而尖锐。
26.笨重	bènzhòng	(形)	①庞大而沉重；不灵巧。②繁重而费力的。
27.碾	niǎn	(动)	滚动碾子使谷物去皮、破碎；使其它东西破碎或变平。crush; grind
28.沉睡	chénshuì	(动)	睡得很熟。
29.打叠	dǎdié	(动)	收拾；安排。
30.包袱	bāofu	(名)	①包衣服等东西用的布。②用布包起来的包。③比喻思想上的负担。
31.万分*	wànfēn	(副)	非常、极其。
32.工役	gōngyì	(名)	旧社会称给机关或有钱人家做杂事的人。
33.瘪	biě	(形)	物体表面凹下去；不饱满。shrivelled
34.麸皮	fūpí	(名)	小麦磨成面筛过后剩下的碎屑。(wheat) bran
35.撂	liào	(动)	放下，搁下。课文中指扔，抛。
36.阴凄凄	yīnqīqī	(形)	悲伤而凄惨。
37.迟疑	chíyí	(形)	拿不定主意；犹豫。
38.(一)沓	(yì) dá	(量)	用于重叠起来的纸张或其它薄的东西。
39.把不住	bǎ bu zhù		约束不了，止不住。
40.发抖	fā dǒu		由于害怕、生气或受到寒冷刺激等原因而身体颤动。
41.花洋布	huāyángbù	(名)	旧时称机器织的花布。
42.奶妈	nǎimā	(名)	wet nurse
43.债	zhài	(名)	debt
44.心肠	xīncháng	(名)	①用心，存心。②对事物的感情状态。

45.溺	nì	(动)	淹没在水里。
46.胎	tāi	(名、量)	①人或哺乳动物母体内的幼体。②怀孕或生育的次数。
47.绵绸	miánchóu	(名)	用碎丝、废丝等做原料纺成丝后织成的丝织品，表面不平整，不光滑。
48.惨痛	cǎntòng	(形)	悲惨痛苦。
49.呼噜	hūlu	(动)〈口〉	snore
50.发怔*	fāzhèng		发呆，因吃惊而呆住。
51.棉絮	miánxù	(名)	a cotton wadding(for a quilt)
52.偎	wēi	(动)	亲热地靠着；紧挨着。
53.啼	tí	(动)	①啼哭。②某些鸟兽叫。
54.哑	yā	(象声)	本课形容婴孩的哭声。
55.乳房	rǔfáng	(名)	breast
56.不作声	bù zuòshēng		不出声；不说话。
57.火焰	huǒyàn	(名)	物体燃烧时发出的光焰。通称火苗。flame
58.奄奄	yǎnyǎn	(形)	形容气息微弱。本课是形容烛光暗淡的样子。
59.熄	xī	(动)	熄灭，停止燃烧。
60.机械	jīxiè	(名、形)	①machinery ②mechanical; inflexible
61.拔步	bá bù		抬起脚向前走。
62.本能	běnnéng	(名、副)	①人类或动物不学就会的能力。instinct②不用思索地，下意识地。
63.惨然	cǎnrán	(形)	形容心里悲惨。
64.方才*	fāngcái	(名、副)	①指刚过去不久的时间。②表示时间和条件关系。
65.惘然	wǎngrán	(形)	失意的样子；心里好像失掉了什么东西的样子。
66.熬(得住)	áo(dezhù)	(动)	忍受(得了)疼痛或艰苦的生活等。
67.勤	qín	(形)	①尽力多做或不断地做(跟“懒”或“惰”相对)。②次数多，经常。
68.起	qǐ	(量)	①件、次(用于事件)。②群、批(用于人)。
69.坟	fén	(名)	坟墓。grave
70.坍塌	tāntā	(动)	(山坡河岸、建筑物或堆积的东西)倒下来。collapse
71.黑簇簇	hēicùcù	(形)	形容黑暗。

72.没命(地)	méi mìng(de)		形容不顾性命，尽最大的力量。
73.乌油大门	wū yóu dà mén		黑色油漆的大门。
74.趿(拉)	tā(la)	(动)	把布鞋后帮踩在脚后跟下面。
75.乞丐	qǐgài	(名)	没有职业而专靠向别人要饭要钱过活的人。beggar
76.学徒	xuétú	(名)	在商店里学做买卖或在作坊、工厂里学习技术的青年工人。
77.糕团铺	gāotuán pù		卖糕和团的食品店。糕：cake团子：用米或粉做成的圆球形食物。dumpling
78.(热气)蓬蓬	(rèqì)péngpéng		形容热气上升的样子。也说“腾腾”。
79.蒸笼	zhēnglóng	(名)	food steamer(made of bamboo)
80.翕翕	xīxī	(形)	(鼻子、嘴唇等)一张一合地动。
81.念佛	niànfó		信佛的人口中念“阿弥陀佛”或“南无(nāmó)阿弥陀佛”。
82.贩子	fànzi	(名)	往来各地贩卖东西的人。dealer; monger
83.密集	mìjí	(形)	数量很多地聚集在一处。
84.筐子	kuāngzi	(名)	basket
85.盛	chéng	(动)	①把东西放在器具里；特指把饭菜放在碗里、盘里。②容纳，装下。
86.蚌	bàng	(名)	clam
87.摇摆	yáobǎi	(动)	move to and fro.; sway
88.扰动	rǎodòng	(动)	扰乱，使混乱不安。
89.不防	bù fáng		没有预料到，突然。
90.斜刺里	xiécìlǐ		从旁边。
91.扁担	biǎndan	(名)	carrying pole
92.背脊	bèijǐ	(名)	背部。back
93.屁股	pìgu	(名)	buttocks
94.好(不)容易*	hǎo(bù)róngyì		很不容易。
95.官路	guānlù	(名)	指公共的道路。
96.荒年荒时	huāng nián huāng shí		农作物收成很坏的灾害年头。
97.焦灼	jiāozhuó	(形)	非常着急。
98.自慰	zìwèi	(动)	自己安慰自己。
99.意味	yìwèi	(名)	①含蓄的意思。②情调；情趣，趣味。
100.牢门	láomén	(名)	监狱的门。本课借指当铺大门。
101.这忽儿	zhèhūr	(名)〈口〉	这个时候。也写成“这会儿(zhè

			huir)"。
102.肘弯	zhǒuwān	(名)	elbow
103.捶	chuí	(动)	用拳头或槌子敲打。bang
104.巴不得*	bā bù de	(动)〈口〉	非常盼望；很想。
105.开市	kāi shì		商店开始营业。
106.卸	xiè	(动)	把东西去掉或拿下来。
107.店板	diànbǎn	(名)	店铺临街的一面作用像门的木板，早晨卸下，晚上装上。door plank
108.劈劈啪啪	pīpī pāpā	(象声)	形容拍打或爆裂的声音。
109.喔唷	ōyō	(叹)	痛苦的呻吟声；表示惊讶。
110.咬紧牙关	yǎo jǐn yáguān		忍住极大痛苦而咬紧牙齿。
111.哼(起来)	hēng(qilái)	(动)	①发出痛苦呻吟的声音。groan②低声唱或有节奏地低声念诗文。hum
112.呼噪	hūzào	(动)	嘈杂地喊叫。
113.黄豆	huángdòu	(名)	soybean
114.昏头昏脑	hūn tóu hūn nǎo		头脑迷胡，神志不清醒。
115.潮水	cháoshuǐ	(名)	tidewater
116.涌	yǒng	(动)	原指水或云气冒出。这里指人向前拥挤。
117.踮	diǎn	(动)	抬起脚后跟，用脚尖站着。tiptoe
118.掂	diān	(动)	用手托着东西上下晃动来估量轻重。
119.撇	piě	(动)	平着扔出去。
120.卜卜	pūpū	(象声)	形容心跳的声音。
121.尝试	chángshì	(动)	试；试验。
122.面相	miànxiàng	(名)〈方〉	相貌；样子。
123.运气	yùnqi	(形)	fortune; luck
124.乱哄哄	luànhōnghōng	(形)	形容声音嘈杂。
125.赎	shú	(动)	用财物把抵押品换回。redeem
126.失神	shīshén	(动)	①疏忽；不注意。②形容人的精神不振作或精神状态不正常。
127.摊	tān	(量)	用于水、泥、血等。
128.猛然	měngrán	(副)	忽然，骤然。suddenly; abruptly

注　　释

1.茅盾(1896—1981)——中国现代著名作家，文艺活动家。原名沈德鸿，字雁冰。浙江桐乡人。代表作有长篇小说《子夜》，短篇小说《林家铺子》《春蚕》，剧本《清明前后》等。作品编为《茅盾文集》40卷。

2.轮船局——本课指轮船公司设在市镇上或码头上(dock)的机构。

3.区公所——旧中国比县政府低一级的地方行政机关。

4.禀帖——旧时人民向官府或下级向上级报告事情或陈述意见用的一种文件。

5.保卫团——地方武装组织。

6.柴油——diesel oil

7.铜元——铜制钱币，圆形。

8.吃饭白相帮——给人家做工，只能吃饱肚子，没有工钱。

9.马桶——大小便用的有盖的桶，多用木头或搪瓷制成。nightstool

10.夹袄——双层布的上衣。lined jacket

11.石楠树——Chinese Photinia

12.麻雀——sparrow

13.镇市梢——市镇边沿地区。

14.水吊子——水桶。桶梁上拴着绳子或竹竿的桶，用来从井中打水，或从高处向河中、坑中打水。

15.早市——早晨买卖东西的市场。

16.川条鱼——鱼名。就是白鲦(tiáo)。

17.施粥厂——旧时慈善机构供给穷人稀粥的地方。

18.朝奉先生——旧时当铺中管事的人。

19.一车丝——用丝车缫(sāo)丝，把丝从茧里抽出，绕满了一车，就叫一车丝。

20.停当候赎——停止当衣物，只等待衣物的主人来赎取。

21.水车——使用人力或畜力的提水灌溉工具。water wheel

词 语 例 解

发根　发疯　发抖　发怔　发重　发沉

动词“发”是个多义词，除表示“送出”“表达”“发生”等意思之外，还有“显现出”“流露出”“感觉到”等义项。后面多带单音节动词、形容词作宾语，“发”和宾语之间不能插入其他成分。一般多指不愉快的情况。

发＋动　发疯　发抖　发怔　发问　发笑　发怒　发恨

发＋形　发重　发沉　发亮　发慌　发急

万分

副词“万分”形容程度极高，跟“非常”“极其”相当，含有夸张的意味。多用于书面上，修饰双音节形容词或表示心理状态的动词。如：万分困难　万分危急　万分侥幸　万分惭愧　万分抱歉　万分激动

他这短差，虽说没有工钱，饭是让他尽肚子装的

“饭是让他尽肚子装的”是被动句式，“饭”是受事主语，是话题，介词“让”引

出主动者“他”。把“饭”放在主语的位置上，是为了突出这个话题。如果改成主动句“虽说没有工钱，他却是尽肚子装饭的”，就表达不出原文的意思。试比较下面两句话：

1.开春以来，把杂粮当饭吃的村里人早就把鸡卖得精光。

2.开春以来，村里的鸡早就让把杂粮当饭吃的人卖得精光。

硬着头皮　硬着心肠

“硬着”是“勉强着”的意思。“硬着头皮”是形象的说法，指本不愿意做某事。却迫不得已而勉强去做。只用做状语。多用于口语。例如：

1.孩子病了，需要做手术，只好硬着头皮向朋友借钱。

2.虽然没准备好功课，也得硬着头皮去考试。

还可以形容坚决的态度。例如：

3.有天大的困难，我们也要硬着头皮顶住，决不向困难屈服。

“硬着心肠”，意思是由于不得已而勉强下决心做某事。例如：

4.穷人穷得没有饭吃，父母只好硬着心肠卖儿卖女。

方才　刚才

“方才”的主要用法是：

一、表示动作、情况在不久以前发生，跟“刚才”的意思和用法相同，可以互换着用。例如：

1.方才/刚才下了一阵小雨。

2.方才/刚才我又给小王打了电话，他还没有回家。

二、表示某种情况在经历一段时间之后才发生，常跟“直到…”相呼应，跟“才”的用法类似。“刚才”没有这种用法。例如：

3.这场雨下了一天一夜，直到第二天早晨方才放晴。

4.老师反复纠正我的发音，直到没有毛病了方才罢休。

三、表示条件关系，跟“才”的用法相同而语气较重。“刚才”没有这种用法。例如：

5.到颐和园去玩，要爬到排云殿方才可以饱览全园的景色。

6.我把房门的钥匙弄丢了，要等到同屋回来我方才可以进屋去。

时时刻刻

“时时刻刻”是“时刻”的重叠式，是“每时每刻，经常、不断”的意思。用做状语，后面常有“都”表示总括。例如：

1.母亲嘱咐的话，我时时刻刻记在心上。

2.他时时刻刻都在想念远方的亲人。

3.洪水不断地上涨，护堤抢险的人们时时刻刻都在警惕地监视着堤坝。

好不容易

副词“好”用在某些双音节形容词前面，可以说成“好不”，意思基本不变，都表示程度深，带感叹语气，意思跟“多么”相同。“好热闹”和“好不热闹”，意思都是很热闹。而“好容易”“好不容易”都是不容易，例如：

1.费了半天功夫好容易/好不容易才修好了这辆自行车。

2.费了好大劲儿，好容易/好不容易才搬完了家。

3.用了放大镜，好容易/好不容易才看清了这密密麻麻的小字。

4.两支球队的比分咬得很紧，观众们看得好不紧张。

5.最后红队以98比97险胜蓝队，红队队员好不高兴。

6.这个假期我们又爬山又游泳，玩得好不痛快。

7.明明能赢的棋，他却因一时粗心输掉了，心里好不难过。

意味

1.他的话带有赞赏的意味。

2.这个电影的结尾意味深长，让观众自己去理解和想象。

3.这篇新闻报道写得很生动，富有文学意味。

巴不得

“巴不得”的意思是迫切盼望，表示急于实现某种愿望的心情。多作状语。常与“马上、立刻、就、很快”连用。例如：

1.王阿大巴不得立刻典当了衣服，换回点钱，好去买米。

2.孩子们巴不得快到新年。

3.今年暑假学校组织去黄山游览。大家巴不得假期快点到来。

碰碰运气

“碰”在这里是“试探”“试试”的意思，“碰碰运气”或“碰一下运气”意思是“试探一下运气怎么样”。例如：

1.去书店几次都没有买到茅盾的《子夜》，今天再去碰碰运气。

2.听说考电影学院非常难，但我还是要去碰一下运气。

如果“碰”的后面带补语“上、到”，就是“碰见”“遇到”的意思，指事先没有料想到而靠偶然的机遇。例如：

3.他碰到了运气，今天钓了好几条鱼。

练　　习

一、写出你所知道的关于颜色的双音词。

二、用下列双音词组成主谓词组：

1.清淡　　2.干瘪　　3.刺耳　　4.焦灼　　5.惨厉　　6.麻木

三、给下列状态形容词添上适当的中心语：

1.恶狠狠　　2.空落落　　3.乱哄哄　　4.黑簇簇

四、解释下列带点的词语：

1.那惨厉的汽笛声落到那村庄上，就同跌了一交似的，尽在那里打滚，又像一个笨重的轮子似的，格格地碾过那些沉睡的人们的灵魂。

2.王阿大迟疑地打开了那包袱，把一沓旧衣服一件一件看了又看，手指头把不住发抖，这里的每一件衣服都是一个伤心的故事。

3.还有，还有一身蓝绵绸的棉袄裤，是从死了的十三岁大女儿招弟的尸身上剥下来的，招弟是前年水灾的时候活活饿死的。

4.她也想起了自己硬着头皮溺在马桶里闷死的第二胎的女孩子，她的心就像冰冻住了似的。

5.“到迟了，当不进去，今天就没有吃的了!”老婆的话又在王阿大耳边响。他把裤腰带收紧些，没命地跑。

6.等到他从地下人脚缝里捞起他的衣服来，打算换一个地点再做第二次尝试——挑一个面相和气的朝奉来碰碰运气的时候，他听得人们乱哄哄地喊道：“怎么?不过一管烟的工夫，一百二十元就当满了么?……”

五、说明下列象声词模仿什么声音，并用来造句：

1.呜呜　2.格格　3.哇哇　4.啵啵啵

5.轰轰轰　6.咕咕　7.卜卜　8.劈劈啪啪

六、填量词：

1.白烛头的火焰跳了一____。

2.王阿大叹一口气，知道今天又是白跑了一____。

3.王阿大迟疑地打开了那包袱，把一____旧衣服一件一件看了又看。

4.一____风扑向屋里来。

5.还有一____蓝绵绸的棉袄裤。

6.三四____邻村的农民赶过了他前头。

7.他也学着那一____人直着喉咙乱嚷“朝奉先生”。

8.王阿大一____大汗，肚子里只管咕咕叫。

七、选词填空(发恨、发急、发抖、发酸、发呆、发胀、发黄、发慌、发笑、发亮)：

1.看了一天书，头脑____。

2.写了半天字，手腕____。

3.打不通电话，心里____。

4.参观了很多地方，腿脚____。

5.他心事很重，经常坐着____。

6.王阿大饿得肚子____。

7.屋里窗明几净，家具擦得____。

8.他近来身体不好，脸色____。

9.北风呼呼叫，王阿大冻得____。

10.幽默的话，让人听了____。

八、在下面横线上填上适当的结果补语：

1.王阿大在丧事人家的三天里，虽然把肚子装____，也早就饿____，昨天吃____了最后的一点麸皮和豆子。

2.一阵风扑向屋里来，白蜡烛头吹____了，王阿大和他的女人都冷得发抖。

3.“撞倒了老太婆了！大家不要挤啊！”王阿大喊起来，用背脊和屁股抵____了后面的推挤。

4.他把裤带收____些，没命地跑。

九、完成句子：

1.我不懂法文，他又不懂中文，________。（好容易）

2.听说世界第一流的体操队就要在首都体育馆举行表演赛，________。（巴不得）

3.音乐会马上就要开始了，不知道还能不能弄到票，________。（碰碰运气）

4.z、c、s、zh、ch、sh我老分不清，________。（好不容易）

十、回答问题：

1.为什么村民那样仇恨小火轮？

2.王阿大打开包袱时为什么手把不住地发抖？他为什么要当这些衣物？

3.当铺门前为什么那样拥挤？描述一下当铺未开门时的情景。

4.当铺开门之后又是什么情景？

5.为什么最后王阿大的心像一块石头似的发沉了？

6.《当铺前》所描写的是什么年代的故事？

十一、造句：

1.方才　2.万分　3.好容易　4.意味　5.硬着头皮

6.时时刻刻　7.巴不得　8.碰碰运气

第二十二课 溜　　达

王了一

在街上随便走走，北平话叫做"溜达"。溜达和散步不同；散步常常是拣人少的地方走去，溜达却常常是拣人多的地方走去。溜达又和乡下人逛街不同；乡下人逛街是一只耳朵当先，一只耳朵殿后，两只眼睛带着千般神秘，下死劲地钉着商店的玻璃橱；城里人溜达只是悠游自得地信步而行，乘兴而往，兴尽则返。溜达虽然用脚，实际上为的是眼睛的享受。江浙人叫做"看野眼"，一个"野"字就够表示眼睛的自由，和意念上毫无黏着的样子。

溜达的第一个目的是看人。非但看熟人，而且看陌生的人；非但看异性，而且看同性。有一位太太对我说："休说你们男子在街上喜欢看那些太太小姐们，我们女子看女子比你们更甚！"真的，世上没有一样东西，比一件心爱的服装，一双时款的皮鞋，或一头新兴的发鬟，更能在街上引起一个女子的注意了。甚至曼妙的身段，如塑的圆腓，也没有一样不是现代女郎欣赏的对象。中国旧小说里，以评头品足为市井无赖的邪僻行为。其实在阿波罗和藐子所启示的纯洁美感之下，头不妨评，足不妨品，只要品评出于不语之语，或交换于知己朋友之间，我们看不出什么越轨的地方来。小的时候听见某先生发一个妙论，他说太阳该是阴性，因为她射出强烈的光来，令人不敢平视；月亮该是阳性，因为他任人注视，毫无掩饰。现在想起来，月亮仍该是阴性。因为美人正该如晴天明月，万目同瞻；不该象空谷幽兰，孤芳自赏。

溜达的第二个目的是看物。任凭你怎样富有，终有买不尽的东西。对着自己所喜欢的东西瞻仰一番，也就可饱眼福。古人说："过屠门而大嚼，虽不得肉，聊且快意"；现在我们说："入商场而凝视，虽不得货，聊且过瘾"。关于这个，似乎是先生们的瘾浅，太太小姐们的瘾深。北平东安市场里，常有大家闺秀的足迹。然而非但宝贵的东西不必多买，连便宜的东西也不必常买；有些东西只值得玩赏一会儿，如果整车的搬回家去，反倒腻了。话虽如此说，你得留神多带几个钱，提防一个"突击"。我们不能说每一次溜达都只是溜达而已；偶然某一件衣料给你太太传一股灵感，或者某一件古玩给你本人送一个秋波，你就不能不让你衣袋里的钞票搬家，并且在你的家庭帐簿上，登记一笔意外的帐目。

就我个人而论，溜达还有第三个目的，就是认路。我有一种很奇怪的脾气，每到一个城市，恨不得在三天内把全市的街道都走遍，而且把街名和地点都记住了。不幸得很，我的记性太坏了，走过了三遍的街道也未必记得住。但是我喜欢闲逛，就借这闲逛的时间来认路。我喜欢从一条熟的道路出去溜达，然后从一条生的道路兜个圈子回家。因此我常常走错了路。然而我觉得走错了不要紧；每走错了一处，就多认识一个地方。我在某一个城市住了三个月之后，对于那个城市的街道相当熟悉；住了三年之后，几乎够得上充当一个向导员。巴黎的五载居留，居然能使巴黎人承认我是一个“巴黎通”。天哪！他们那里知道这是我五年努力溜达（按理，“努力”“溜达”这两个词儿是不该发生关系的）的结果呢？

溜达是一件乐事；最好是另有一件乐事和它相连，令人乐上加乐，更为完满，这另一件乐事就是坐咖啡馆或茶楼。经过了一两个钟头的“无事忙”之后，应该有三五十分钟的小憩。在外国，街上溜达了一会儿，走进了一家咖啡馆，坐在Terrasse上，喝一杯咖啡，吃两个“新月”面包，听一曲爵士音乐，其乐胜于羽化而登仙。Terrasse是咖啡馆前面的临街雅座，我们小憩的时候仍旧可以“看野眼”，一举两得。中国许多地方没有这种咖啡馆，不过坐坐小茶馆也未尝不“开心”。这样消遣了一两个小时之后，包管你晚上睡得心安梦稳。

溜达自然是有闲阶级的玩意儿，然而像我们这些“无闲的人”，有时候也不妨忙里偷闲溜达溜达。因为我们不能让我们的精神终日紧张得像一面鼓！

（1943年6月5日《生活导报》第28期）

生　　词

1.当先	dāngxiān	（动）	赶在最前面。
2.殿后	diànhòu	（动）	行军时走在部队的最后。借指走在最后面。
3.下死劲(儿)	xià sǐjìnr		使出最大的力气。死劲儿：所能使出的最大力气。
4.钉(盯)	dīng	（动）	把视线集中到一点上；注视。gaze at; stare at
5.悠游自得	yōu yóu zìdé		自己感到悠闲得意。
6.信步	xìnbù	（动）	随意走动。take a leisurely walk; stroll
7.乘兴	chéngxìng	（动）	趁着一时高兴。
8.返	fǎn	（动）	回。
9.黏着	niánzhuó	（动）	①用胶质把物体固定在一起。②两种物体接触时互相吸引，黏在一起。stick together
10.目的	mùdì	（名）	想要达到的地点或境地；想要得到的结果。
11.非但*	fēidàn	（连）	不但。

12.熟人	shúrén	(名)	熟识的人。与"生人"相对。
13.异性	yìxìng	(名)	性别不同的人。跟"同性"相对。the opposite sex
14.同性	tóngxìng	(名)	性别相同。of the same sex
15.休(说)*	xiū(shuō)	(副)	不要，别(表示禁止或劝阻)，多见于早期白话。
16.(更)甚*	(gèng)shèn	(副)	很；极。
17.心爱	xīn'ài	(形)	出于内心的喜爱。
18.时款	shíkuǎn	(形)	时兴款式或式样的。
19.新兴	xīnxīng	(形)	最近兴起的。
20.发鬓	fàbìn	(名)	鬓角的头发。也泛指头发。课文里指发型。hair style
21.曼妙	mànmiào	(形)〈书〉	(舞姿)柔美。
22.身段	shēnduàn	(名)	女性的身体的姿态。
23.塑(造)	sù(zào)	(动)	用石膏泥土等可塑材料塑造成人物形象。
24.(圆)腓	(yuán)féi	(名)	腿肚子。
25.对象	duìxiàng	(名)	①target; object②特指恋爱的对方。boy or girl friend
26.评头品足	píngtóupǐnzú	〈成〉	指无聊的人随便谈论妇女的容貌，也比喻在小节上随便挑剔。
27.市井无赖	shìjǐngwúlài		指在街面上游手好闲、品行不端的人。
28.邪僻	xiépì	(形)	(性情、言语、行为)不正派，不合情理。
29.启示	qǐshì	(动)	enlighten; inspire
30.美感	měigǎn	(名)	sense of beauty
31.不妨*	bùfáng	(副)	表示可以这样做，没有什么妨碍。no harm (in doing so)
32.知己	zhījǐ	(形、名)	①彼此相互了解而情谊深切的。intimate; understanding② 彼此相互了解而情深意切的人。bosom (or intimate) friend
33.越轨	yuèguǐ		行为超出规章制度所允许的范围。
34.阴性	yīnxìng	(名)	这里指女性。female sex
35.平视	píngshì	(动)	两眼平着向前看。
36.阳性	yángxìng	(名)	这里指男性。male sex
37.注视	zhùshì	(动)	注意地看。
38.掩饰	yǎnshì	(动)	使用手法掩盖(缺点错误等)。cover

up; gloss over

39.空谷幽兰	kōng gǔ yōulán		在空无人迹的山谷中开放的兰花。
40.孤芳自赏	gū fāng zì shǎng	〈成〉	比喻自命清高，自我欣赏。
41.任凭*	rènpíng	(连)	①表示无条件，相当于“不论；不管”。②表示让步，相当于“即使；尽管”。
42.瞻仰	zhānyǎng	(动)	恭敬地看。
43.饱眼福	bǎo yǎnfú		满足观看珍奇和美好事物的福分。
44.聊且	liáoqiě	(副)	姑且。
45.凝视	níngshì	(动)	聚精会神地看。
46.过瘾	guòyǐn		满足某种特别深的爱好、嗜好；泛指满足爱好。 satisty a craving; enjoy oneself to the full。瘾：addiction; strong interest (in a sport or pastime)
47.大家闺秀	dàjiā guīxiù		旧时指有钱有势人家的女儿。
48.玩赏	wánshǎng	(动)	欣赏。
49.反倒	fǎndào	(连)	反而。表示跟上文意思相反或出乎预料和常情之外。
50.腻	nì	(形)	①食品中油脂过多，使人不想吃。(of food) oily②腻烦；厌烦。bored; tired of
51.留神	liú shén		注意；小心(多指防备危险或错误)。
52.而已*	éryǐ	(助)	罢了。that is all; nothing more
53.衣料	yīliào	(名)	做衣服用的棉布、绸缎、呢绒等材料。
54.灵感	línggǎn	(名)	inspiration
55.古玩	gǔwán	(名)	antique; curio
56.秋波	qiūbō	(名)	比喻美女的眼睛。
57.钞票	chāopiào	(名)	纸币。
58.帐簿	zhàngbù	(名)	记载货币、货物出入事项的本子。
59.登记	dēngjì	(动)	把有关事项写下来。
60.帐目	zhàngmù	(名)	帐上记载的项目。
61.恨不得*	hèn bu de	(动)〈口〉	迫切盼望，巴不得。how one wishes one could; itch to
62.记性	jìxing	(名)	记忆力。
63.闲逛	xiánguàng	(动)	闲暇时到外面随便走走，游逛。
64.兜(个)圈子	dōu(ge)quānzi		绕(一个)圈儿。
65.充当	chōngdāng	(动)	取得某种身份。

66.向导员	xiàngdǎoyuán	(名)	带路的人。guide
67.居留	jūliú	(动)	停留居住。
68.(巴黎)通	(bālí)tōng	(名)	精通某一方面(这里指巴黎)的人。an expert on (Paris)
69.完满	wánmǎn	(形)	没有缺欠，圆满。
70.茶楼	chálóu	(名)	有楼的茶馆。
71.小憩	xiǎoqì	(名)	短时间的休息。
72.雅座	yǎzuò	(名)	指饭馆、酒店、澡堂中比较精致、舒适的小房间。private room (in a restaurant etc.)
73.一举两得*	yī jǔ liǎng dé	〈成〉	做一件事情，得到两种收获。
74.开心	kāixīn	(形)	心情快乐舒畅。
75.消遣	xiāoqiǎn	(动)	用自己感觉愉快的事来度过空闲时间；消闲解闷。while away the time; amuse oneself
76.包管	bāoguǎn	(动、副)	担保(表示说话人的自信)；管保。assure; guarantee
77.心安梦稳	xīn ān mèng wěn		心地坦然、平静，睡觉也安稳。
78.忙里偷闲	mánglǐ tōuxián		在忙碌中抽出一点空闲时间。
79.终日	zhōngrì	(名)	从早到晚；整天。
80.鼓	gǔ	(名)	drum

注　　释

1.王了一(1900—1986)——王力，字了一。当代著名语言学家、教育家和文学翻译家。广西博白县人。曾任清华大学、中山大学、北京大学教授。语言学著作编入《王力文集》。抗日战争期间写过不少词锋犀利，富有文采的杂文，收集在《龙虫并雕斋琐语》里。

2.江浙——江苏、浙江一带。

3.看野眼——即溜达。江浙土话。

4.阿波罗——希腊神话中的太阳神。

5.藐子——即缪斯(muses)，希腊神话中的女神。

6.过屠门而大嚼，虽不得肉，聊且快意——意思是经过卖肉的地方，嘴里空咀嚼了一阵，虽然得不到肉吃，但好像暂时享受到了吃肉的美味。常用来比喻想要取得而不能如愿，只好用不实际的办法来安慰自己。屠门：肉铺。

7.Terrasse——咖啡馆外露天的座位。

8.新月面包——月牙儿型的面包。

9.爵士音乐——jazz，一种舞曲音乐。

10.羽化而登仙——古代迷信的人幻想人能飞升到天上，成为神仙。

11.有闲阶级——这里指不必为生活劳碌，有足够时间享受的人。

词 语 例 解

非但看熟人，而且看陌生的人，非但看异性，而且看同性　然而非但宝贵的东西不必多买，连便宜的东西也不必常买

连词“非但”跟“不但”的用法相同，都是用在表示递进的复句的前一个分句里。“非但”的书面语味道更浓一些。常见的格式有：

一、非但(不但)…，而且…两个分句并列，后一个分句有更进一层的意思。例如：

1.这次出去旅游，非但观赏了风景，而且品尝了地方风味的小吃。

2.我们的运动会开得很成功，非但赛出了好成绩，而且赛出了好风格。

二、非但(不但)…连(即使、甚至)…也(都)…表示前后两层意思并存，强调后面一层意思。例如：

3.班上的同学都很用功，学习汉语刚刚一年，非但口语说得相当流利了，连读和写的能力也挺不错的了。

4.我来北京半年了，学习很忙，非但没有去过上海，连天津也没有去过。

5.学习外语贵在坚持。如果时断时续，非但不能很好地掌握新的内容，甚至会把以前学过的东西也渐渐忘记了。

休说你们男子在街上喜欢看那些太太小姐们

副词“休”表示禁止或劝阻，多修饰“想、要、得”等单音词，跟“不用，不要，别”的意思相近，多用于书面语。例如：

1.休要自寻烦恼，还要乐观一点的好。

2.如果处理不公平，休说当事人不答应，也会影响到法律的尊严。

3.公平买卖，双方都休想占便宜！

4.休怪他不懂事，他实在是年幼无知。

我们女子看女子比你们更甚

“甚”是文言虚词，表示程度很高。“比…更甚”用于两件事物的比较，表示前者比后者程度更高。多用于书面语。例如：

1.他的忧虑比你更甚。

2.祖父母爱孙子比父母爱孩子更甚。

3.四川菜比湖南菜的辣味更甚。

头不妨评，足不妨品　有时也不妨忙里偷闲溜达溜达

“不妨”表示说话人认为某种行为或动作可以进行，没有什么妨碍。委婉地表示这样做可能有好处或比较妥当。“不妨”后面或者是动词的重叠式，或者是动词结构，不能是单独的一个动词。例如：

1.听说喝乌龙茶能减肥，你不妨试一试。

2.书店里有新书展销，我们不妨去看看。

3.有什么意见和要求，大家不妨直说，不必客气。

4.为了工程的顺利进行，不妨多准备几种方案。

因为美人正该如晴天明月，万目同瞻；不该像空谷幽兰，孤芳自赏

助动词“该”在这里是“应该”的意思。表示情况理应如此。否定式是“不该”。“正该…不该…”肯定和否定连用，是从正反两个方面对比着说明情况或道理。例如：

1.青年人正该珍惜时光，发奋学习，不该浪费光阴，虚度年华。

2.这个季节，正该给稻子灌溉，不该施肥。

3.他这样做正该表扬支持，不该批评指摘。

任凭你怎样富有，终有买不完的东西

一、“任凭”表示无条件，即在任何条件下都必然这样。意思相当于“不论、不管”。“任凭”的后面常有疑问代词(什么、怎样)，或表示极限的词语，主句里常有“都、也、还是”等相呼应。例如：

1.任凭检验员怎样检验，也没有查出这批产品质量上有问题。

2.任凭有天大的艰难险阻，中国登山队员也要把五星红旗插上世界最高峰。

3.任凭你道理说尽，他还是固执己见。

4.任凭是谁，都应该遵守法律。

二、表示让步。意思相当于“尽管、即使、哪怕”后面常有“还是、然而、也”等相呼应。例如：

5.汽车陷进了泥塘，任凭加大油门，开足马力，还是上不了坡。

6.他是一个意志坚强的人，一旦下了决心，任凭困难再大，也不会使他动摇。

7.任凭大雨倾盆，雷电交加，工人们仍然在抢修被冲毁的公路。

我们不能说每一次溜达都只是溜达而已

语气助词“而已”用在陈述句句尾，含有把事情往小里说的意味，前面常有“只是、不过、仅仅、无非”等互相呼应。多用于书面语，相当于口语中的“罢了”。例如：

1.我们的看法基本上是一致的，只是在某些枝节问题上有不同意见而已。

2.我并不是职业棋手，只不过是喜欢下下棋而已。

3.他只是问问价钱而已，并不想买。

4.今天只是风比较大而已，气温并不低。

恨不得在三天内把全市的街道都走遍

“恨不得”表示急切盼望实现某一愿望，而这种愿望是夸张的。也说“恨不能”。后边常带动词宾语，常用“立刻、马上、赶快、就、统统、全”等来加强语气。例如：

1.这么多的参考书，我恨不得一下子看完。

2.听说远在家乡的母亲病了，他恨不得插上翅膀，马上飞回母亲身边。

3.他对朋友非常真诚，恨不得把心都掏出来。

一举两得

1.这条河挖成之后，可以收到灌溉和通航两种效益，真是一举两得。

2.绿化城市既可以美化环境，又可以净化空气，是一举两得的好事。

3.登山是很好的运动，既能锻炼身体，又可以磨练意志，一举两得。

练　　习

一、熟读词组并解释带点的词语：

1.悠游自得　2.评头品足　3.孤芳自赏　4.一举两得

5.空谷幽兰　6.忙里偷闲　7.大家闺秀　8.乘兴而去

二、填中心语：

1.越轨的　2.曼妙的　3.强烈的　4.知己的　5.完满的　6.陌生的

三、用“像…”作补语填空：

例：紧张得像一面鼓

1.自由得像________　2.富有得像________　3.熟悉得像________

4.便宜得像________　5.纯洁得像________　6.开心得像________

四、写出下列各词的反义词：

1.熟人　2.新兴　3.同性　4.心爱

5.开心　6.掩饰　7.强烈　8.阴性

五、说出下列词语的区别，并分别用来造句：

1.溜达　2.走走　3.逛逛　4.转转　5.散步

六、改错别字：

1.神密　2.亨受　3.过隐　4.提妨

5.欣尝　6.响导　7.钞栗　8.消遗

七、选词填空(聊且、暂且、平视、注视、凝视)：

1.电视机应该放在两眼能够____的位置上，过高或过低都对眼睛不利。

2.最近需要密切____局势的发展变化。

3.人们目不转睛地____着比分牌，急切地等待着比赛结果。

4.朋友微笑地____着那张照片，深深地陷入回忆之中。

5.今天的会议____先开到这儿，明天再继续讨论。

6.风雪太大了，____在这里住下吧，等天晴了再赶路。

7.没什么书可看，____拿本画报翻翻。

8.我唱得不好，你们一定要我参加演出，那我就____充数吧。

八、完成句子：

1. 做一个好翻译________。（非但…连…也…）

2. 不恰当地评头品足________。（非但…而且…）

3. 当一个人碰到困难的时候________。（不该…正该…）

4. 对待知己朋友________。（正该…不该…）

5. 我对古代文学史没什么研究，________。（只是…而已）

6. 那个工厂的技术水平________。（只是…而已）

7. 他所说的事实________。（比…更甚）

8. 这位老人对书法的爱好________。（比…更甚）

9. 今天才逛了两个地方________。（过瘾）

10. 他已经尽了最大的努力，________。（休说）

九、造句：

1. 任凭　2. 恨不得　3. 不妨　4. 一举两得

十、写一篇你在溜达中的见闻。

第二十三课　五战五胜

陈祖德

每一个搞事业的人，在他的一生中总有最值得怀念、最值得回味的年代。对于我来说，一九六三年就是这样一个年代。在六三年中我的棋艺有了大幅度的提高。如果说五九年是我的第一个飞跃，那末六三年就是第二个飞跃。就在这一年中，我和日本围棋代表团比赛取得了全胜的成绩。也是在这一年中，我第一次被周恩来总理接见。二十多年前的这些事情我至今记忆犹新。

为准备六三年秋季日本围棋代表团的来访，这一年又举办了一次全国集训。这次集训的规模较六一、六二年都要庞大，老中青三代棋手，能集中的都集中了，济济一堂，好不热闹。通过这次集训，能明显看出年轻棋手的水平已超越老棋手和中年棋手，后生就是可畏。

六十年代全国围棋赛两年才一次，逢双年举办。对日赛在六五年前是每年一次，因此六三年只有迎战日队这一仗。围棋手们憋了一年才迎来了这一次比赛，真是养兵千日，用兵一时。

日方来我国之前先把代表团名单寄给我们。大家一看名单，都感到不好对付。代表团团长杉内雅男是个老练的九段，他的棋柔软明快，轻灵飘逸，胜负清楚，好似棉花里藏刀。他在大比赛时下得较慢，但他的思路很敏捷，能下出一手漂亮的快棋。他从不喝酒，也不抽烟，这在日本社会中很为稀有，加上他对局时始终端坐，不动声色，因此在日本有“棋仙”之雅称。业余棋手有两人，一人是村上文祥，还有一位是业余五段田冈敬一。

这个代表团的名单如与六一年日本围棋代表团相比，其实力显然要高出一块。但六一年我们主要依靠老将迎战，事过境迁，这次我们将以十几、二十多岁的青年棋手为主力，从这一点来说，我们的变化更大一些。拿我个人来说，六〇年第一次参加国际比赛时还是一个刚冒出来的小辈，而如今我已是第一号主力了，自己深感肩负责任的重大。几年来和日本棋手的交锋，使我体会到一场场惨败所带来的耻辱和痛苦，这些难以忘怀的隐痛时时在敲打着自己的神经，咬啮着自己的心灵。

这次客队在我国的比赛路线是由南往北，先在杭州赛两场，然后到上海赛三场，最后的几场都安排在北京。那时和日队比赛的上场名单是赛完一场再排下一场。在赛头一场时谁也不知道下一场该轮到谁，谁都有上场的可能。因此集训队的几十位棋手必须自始至终伴随着客队。

我是主力队员，按理说第一场应当上。但领队考虑让我头一场先观战，可以摸摸底。这样的安排事后看来效果不错。

比赛场地设在华侨饭店的大厅中。华侨饭店面临景色宜人的西湖，然而两场艰苦的比赛压在我们的心头，不要说游山玩水了，西湖只要一映入我的眼帘，立即化为一只围棋盘，上面立即会出现我正在思考的棋局。我想，当时我们的棋手恐怕全都有了“点湖成棋”的妙着。

第一场比赛给我的印象极其深刻。我方上场的五个队员都竭尽全力，但先后都陷入苦战。日方的棋手也较认真，就是团长杉内九段轻松自如，他那瘦小的身子坐得很稳，面部毫无表情。他下棋的姿势和一般日本棋手不同，从不使劲打子，总是轻轻地将棋子往盘上一放，又很快地把手缩了回来，好似胳臂上安了根弹簧。只要他的对手落下一子，这根“弹簧”就把棋子迅速地送到棋盘上。杉内九段的棋熟练刁钻，加上他落子神速，使对手往往在精神上先垮了下来，丧失自信。

下午，比赛了不多时候，一名中国棋手败下阵来。过了一会儿，又一名棋手遭到同样的命运。然后，第三名棋手又是如此。看到自己的战友接连失利，我的难受就别提了。再要看下去，我就受不住啦！我悄悄地离开了赛场。但是，这一刻赛场上又发生了什么呢？不行，我必须去看看！于是我又不自觉地走了回去。就这样我走出走进好几个来回，感到很难自制。

第四局又输了，最后一局也不妙，真揪心呵！这一场我虽然没上，但比上场更受刺激。我深深地感到作为一个上场队员，责任有多大，他的胜负要牵动多少人的心！

最后一局也输了。又是个零比五。

我默默地离开了赛场。我想，中日围棋交流以来，我们已有过多少次全败了。今天，好不容易盼到今天，又是全败！难道我们一直这样全败下去吗？我只感到一种说不出的愤怒，也不知是对谁发怒，或许就像在战场上看到身边的战友一个个都倒了下去似的，反正就是想拼了！

回想起来，第一场没上对我确实得益非浅。这一天给我带来了很大的震动和激愤，从而使我聚集起更多的力量和勇气去投入比赛。

第一场结束后马上就讨论第二场上场名单，这可是个大难题。如果头一场成绩好，第二场就好安排，而如今是全败呵！要知道第一场除了我没上，其余也都是我们的主力，这样的阵容都输了，谁上场能放心呢？我们的领队也有些不知所措了，此时已不是希望取得什么好成绩，而只求不再重演第一场的悲剧。基于这样的出发点，就交给我一个任务，要我去对付客队中最弱的棋手——田冈敬一业余五段。这个决定出乎我的意料之外，我是一心准备打硬仗，结果却相反。很明显，这样安排是非赢不可的。我理解领队的苦衷，我想反正我是下定决心了，不管对手是谁，一旦上场，我心中只有一个字——赢。

第二场开始了，经过猜先我执白，这稍有些不利。田冈虽说是业余棋手，但他毕竟生长在日本，尤其是作为围棋记者，他经常观看最高水平棋手的比赛，可说是见多识广。他的盘面漂亮，我没料到他的布局这么熟练、清楚，以至开局后不久黑棋领先。我心中有些躁了，好不容易克制住。进入中盘，我的特长逐渐发挥，相反，田冈的弱点开始暴露，白棋终于取得了主导权。对局时我把所有神经都调动起来，高度的紧张使我一局棋下来眼睛也直了，身子也瘫了。其实田冈的水平确实稍逊于我，如果我心中有底的话，不至于如此紧张。

参加过比赛的棋手都会有这样的体会，如果你头一场胜了，往后的日子就好过，像做生意有了本钱。反之，如出师不利，则前途就艰难得多。我胜了田冈，绝谈不上是好成绩，但却使我士气更旺盛，我将以更高昂的斗志去迎接新的战斗。

九月十九日，在上海的第一场比赛揭开了战幕。上海的战场还是体育俱乐部的那个篮球场。

一个棋手在自己的家乡比赛可能发生两种情况。一种人感到负担很重，回到家乡，这么多亲友、老领导、老相识，如下不好可丢脸了，这一来却偏偏下不好。另一种人则是劲头更足，家乡的土壤、家乡的气息、家乡的亲人以及家乡的一切会给自己的肌体、精神和力量以强大的充实。我显然是属于后一种人。自六三年开始，以后很多次国际比赛，我在上海大多发挥较好。每当我一跨进体育俱乐部的这个赛场，看到那熟悉而又亲切的一切，特别是赛场上边那一圈尽管是狭窄的、面积有限的观众席，上面却挤满着热心的爱好者，我总会感到一股热流涌向心头，然后又扩散到全身，使人兴奋、激昂。

上海的头一场比赛取得了很好的战果，我们以三比二取胜，这个成绩几乎谁都没料到。获胜的三人都是小将：我胜村上三子，罗建文胜田冈一子，吴淞笙中盘胜桑原七段。

上海的第二场安排我对桑原七段。自杭州比赛开始，我先对五段，以后打一仗升一段，颇有意思。但一仗比一仗难打，一来对手的实力显然不同，二来我一盘盘地获胜，越发引起日方选手的重视。

桑原七段在上海的头一场败给淞笙，这对他显然是个刺激。在那个年代，日本的职业高段棋手输给中国棋手会觉得很难堪的。桑原七段知道我不比淞笙弱，于是决心在我身上雪耻。

我很快摆开了积极好战的阵势，桑原七段也是力战型风格，硬碰硬地和我对干起来。不一会儿，黑白双方就扭杀在一起。这是一场恶斗，是双方势均力敌的极其艰苦的恶斗。自始至终，局势一直相持不下。我俩把所有的力气都消耗到棋盘上，虽然每方用时为四个半小时，但这四个半小时是那么经不起支配。桑原七段很快就进入“读秒”，我平时虽然下一手快棋，在全国赛时一般都花不了两个小时，而这一次不知不觉地就把四个半小时耗尽了。我不时感到自己的心口在怦怦跳动，我知道自己已处于高度的紧张状态。我一看棋盘对面的桑原七段，尽管连连摇动着扇子，但豆大的汗珠不断地倾泻下来，看来他的紧张不亚于我。桑原七段的汗水似乎成了我的镇静剂。我把体内边边角角一切残存的力量调动起来，集中在一点上：下好每一步棋，直至下好最后一步棋。

激战了近十个小时，我终于胜了，只胜了半子。在围棋比赛中，胜半子是幸运的。半子这个微小的数字本身意味着很大的风险，然而这半子的价值和一百子并无区别。为了这半个子，我这天的十个小时简直过着“非人的生活”！我自七岁学棋以来，至此下了十二年的围棋，这一盘所花的代价无疑是最大的。这是最艰苦的一局。

没料到，更艰苦的一局紧跟而来。

上海赛完我们来到了北京。北京的头一场将在九月二十七日进行，赛场和六一年一样，仍在北海公园的悦心殿内。两年前我曾在这儿以二比三败给日本的业余棋手安藤英雄。两年之中，我一直想在这悦心殿中雪耻，为中国人争口气，这一天，我憋了两年的劲就要发泄了。我已赢了五、六、七段三位日本棋手，原以为下一场将沿着阶梯再上一级，想不到在北京的第一场就让我与九段对阵。杉内九段如今是势如破竹、所向披靡。特别是他每一盘都赢得那么轻松，每一场比赛他总是很早地结束战斗。有的棋手和他交手缺乏信心，在比赛中一触即溃。这次我将迎战杉内九段，不少人对我寄予了希望，但恐怕更多的人认为我是凶多吉少。

九月二十七日上午，在悦心殿的赛场中，坐在第一台的是杉内九段和我。两年前的那次比赛，我坐在最后一台苦斗安藤英雄。事隔两年，我从最后一台晋升到第一台，而坐在第一台意味着第一等的责任。今天的对手比两年前的对手水平要高出两个子，而我也是今非昔比了。我满怀信心地进入“阵地”，执起黑子摆开了我最得意的布局。

这一仗的艰苦是空前的。杉内九段不像桑原七段那样跟我硬干，他巧妙地进行了迂回战，犹如善于轻功的侠士一样，声东击西，来去无踪。我和桑原七段的对局虽然费劲，但总能把浑身气力使上去，而今是有劲使不上，这是最可怕的。如要蛮干，那只会露出破绽给对手提供取胜的机会。我尽量沉住气等待机会，好不容易在右下角接触上，我看准了，啪地一个手筋在白子上靠了一手。这一着确实厉害，杉内九段大概没料到。他盯着棋盘凝视许久，此时他恐怕对我真正重视了。然而杉内九段不愧是个久经沙场的老练棋手，他巧妙地摆脱了困境，又继续施展那一身轻功绝招。他下的棋稀稀拉拉，好似撒豆子一般，但又遥相呼应，彼此关联，且子子占要害，着着据急所，下得点水不漏。进行至中盘我感到不妙，黑棋有不少子陷于被动挨攻的境地，如要与白棋对攻，则火力太弱，势必受挫；如要强行夺围，则外势必将受损。我苦思很久，决定弃子，这是没有办法的办法。我先牺牲了三子，然后再弃六子，在这过程中，将左上角两个白子俘获了过来。

虽然花了极大的代价，但甩去了包袱，摆脱了困境，并且经过转换，夺得白的左上角，有失也有得。从全局来看，保持着大致的平衡。

中盘的大转换之后，局势非常微细，胜负将由终盘决定。我一向擅长中盘，最讨厌收官，而日本高级棋手的收官技术普遍严谨缜密。我不由暗暗叫苦。我以短处对付人家的长处，可不妙啊！此时我观察杉内九段，只见他脸上也多少显露出紧张不安，一位不动声色的“棋仙”此时嘴里也不自禁地嘀咕出声音。他所耗用的时间比我多不少，裁判已拿起秒表坐在他身旁，将要发出无情的读秒声。好，杉内九段也紧张了。围棋比赛就是这样，如果你沉得住气，能始终保持镇静，不露任何表情，对手即使形势领先，也会感到迷惑，甚至会对自己的优势局面感到怀疑。但如果你流露出紧张不安的情绪，则对手尽管处于劣势也会感到有希望。如今我看到杉内九段也紧张了，虽然是一些极微细的表情，但已能说明问题了。此情景与上一场对桑原七段有些类似。于是我更增强了信心，咬咬牙，决心在收官中夺取胜利。果不出所料，杉内九段的收官不太理想，局势的天平向我这儿倾斜了。

局势虽有好转，但苦战依然继续。细微的局势只要稍一不慎，就会逆转。我也把规定时间用完进入读秒了。我国棋手普遍缺乏读秒经验，在读秒声的无情催促下容易紧张失常，我也不例外。但这一局我反而冷静了，没有明显错着。我有一个特点，即点目快，即便在一分钟的读秒时间内，我能用其中一小部分时间把双方的地盘计算清楚，再用剩下的大部分时间考虑下一手该下在何处。这样，我一直能较准确地知道局势的优劣。

杉内九段在我国的每场比赛都是轻取，今天他陷于苦战了。当然，我更艰苦。我若不艰苦才怪呢，而杉内这样却有些出人意料。他平时那符合“棋仙”雅称的飘逸洒脱的对局姿态逐渐消失了，给人看到的是一位职业棋手正在绞尽脑汁、奋力拼搏的形象。杉内究竟是个高手，他竭尽一切可能设法挽回局势。而我呢，调动着每一根神经以至每一个细胞坚守着好不容易得来的一点点优势。当走到单官时，黑棋左上角外边的气全填满了，黑角里边似乎有不净之处，看来很危险，是否要补一手呢？花一手补上，黑角固然安定，但要损失两目，胜负非常微细的局面一下送出两目可不是闹着玩的。如不补又不放心，角里变化复杂，如果出了棋那还了得！要在平时，我不是看清有问题宁可输棋也不肯多补一手，但我深知这局棋关系重大，绝不能到最后出问题，一失足千古恨啊！我马上以最快的速度再核算一遍双方的目数，终于确定黑棋比白棋多三目，于是我在角里补上一手。三目减两目，剩一目，我已深信这一目的优势不会动摇了。这一目重千斤！直到盘上最后一个子下完，我终于往椅子背上一靠，要知道好几个小时以来我的身子都朝着围棋盘前倾着，始终没有往椅子背上靠过一下！我轻轻呼出一口气，嘴中不自觉地吐出一个词：“一目”。想不到这像叹息一般轻微的自语，被身旁的日本记者听见了，他回去就在报上说，陈祖德在读秒时输赢还这么清楚，还能确信胜一目。杉内呢？身子并没动弹，两眼凝视棋盘许久，没任何表情。当裁判站起要计算子数以确定胜负时，他说："请等一下，让我想一想。"他又凝神静思一会，说了声："我输了。"

最艰苦的一仗结束了。之所以说最艰苦，其一是比赛时间长，这是长达十个小时的神经始终绷紧的"马拉松"赛。其二是对手强，在被我战胜过的所有棋手中，杉内九段无疑是最强大的。还有更重要的一点，即这局棋关系重大，尽管是让先，但胜九段在我国还是首次。这一局耗尽了我的精力和体力，当比赛结束后我才感到难以形容的疲乏，也才感到自己的胃疼得那么厉害。不少人跑来对我表示祝贺，我只能有气无力地支吾一下。我多么想痛快地睡上一觉，足足睡上那么一个星期！

不过现在可不是睡觉的时候，因为还有重要的活动，还有激动人心的场面。

就在这天的晚上，日本围棋界将赠送陈毅副总理段位证书。我们比赛结束后不久就来到人民大会堂，陈老总以及不少领导同志已等候在这里。陈老总的情绪特别好，一方面是因为他将要接受段位证书，另一方面他已知道了我们比赛的战绩。陈老总早就期待着中国围棋手战胜日本八、九段棋手，这一天终于来到了。而且巧就巧在正好发生在他接受段位证书的当天，真是锦上添花、双喜临门！

十月一日，日本朋友在天安门城楼观礼。第二天，战鼓再次擂响。这一场我对宫本八段，这是日方最后一个"阵地"，我是否能取得全胜就看能否攻克这个"阵地"了。宫本八段的责任也很重，他的胜负将决定日本选手是否全败在我一人手下。比赛中宫本八段发挥得不太理想，而我凭借着前四场的余威，气壮如牛，攻势凌厉，顺顺当当只花了不到三个小时就胜了下来。

人交了好运时，幸福也接踵而来。十月三日，陈老总设宴招待日本围棋代表团。事先听说周恩来总理也可能来参加，我和同伴们无不欢欣鼓舞。

吃饭时间到了，大家入座，我身边空出一个座位，显然是给周总理留着的。但周总理还没来，我真担心这个座位就此一直空下去。然而我的担心没多久就被打消了。不一会儿，宴会厅的大门打开了，几个闪光灯嚓、嚓地亮了起来。就在此时周总理出现在门口。我几乎被这事情的突然发生搞晕了，只觉得周总理如天神一般降临到眼前。周总理器宇轩昂，举止洒脱，风采夺人，比我想象中的更了不起。他个子不算高，但给人一种伟大的感觉。伟大也是种气质吧，学也学不到，装也装不出，要描写也很难，但你看一眼就会感受到。

周总理和中日双方选手一一握了手，他握着我的手问我是哪儿人。我是……哪儿人？我是哪儿人？我和杉内九段对局时，在一分钟内可以算清361格的围棋盘上双方的目数，然后定下自己该把子下在哪儿的聪明已荡然无存。我记忆的仓库里的一切已消失殆尽，我只剩下一个知觉：我见到周总理了。此外我什么也不知道，什么也答不上。旁边有人提醒我说："是上海人。"我才机械地、喃喃地挤出上海人三个字。

后来周总理叫我们一块合影留念。六三年迎战日本围棋代表团的一个月中，真是一个高潮接着一个高潮，而十月三日，可以说达到了最高潮。

（选自《超越自我》，人民文学出版社1985）

生　词

1.回味	huíwèi	（名、动）	①食物吃过后的余味。②从回忆里体会。
2.（大）幅度	（dà）fúdù	（名）	物体振动或摇摆所展开的宽度，比喻事物变动的大小。range
3.飞跃	fēiyuè	（动）	比喻突飞猛进。leap
4.犹*	yóu	（副）〈书〉	还；仍然；尚且。still
5.集训	jíxùn	（动）	集中到一个地方训练。
6.济济一堂	jǐjǐ yì táng	〈成〉	形容许多人聚集在一处。济济：形容人多。
7.明显	míngxiǎn	（形）	清楚地显露出来，容易让人看出或感觉到。
8.超越	chāoyuè	（动）	超出；超过。surpass；transcend
9.后生可畏	hòushēng kě wèi	〈成〉	指青年人是新生的力量，很容易超过他们的前辈。
10.憋	biē	（动）	①抑制或堵住不让出来。②闷。
11.养兵千日　用兵一时	yǎng bīng qiān rì yòng bīng yì shí	〈成〉	比喻长期的培养训练，是为了一时的需要。也指在关键时刻要发挥作用。
12.对付	duìfu	（动）	①应付。对人对事采取方法措施。deal with ②将就，凑合。make do；get by
13.柔软	róuruǎn	（形）	软和，不坚硬。
14.明快	míngkuài	（形）	①语言文字等明白通畅，不晦涩不呆板。②性格开朗直爽，办事有决断。
15.轻灵	qīnglíng	（形）	轻便灵巧。
16.飘逸	piāoyì	（形）〈书〉	自然，不拘束。
17.思路	sīlù	（名）	思考的线索。
18.不动声色	bù dòng shēng sè	〈成〉	形容态度冷静、镇定。动：改变。声色：声音，神色。
19.雅称	yǎchēng	（名）	文雅的，高尚的称号。

20.职业	zhíyè	(名)	occupation; profession
21.业余	yèyú	(名)	①非专业的。amateur。 ②工作时间以外的。after-hours
22.实力	shílì	(名)	实在的力量(多指军事或经济方面)。
23.老将	lǎojiàng	(名)	比喻对某种事情富有经验的人。
24.事过境迁	shì guò jìng qiān	〈成〉	事情已经过去,客观环境也改变了。
25.主力	zhǔlì	(名)	主要力量。
26.小辈(儿)	xiǎobèi(r)	(名)	辈分小的人。junior
27.交锋	jiāo fēng		双方作战。engage in a battle or contest
28.耻辱	chǐrǔ	(名)	声誉上所受到的损害。shame
29.忘怀	wànghuái	(动)	忘记。
30.隐痛	yǐntòng	(名)	不愿告诉人的痛苦。secret anguish
31.咬啮	yǎoniè	(动)〈书〉	用牙啃或咬(多用于鼠、兔等动物)。gnaw
32.客队	kèduì	(名)	被邀请来参加体育比赛的体育代表队。对"主队"而言。
33.伴随	bànsuí	(动)	随同,跟。
34.观战	guān zhàn		在旁边观看战争、战斗,自己不参加。也借指体育竞赛时,在旁边观察双方交锋的情况。
35.摸底*	mō dǐ		了解内部情况。
36.景色宜人	jǐngsè yírén		景色适合人的心意。
37.竭尽	jiéjìn	(动)〈书〉	用尽(力量)。
38.弹簧	tánhuáng	(名)	spring
39.刁钻	diāozuān	(形)	狡猾;奸诈。
40.神速	shénsù	(形)	速度快得惊人。
41.丧失	sàngshī	(动)	失去。
42.自信	zìxìn	(动)	相信自己。
43.败阵	bài zhèn		在阵地上被打败。
44.遭(到)	zāo(dào)	(动)	遇到(多指不幸、不利的事)。
45.命运	mìngyùn	(名)	①指生死贫富和一切遭遇。②比喻发展变化的趋势。
46.失利	shī lì		打败仗;战败。
47.自制	zìzhì	(动)	self-control
48.刺激	cìjī	(名、动)	①stimulate; shock ②upset; irritate
49.牵动	qiāndòng	(动)	因一部分的变动而使其它部分跟着变动。
50.激愤	jīfèn	(动、形)	激动而愤怒。

51.阵容	zhènróng	(名)	①作战队伍的外貌。battle array②队伍所显示的力量，多比喻人力的配备。lineup
52.不知所措	bù zhī suǒ cuò		不知道怎么办才好，形容受窘或发急。
53.悲剧	bēijù	(名)	①tragedy②sad event
54.(打)硬仗	(dǎ)yìngzhàng	(名)	(进行)正面硬拼的任务艰巨的战斗。
55.赢	yíng	(动)	①胜(跟"输"相对)。win; beat②获利。gain(profit)
56.苦衷	kǔzhōng	(名)	痛苦或为难的心情。
57.领先	lǐngxiān	(动)	共同前进时，走在最前面。take the lead
58.特长	tècháng	(名)	特别擅长的技能，或特有的工作经验。
59.逐渐	zhújiàn	(副)	渐渐。gradually
60.相反	xiāngfǎn	(形)	①opposite②on the contrary
61.弱点	ruòdiǎn	(名)	不健全的地方；力量薄弱的地方。weakness; weak point
62.暴露	bàolù	(动)	显露出了隐蔽的事物、缺陷、矛盾、问题等。expose; reveal
63.主导权	zhǔdǎoquán	(名)	主要的、起支配作用的力量。
64.瘫	tān	(动)	瘫痪。paralyze课文里指身体因过度疲劳而难以动弹。
65.(稍)逊	(shāo)xùn	(形)〈书〉	(稍微)差一些，比不上。
66.有底*	yǒu dǐ		知道事情的内情，因而有把握。
67.本钱	běnqian	(名)	①用来营利、生息、赌博等的钱财。②比喻可以凭借的资历、能力等。
68.出师不利	chū shī bù lì		军队出兵打仗一开始就不顺利。借指事情一开始做就不顺利。
69.士气	shìqì	(名)	士兵的战斗意志；泛指群众的斗争意志。
70.旺盛	wàngshèng	(形)	生命力强；情绪高涨。
71.高昂	gāo'áng	(形)	①(声音、情绪)向上高起。(of voice, spirits) high; elated ②昂贵。dear
72.斗志	dòuzhì	(名)	战斗的意志。
73.幕	mù	(名)	curtain; screen
74.负担	fùdān	(名、动)	①承受的压力或担当的责任、费用

			等。burden②承当(责任、工 作、费用等)bear(a burden)
75.相识	xiāngshí	(动、名)	①彼此认识。②相识的人。
76.土壤	tǔrǎng	(名)	soil
77.气息	qìxī	(名)	①气味。②呼吸时出入的气。
78.肌体	jītǐ	(名)	指身体，也用来比喻组织机构。
79.(观众)席*	(guānzhòng)xí	(名)	(观众的)席位。seat
80.扩散	kuòsàn	(动)	扩大分散出去。
81.激昂	jī'áng	(形)	情绪、语调等激动昂扬。
82.战果	zhànguǒ	(名)	战斗中获得的成果。
83.难堪	nánkān	(形)	①难以忍受。intolerable ②窘embarrassed
84.雪耻	xuěchǐ	(动)	洗掉耻辱。
85.硬碰硬	yìng pèng yìng		用强硬的态度对付强硬的态度。
86.势均力敌	shì jūn lì dí	〈成〉	双方势力相等，不分高低。
87.相持	xiāngchí	(动)	双方坚持对立，互不相让。
88.经不起	jīng bu qǐ		承受不住。也说“禁(jīn)不起”。
89.支配	zhīpèi	(动)	①安排。②对人或事物起引导和控制的作用。
90.怦怦	pēngpēng	(象声)	形容心跳。
91.倾泻	qīngxiè	(动)	大量的水很快从高处流下。
92.不亚于*	bù yà yú		不低于；不比…差。
93.残存	cáncún	(形)	未被消除而保留下来或剩下来。
94.风险	fēngxiǎn	(名)	可能发生的危险。
95.代价*	dàijià	(名)	获得某种东西所付出的钱；泛指为达到某种目的所耗费的物质和精力。price；cost
96.争(口)气	zhēng(kǒu)qì		发愤图强，不甘落后或示弱。work hard to win honour for
97.发泄	fāxiè	(动)	尽量发出情欲或不满情绪。
98.势如破竹	shì rú pò zhú	〈成〉	形势象劈竹子一样劈开上端之后，底下的都随着刀刃分开了。比喻节节胜利，毫无阻碍。
99.所向披靡	suǒ xiàng pīmǐ	〈成〉	比喻力量所到之处，一切障碍全被扫除。
100.一触即溃	yī chù jí kuì	〈成〉	一接触，立刻溃散。多形容军队毫无战斗力，一打就垮。
101.寄予*	jìyǔ	(动)	①寄托。place(hope,etc.)on②给予offer

102.凶多吉少	xiōng duō jí shǎo		不幸的可能性大，幸运的可能性小(指估计事态的发展)bode ill rather than well
103.晋升	jìnshēng	(动)〈书〉	提高(职位)。
104.今非昔比	jīn fēi xī bǐ		现在不是过去所能比的。形容变化很大。昔：过去。
105.空前	kōngqián	(形)	以前所没有。
106.迂回战	yūhuízhàn	(名)	绕到敌人侧面或后面进攻敌人的战术。
107.侠士	xiáshì	(名)	旧社会里指有武艺、讲义气，肯舍己助人的人。
108.声东击西	shēng dōng jī xī		指作战时，为了迷惑敌人，表面上进攻东边，实际上却进攻西边。比喻表面上打击这一方面，而目标却在另一方面。
109.来去无踪	lái qù wú zōng		形容来和去都没有留下踪影。踪影：trace
110.蛮干	mángàn	(动)	不顾客观规律或实际情况去硬干。
111.破绽	pòzhàn	(名)	衣服的裂口，比喻说话作事时露出的漏洞。
112.沉住气*	chén zhù qì		在情况复杂、紧急或感情激动时，保持镇静。
113.不愧	bùkuì	(动)	当得起(某种称号或荣誉)。be worthy of
114.久经沙场	jiǔ jīng shāchǎng		比喻久经锻炼，有实践经验的老将。沙场：古时指战场。
115.摆脱	bǎituō	(动)	脱离牵制、束缚、困难、不良的情况等。
116.困境	kùnjìng	(名)	困难的处境。
117.稀稀拉拉	xīxīlālā	(形)	稀疏的样子。
118.遥相呼应	yáo xiāng hūyìng		远远地互相照应、配合。
119.关联	guānlián	(动)	事物相互之间发生牵联和影响。
120.点水不漏	diǎn shuǐ bù lòu		形容严密无缝。也比喻言词严谨，没有破绽。
121.势必*	shìbì	(副)	根据形势推测必然会怎样。certainly will; be bound to
122.强行	qiángxíng	(形)	硬要做。
123.俘获	fúhuò	(动)	俘虏和缴获。
124.平衡	pínghéng	(名)	balance; equilibrium

125.擅长*	shàncháng	(动)	在某方面有特长。
126.缜密	zhěnmì	(形)	周密；细致(多指思想)。
127.嘀咕*	dígu	(动)	①小声说；私下里说。②拿不定主意；对人对事不放心。
128.裁判	cáipàn	(名)	referee
129.劣势	lièshì	(名)	情况或条件比较差的形势。
130.类似	lèisì	(形)	大致相像。
131.局势	júshì	(名)	政治军事等方面一个时期内的发展情况。
132.倾斜	qīngxié	(形)	歪斜。
133.逆转	nìzhuǎn	(动)	局势恶化。
134.失常	shīcháng	(形)	失去正常状态。
135.冷静	lěngjìng	(形)	沉着而不感情用事。
136.地盘	dìpán	(名)	占有或控制的地方；势力范围。
137.优劣	yōu liè		好的方面和不好的方面。
138.轻取	qīngqǔ	(动)	轻而易举地，十分容易地战胜对手。
139.绞尽脑汁	jiǎo jìn nǎozhī		费尽了脑筋，费尽了心思。
140.拼搏	pīnbó	(动)	尽最大力量奋力斗争。
141.高手	gāoshǒu	(名)	技能特别高明的人。
142.安定	āndìng	(形、动)	①生活、形势等平静正常。②使安定。
143.损失	sǔnshī	(动、名)	①没有代价地消耗或失去。②没有代价地消耗或失去的东西。
144.细胞	xìbāo	(名)	cell
145.不是(闹着)玩的*	bù shì(nàozhe) wánrde	〈口〉	不是儿戏，不能轻视。
146.(那还)了得*	(nà hái)liǎode		用在惊讶、反诘或责备等语气的句子末尾，表示情况严重，没法收拾。
147.宁可*	nìngkě	(连)	表示比较利害得失后从两种不希望出现的事情中选择较好的一种。would rather; better
148.一失足(成)千古恨	yī shī zú(chéng) qiāngǔ hèn	〈成〉	一旦犯了错误，就会成为终身的恨事。
149.核算	hésuàn	(动)	企业经营上的考核计算。calculate
150.凝神静思	níng shén jìng sī		聚精会神地思索。
151.支吾	zhīwu	(动)	用话敷衍搪塞；说话含混躲闪。

152.证书	zhèngshū	（名）	certificate
153.锦上添花	jǐn shàng tiān huā	〈成〉	在漂亮的织锦上再绣上花。比喻好上加好，美上加美。
154.双喜临门	shuāng xǐ lín mén		同时有两件喜事。
155.观礼	guān lǐ		（被邀请）参加典礼。
156.阵地	zhèndì	（名）	position; front
157.攻克	gōngkè	（动）	攻下敌人的据点。
158.余威	yúwēi	（名）	剩余的威力。
159.攻势	gōngshì	（名）	向敌人进攻的行动或形势。
160.凌厉	línglì	（形）	形容气势迅速而猛烈。
161.顺当	shùndang	（形）〈口〉	顺利。
162.接踵而来	jiēzhǒng ér lái	〈成〉	后面人的脚尖接着前面人的脚跟，形容人多，接连不断。
163.闪光灯	shǎnguāngdēng	（名）	照相机上的照明装置。flash lamp
164.器宇轩昂	qìyǔ xuān'áng		形容人精神饱满，气度不凡，极有风度。
165.举止	jǔzhǐ	（名）	指姿态和风度。
166.风采夺人	fēngcǎi duó rén		形容美好的举止态度非常动人。
167.荡然无存	dàngrán wú cún		形容原有的东西完全失去。
168.仓库	cāngkù	（名）	warehouse; storehouse
169.殆尽	dàijìn	（形）	几乎、差不多全没有了。
170.提醒	tíxǐng	（动）	从旁指点，促使注意。
171.喃喃	nánnán	（象声）	连续不断地小声说话的声音。

注 释

1.陈祖德（1945— ）著名九段围棋手。上海人。曾三次获得围棋全国冠军。在患癌症养病期间，以顽强的毅力写出了传记文学作品《超越自我》。

2.围棋——中国传统棋类游艺之一。棋盘为方形，盘上有19道等距离的纵横平行线，互相交叉，构成361个交叉点。双方用黑白棋子（各180枚）互相围攻，吃去对方的棋子。以占据位次多者为胜。

3.周恩来（1898—1976）——中国共产党、中华人民共和国主要领导人之一，中国人民解放军创建人之一。中国杰出的政治家、军事家和外交家。1949—1976年担任中华人民共和国总理。

4.九段——“段”表示围棋手棋艺高低的等级。九段为最高段位。

5.点湖成棋——神话故事中说仙人用手一点能使铁变成黄金。故有“点铁成金”的成语。文中模仿成语的格式，用“点湖成棋”形容棋手们心中只有围棋，无心游山玩水。

6.猜先——用猜棋的办法来决定哪一方先走第一步棋。

7.执白——经过猜先，执白棋子的人。

8.开局———局棋的开始阶段。双方抢占要点(一般在角在边)布置阵地，准备进入中盘战斗。也称布局。

9.中盘——指双方棋手完成布局后，即进入关系全局胜负的激战阶段。

10.读秒———局棋规定双方各用4个半小时，临近终了采用裁判持表读出秒数的办法，以提示棋手在规定时间内结束比赛。

11.悦(yuè)心殿——北京北海公园内的一处殿堂。

12.终盘——指一局棋的最后阶段。

13.收官——经过中盘战斗，双方占领地盘大体确定，尚有部分空位可以下子，称为"收官"。

14.点目——围棋盘上一个交叉点为一"目"。胜负决定于双方活棋在棋盘上所占交叉点(目)的多少，占得多者为胜。一个个地查点棋盘上彼此双方交叉点的数目，叫"点目"。

15.单官——收官阶段与目数无关的官子。

16.气——棋子上下左右紧连的交叉点是"气"。

17.补一手——即补上一子。

18.马拉松赛——marathon race.

19.让先——也叫"饶先"。对弈时高手让低手先行。

词 语 例 解

记忆犹新

"犹"是文言副词，表示动作、状态还在持续，没有发生什么变化。"记忆犹新"指过去的人或事，到现在还清楚地记得，跟新发生的一样。"犹在""犹有""犹能"里的"犹"也都表示"还""仍然"。例如：

1.圆明园遗址犹在，但已成为废墟。近年来经过修整，已成为北京的风景区。

2.父亲虽已退休，犹有雄心和干劲；犹能登上泰山极顶。

摸底　有底

名词"底"是个多义词，"摸底""有底"这里的"底"是"底细"的意思，指人或事情的根源、内情。"摸底"就是摸清楚底细或摸清楚内情的意思。"有底"就是了解情况心中有数，有把握的意思。例如：

1.那家公司能不能按期如数供应我厂钢材，应该先去摸摸底，再和他们签订合同。

2.这次比赛对方使用什么战术，我们不大摸底。

3.这次我做了充分准备，心里有底，考试一定能考好。

4.李大夫是很有经验的医生，对治这种病，他心中是有底的。

观众席

“席”指“席位”，也就是集会时个人或团体在会场上所占的位置。“观众席”指观看表演或比赛的人在剧场、会场所占的坐位。类似的词语还有来宾席、代表席、首长席等。也用来指火车上的坐位或铺位，如软席、硬席。前面加动词可构成动宾结构，如：出席、退席、缺席等。

看来他的紧张不亚于我

“亚”是比较差的意思，“不亚于”是“不低于”“不比…差”的意思，常用来对比人或事物，指出前面的一方不比后面的一方差。例如：

1.经过艰苦训练，新手的水平已经不亚于老手。

2.医生说：“被动吸烟其受害程度往往不亚于本人吸烟。”

3.美国一位运动生理学家说：“缺少运动才是真正的慢性自杀，它给人们造成的危害不亚于酒精和尼古丁。”

代价

一、指获得某种东西所付出的钱。例如：

1.一身运动衣，代价数十元。

2.以五元代价买了一本棋谱。

二、泛指为达到某种目的所耗费的物质或精力。例如：

3.为了保卫国土，战士们付出了血的代价。

4.捍卫真理是要付出代价的。

5.我们要以最小的代价换取最大的胜利和成功。

不少人对我寄予了希望

1.国家对于青年一代寄予极大的希望，因为青年人是国家的未来。

2.父母对孩子寄予殷切的期望，期望他们成为有用的人材。

3.对鲁迅笔下祥林嫂的悲惨命运，人们寄予深切的同情。

我尽量沉住气等待机会

1.情况越是紧张，越应该沉得住气，保持头脑冷静。

2.无论参加什么比赛，处在劣势时，一定要沉住气，抓住机会，发挥自己的优势，才能扭转局势。

否定式是“沉不住气”。例如：

3.刚批评他两句，他就沉不住气，真是修养不够。

火力太弱，势必受挫

“势必”强调事物发展过程中的必然性，意义、用法跟“必定”相当，总是用来推断结果。例如：

1.气温已降到零下五度，你不穿大衣出去，势必会着凉。

2.今年雨水太少，如果不及时浇水，小麦势必要减产。

我一直擅长中盘

1.新疆人擅长烤羊肉，西藏人擅长做糌粑。

2.这位演员戏路很宽，样样来得，尤其擅长于演喜剧角色。

3.延安地区的农民特别擅长剪纸艺术，今年在北京展出了他们的剪纸作品。

一位不动声色的“棋仙”此时嘴里也不自禁嘀咕出声音

1.他在你耳朵边上嘀咕什么呢？

2.有意见应该摆到桌面上来，不要背地里嘀咕。

3.这件事已经再三考虑过了，大家都同意这么办，你别再一个人心里嘀咕了。

“嘀嘀咕咕”是形容“嘀咕”的样子。

胜负非常微细的局面，一下送出两目，可不是闹着玩的

“不是闹着玩的”意思是不能用轻率的态度来对待人或事情，像小孩子闹着玩一样，否则会引起不良甚至是严重的后果。也说“不是玩儿的”。例如：

1.小孩子不能玩火柴，引起火灾来可不是闹着玩的。

2.在人多的地方开快车可不是闹着玩的。

3.吃药不问大夫，随便乱吃，弄不好会出人命，这可不是闹着玩的。

如果出了棋那还了得

“了得”用在惊讶、反诘、责备等语气句子的末尾，表示情况严重。前面多用“这(那)还”“还”加强语气。例如：

1.这还了得，下这么大的冰雹，庄稼准会砸坏的。

2.孩子吃错了药，那还了得，快送医院！

3.谁把这么贵重的实验仪器给毁坏了！这还了得！

要在平时，我不是看清有问题，宁可输棋也不肯多补一手

一、“宁可…也不…”这一格式是表示在比较两种情况后，决心选取前面一种，所选取的可能是假设的，夸张的，甚至不惜付出代价的情况，以否定不选取的后面一种情况。例如：

1.宁可自己累一点，也不愿给别人添麻烦。

2.宁可站着死，也不跪着生。

3.宁可牺牲自己的生命，也不能让人民的财产受损失。

二、“与其…宁可…”表示比较两种情况的利害、得失后，认为后一种情况较好。例如：

4.碰到困难，与其自己一个人空着急，宁可找朋友们商量商量。

5.与其匆忙动工，施工中出问题，宁可多花点时间把水文、地质情况弄清楚。

三、如果放弃的一面不需要说出，可以单用“宁可”说出选取的一面。有时也可加“的好”，意思是“最好是…”。例如：

6.没有好书，宁可不看。

7.天气不好时，宁可不出门的好。

四、"宁可…也要…"表示宁可选取某一种做法，也要达到后面所说的目的，是坚决的语气。也可与"为了…"连接。例如：

8.工人们说：宁可多流汗，也要把工期提前，超额完成生产计划。

9.战士们宁可牺牲自己，也要保卫国家领土不受侵犯。

10.为了争取比赛胜利，选手们宁可放弃休假，也要刻苦训练。

练　　习

一、解释带点的词：

1.所向披靡　2.器宇轩昂　3.锦上添花　4.消失殆尽　5.出师不利

6.养兵千日，用兵一时　7.济济一堂　8.久经沙场

二、给下列动词填上适当的宾语：

1.超越　2.咬啮　3.暴露　4.丧失

5.牵动　6.晋升　7.摆脱　8.擅长

9.支配　10.核算　11.寄予　12.打消

三、用以下词语作修饰语造句：

1.景色宜人　2.稀稀拉拉　3.不动声色　4.势均力敌

四、用以下各词作补语造句：

1.不知所措　2.荡然无存　3.点水不漏　4.气壮如牛

五、完成句子：

1.事情办得这样糟，____。(好不)

2.这场比赛赢得真痛快，____。(好不)

3.对新入学的学生要进行一次考试，____。(摸底)

4.这件事情能不能成功，____。(有底)

5.工作做得这样马虎，____。(经不起)

6.杭州的丝绸____。(不亚于)

7.为了胜利，____。(代价)

8.住在海边的人____。(擅长)

9.不畏艰苦不怕挫折的人____。(沉住气)

10.小孩子时就这么聪明____。(了得)

六、改正错句：

1.这种纸质量很差，不亚于那种一毛钱一张的。

2.我对这件事的成功寄予很大的愿望。

3.宁可多买一点也不要买更多。

4.他已经忘怀了故乡，竭尽记忆也想不起乡亲们的模样了。

5.我们应该原谅他的苦衷，理解他的隐痛，恢复他的自信。

七、选词填空(核算、计算，特长、擅长)：

1.张明会很多种乐器，其中拉胡琴是他的____。

2.刘梅烹调很出色，尤其____做鱼虾。

3.应该仔细____每月的开支，该花的钱才花，不该花的钱应该省下来。

4.他算错了一笔帐，经过反复____才弄清楚。

八、造句：

1.寄予　2.经不起　3.后生可畏　4.见多识广

5.一失足成千古恨　6.不动声色

7.双喜临门　8.今非昔比

九、回答问题：

1.作者为什么说1963年是他一生中最值得怀念和回味的年代？

2.1963年的中日围棋赛日本代表团的阵容怎样？

3.第一场比赛作者没上场，他当时的心情是怎样的？

4.在第二场的五局比赛中，作者都战胜了哪几位日本棋手？

5.五局比赛的战况是怎样的？

6.最紧张最激烈的一局比赛，作者是怎样取胜的？

7.为什么说9月27日这一天是双喜临门？

8.为什么作者见到周总理时什么也回答不上来？

十、以观看过的体育比赛为内容写一篇短文(1000字左右)。

第二十四课　祝　福（上）

鲁　迅

旧历的年底毕竟最像年底，村镇上不必说，就在天空中也显出将到新年的气象来。灰白色的沉重的晚云中间时时发出闪光，接着一声钝响，是送灶的爆竹；近处燃放的可就更强烈了，震耳的大音还没有息，空气里已经散满了幽微的火药香。我是正在这一夜回到我的故乡鲁镇的。虽说故乡，然而已没有家，所以只得暂寓在鲁四老爷的宅子里。他是我的本家，比我长一辈，应该称之曰“四叔”，是一个讲理学的老监生。他比先前并没有什么大改变，单是老了些，但也还未留胡子，一见面是寒暄，寒暄之后说我“胖了”，说我“胖了”之后即大骂其新党。但我知道，这并非借题在骂我：因为他所骂的还是康有为。但是，谈话是总不投机的了，于是不多久，我便一个人剩在书房里。

第二天我起得很迟，午饭之后，出去看了几个本家和朋友；第三天也照样。他们也都没有什么大改变，单是老了些；家中却一律忙，都在准备着“祝福”。这是鲁镇年终的大典，致敬尽礼，迎接福神，拜求来年一年中的好运气的。杀鸡，宰鹅，买猪肉，用心细细的洗，女人的臂膊都在水里浸得通红，有的还带着绞丝银镯子。煮熟之后，横七竖八的插些筷子在这类东西上，可就称为“福礼”了，五更天陈列起来，并且点上香烛，恭请福神们来享用；拜的却只限于男人，拜完自然仍然是放爆竹。年年如此，家家如此，——只要买得起福礼和爆竹之类的，——今年自然也如此。天色愈阴暗了，下午竟下起雪来，雪花大的有梅花那么大，满天飞舞，夹着烟霭和忙碌的气色，将鲁镇乱成一团糟。我回到四叔的书房里时，瓦楞上已经雪白，房里也映得较光明，极分明的显出壁上挂着的朱拓的大“寿”字，陈抟老祖写的；一边的对联已经脱落，松松的卷了放在长桌上，一边的还在，道是“事理通达心气和平”。我又无聊赖的到窗下的案头去一翻，只见一堆似乎未必完全的《康熙字典》，一部《近思录集注》和一部《四书衬》。无论如何，我明天决计要走了。

况且，一想到昨天遇见祥林嫂的事，也就使我不能安住。那是下午，我到镇的东头访过一个朋友，走出来，就在河边遇见她；而且见她瞪着的眼睛的视线，就知道明明是向我走来的。我这回在鲁镇所见的人们中，改变之大，可以说无过于她的了：五年前的花白的头发，即今已经全白，全不象四十上下的人；脸上瘦削不堪，黄中带黑，而且消尽了先前悲哀的神色，仿佛是木刻似的；只有那眼珠间或一轮，还可以表示她是一个活物。她一手提着竹篮，内中一个破碗，空的；

一手拄着一支比她更长的竹竿，下端开了裂：她分明已经纯乎是一个乞丐了。

我就站住，豫备她来讨钱。

“你回来了？”她先这样问。

“是的。”

“这正好。你是识字的，又是出门人，见识得多。我正要问你一件事——”她那没有精采的眼睛忽然发光了。

我万料不到她却说出这样的话来，诧异的站着。

“就是——”她走近两步，放低了声音，极秘密似的切切的说，“一个人死了之后，究竟有没有魂灵的？”

我很悚然，一见她的眼钉着我的，背上也就遭了芒刺一般，比在学校里遇到不及预防的临时考，教师又偏是站在身旁的时候，惶急得多了。对于魂灵的有无，我自己是向来毫不介意的；但在此刻，怎样回答她好呢？我在极短期的踌蹰中，想，这里的人照例相信鬼，然而她，却疑惑了，——或者不如说希望：希望其有，又希望其无……。人何必增添末路的人的苦恼，为她起见，不如说有罢。

“也许有罢，——我想。”我于是吞吞吐吐的说。

“那么，也就有地狱了？”

“啊！地狱？”我很吃惊，只得支吾着，“地狱？——论理，就该也有。——然而也未必，……谁来管这等事……。”

“那么，死掉的一家的人，都能见面的？”

“唉唉，见面不见面呢？……”这时我已知道自己也还是完全一个愚人，什么踌蹰，什么计划，都挡不住三句问。我即刻胆怯起来了，便想全翻过先前的话来，“那是，……实在，我说不清……。其实，究竟有没有魂灵，我也说不清。”

我乘她不再紧接的问，迈开步便走，匆匆的逃回四叔的家中，心里很觉得不安逸。自己想，我这答话怕于她有些危险。她大约因为在别人的祝福时候，感到自身的寂寞了，然而会不会含有别的什么意思的呢？——或者是有了什么预感了？倘有别的意思，又因此发生别的事，则我的答话委实该负若干的责任……。但随后也就自笑，觉得偶尔的事，本没有什么深意义，而我偏要细细推敲，正无怪教育家要说是生着神经病；而况明明说过“说不清”，已经推翻了答话的全局，即使发生什么事，于我也毫无关系了。

“说不清”是一句极有用的话。不更事的勇敢的少年，往往敢于给人解决疑问，选定医生，万一结果不佳，大抵反成了怨府，然而一用这说不清来作结束，便事事逍遥自在了。我在这时，更感到这一句话的必要，即使和讨饭的女人说话，也是万不可省的。

但是我总觉得不安，过了一夜，也仍然时时记忆起来，仿佛怀着什么不祥的预感；在阴沉的雪天里，在无聊的书房里，这不安愈加强烈了。不如走罢，明天进城去。福兴楼的清炖鱼翅，一元一大盘，价廉物美，现在不知增价了否？往日同游的朋友，虽然已经云散，然而鱼翅是不可不吃的，即使只有我一个……。无论如何，我明天决计要走了。

我因为常见些但愿不如所料，以为未必竟如所料的事，却每每恰如所料的起来，所以很恐怕这事也一律。果然，特别的情形开始了。傍晚，我竟听到有些人聚在内室里谈话，仿佛议论什么事似的，但不一会，说话声也就止了，只有四叔且走而且高声的说：

“不早不迟，偏偏要在这时候，——这就可见是一个谬种！”

我先是诧异，接着是很不安，似乎这话于我有关系。试望门外，谁也没有。好容易待到晚饭前他们的短工来冲茶，我才得了打听消息的机会。

“刚才，四老爷和谁生气呢？”我问。

“还不是和祥林嫂？”那短工简捷的说。

“祥林嫂？怎么了？”我又赶紧的问。

“老了”。

“死了？”我的心突然紧缩，几乎跳起来，脸上大约也变了色。但他始终没有抬头，所以全不觉。我也就镇定了自己，接着问——

“什么时候死的？”

“什么时候？——昨天夜里，或者就是今天罢。——我说不清。”

“怎么死的？”

“怎么死的？——还不是穷死的？”他淡然的回答，仍然没有抬头向我看，出去了。

然而我的惊惶却不过暂时的事，随着就觉得要来的事，已经过去，并不必仰仗我自己的“说不清”和他之所谓“穷死的”的宽慰，心地已经渐渐轻松；不过偶然之间，还似乎有些负疚。晚饭摆出来了，四叔俨然的陪着。我也还想打听些关于祥林嫂的消息，但知道他虽然读过“鬼神者二气之良能也”，而忌讳仍然极多，当临近祝福时候，是万不可提起死亡疾病之类的话的；倘不得已，就该用一种替代的隐语，可惜我又不知道，因此屡次想问，而终于中止了。我从他俨然的脸色上，又忽而疑他正以为我不早不迟，偏要在这时候来打搅他，也是一个谬种，便立刻告诉他明天要离开鲁镇，进城去，趁早放宽了他的心。他也不很留。这样闷闷的吃完了一餐饭。

冬季日短，又是雪天，夜色早已笼罩了全市镇。人们都在灯下匆忙，但窗外很寂静。雪花落在积得厚厚的雪褥上面，听去似乎瑟瑟有声，使人更加感得沉寂。我独坐在发出黄光的菜油灯下，想，这百无聊赖的祥林嫂，被人们弃在尘芥堆中的，看得厌倦了的陈旧的玩物，先前还将形骸露在尘芥里，从活得有趣的人们看来，恐怕要怪讶她何以还要存在，现在总算被无常打扫得干干净净了。魂灵的有无，我不知道；然而在现世，则无聊生者不生，即使厌见者不见，为人为己，也还都不错。我静听着窗外似乎瑟瑟作响的雪花声，一面想，反而渐渐的舒畅起来。

然而先前所见所闻的她的半生事迹的断片，至此也联成一片了。

她不是鲁镇人。有一年的冬初，四叔家里要换女工，做中人的卫老婆子带她进来了，头上扎着白头绳，乌裙，蓝夹袄，月白背心，年纪大约二十六七，脸色青黄，但两颊却还是红的。卫老婆子叫她祥林嫂，说是自己母家的邻舍，死了当家人，所以出来做工了。四叔皱了皱眉，四婶已经知道了他的意思，是在讨厌她是一个寡妇。但看她模样还周正，手脚都壮大，又只是顺着眼，不开一句口，很像一个安分耐劳的人，便不管四叔的皱眉，将她留下了。试工期内，她整天的做，似乎闲着就无聊，又有力，简直抵得过一个男子，所以第三天就定局，每月工钱五百文。

大家都叫她祥林嫂；没问她姓什么，但中人是卫家山人，既说是邻居，那大概也就姓卫了。她不很爱说话，别人问了才回答，答的也不多。直到十几天之后，这才陆续的知道她家里还有严厉的婆婆；一个小叔子，十多岁，能打柴了；她是春天没了丈夫的；他本来也打柴为生，比她小十岁：大家所知道的就只是这一点。

日子很快的过去了，她的做工却毫没有懈，食物不论，力气是不惜的。人们都说鲁四老爷家里雇着了女工，实在比勤快的男人还勤快。到年底，扫尘，洗地，杀鸡，宰鹅，彻夜的煮福礼，全是一人担当，竟没有添短工。然而她反满足，口角边渐渐的有了笑影，脸上也白胖了。

新年才过，她从河边淘米回来时，忽而失了色，说刚才远远地看见一个男人在对岸徘徊，很象夫家的堂伯，恐怕是正为寻她而来的。四婶很惊疑，打听底细，她又不说。四叔一知道，就皱一皱眉，道：

“这不好。恐怕她是逃出来的。”

她诚然是逃出来的，不多久，这推想就证实了。

此后大约十几天，大家正已渐渐忘却了先前的事，卫老婆子忽而带了一个三十多岁的女人进来了，说那是祥林嫂的婆婆。那女人虽是山里人模样，然而应酬很从容，说话也能干，寒暄之后，就赔罪，说她特来叫她的儿媳回家去，因为开春事务忙，而家中只有老的和小的，人手不够了。

“既是她的婆婆要她回去，那有什么话可说呢。”四叔说。

于是算清了工钱，一共一千七百五十文，她全存在主人家，一文也还没有用，便都交给她的婆婆。那女人又取了衣服，道过谢，出去了。其时已经是正午。

“阿呀，米呢？祥林嫂不是去淘米的么？……”好一会，四婶这才惊叫起来。

她大约有些饿，记得午饭了。

于是大家分头寻淘箩。她先到厨下，次到堂前，后到卧房，全不见淘箩的影子。四叔踱出门外，也不见，直到河边，才见平平正正的放在岸上，旁边还有一株菜。

看见的人报告说，河里面上午就泊了一只白篷船，篷是全盖起来的，不知道什么人在里面，但事前也没有人去理会他。待到祥林嫂出来淘米，刚刚要跪下去，那船里便突然跳出两个男人来，象是山里人，一个抱住她，一个帮着，拖进船去了。祥林嫂还哭喊了几声，此后便再没有什么声息，大约给用什么堵住了罢。接着就走上两个女人来，一个不认识，一个就是卫婆子。窥探舱里，不很分明，她象是捆了躺在船板上。

"可恶！然而……。"四叔说。

这一天是四婶自己煮午饭；他们的儿子阿牛烧火。

午饭之后，卫老婆子又来了。

"可恶！"四叔说。

"你是什么意思？亏你还会再来见我们。"四婶洗着碗，一见面就愤愤的说，"你自己荐她来，又合伙劫她去，闹得沸反盈天的，大家看了成个什么样子？你拿我们家里开玩笑么？"

"阿呀阿呀，我真上当。我这回，就是为此特地来说说清楚的。她来求我荐地方，我那里料得到是瞒着她的婆婆的呢。对不起，四老爷，四太太。总是我老发昏不小心，对不起主顾。幸而府上是向来宽洪大量，不肯和小人计较的。这回我一定荐一个好的来折罪……。"

"然而……。"四叔说。

于是祥林嫂事件便告终结，不久也就忘却了。

生　　词

1.祝福	zhùfú	（动）	①原指祈求上帝赐福，引申为祝人平安、幸福。②浙江绍兴一带的风俗，旧历除夕祭祀天地，祈求赐福。祭祀：offer sacrifices to gods or ancesfors
2.钝响	dùn xiǎng		沉闷的响声。钝：不锋利，沉闷。blunt；dull
3.燃放	ránfàng	（动）	点燃并使爆发（鞭炮等）。set off (fire-cracker)
4.幽微	yōuwēi	（形）	（声音、气味等）微弱。
5.故乡	gùxiāng	（名）	native place；birthplace

6.只得*	zhīdé	(副)	不得不；只好。
7.寓	yù	(动、名)	①居住。②寄托。③住的地方。
8.长(一辈)*	zhǎng(yī bèi)	(形)	年纪较大或辈分较高。
9.曰	yuē	(动)〈书〉	①说。②叫做。
10.单(是)*	dān(shì)	(副)	只；光。
11.寒暄	hánxuān	(动)	亲友见面谈天气冷暖、生活琐事一类的应酬话。exchange of greetings
12.借题发挥	jiè tí fāhuī		借谈论另一个题目来表示自己真正的意思。
13.并非	bìng fēi		并不是。
14.投机	tóujī	(形、动)	①congenial; agreeable ②speculate
15.大典	dàdiǎn	(名)	隆重盛大的典礼。
16.致敬	zhìjìng	(动)	向人敬礼或表示敬意。
17.拜求	bài qiú		祈求。拜：敬辞，表示恭敬。
18.来年	láinián	(名)	明年。
19.宰	zǎi	(动)	杀(牲畜、家禽等)。
20.鹅	é	(名)	goose
21.横七竖八	héng qī shù bā		有的横有的竖，杂乱无章。竖：跟地面垂直的。vertical
22.香烛	xiāngzhú	(名)	祭祀祖先或神佛用的香和蜡烛。
23.限于	xiànyú	(动)	受某些条件或情形的限制；局限在某一范围之内。
24.烟霭	yān'ǎi	(名)〈书〉	云雾。
25.气色	qìsè	(名)	人的精神和面色。
26.瓦楞	wǎléng	(名)	屋顶上用瓦铺成的凸凹相间的行列。rows of tiles on a roof
27.分明	fēnmíng	(形、副)	①界限清楚。②明明；显然。
28.脱落	tuōluò	(动)	(附着的东西)掉下来。
29.无聊赖	wú liáolài	〈书〉	十分无聊或失意。聊赖：依赖，凭借。
30.案头	àntóu	(名)	几案上或桌子上。案：长条的桌子。
31.决计	juéjì	(动)	①表示主意已定。②表示肯定的判断。
32.况且*	kuàngqiě	(连)	表示追加一层理由。
33.视线	shìxiàn	(名)	用眼睛看东西时，眼睛与物体之间的假设直线。line of vision; line of sight (in surveying)

34.花白	huābái	(形)	(须发)黑白间杂。
35.瘦削	shòuxuē	(形)	形容身体或脸部很瘦，像是被削过的样子。
36.木刻	mùkè	(名)	woodcut
37.(下)端	(xià)duān	(名)	(位置在下面的)一头。end
38.精采	jīngcǎi	(名)	神采，人面部表现出来的神气与光彩。expression; look
39.万(万)*	wàn(wàn)	(副)	绝对；无论如何(用于否定式)。
40.诧异	chàyì	(形)	觉得意外和奇怪。
41.切切	qièqiè	(副)	①恳切，迫切；②千万，务必。
42.悚然	sǒngrán	(形)〈书〉	害怕的样子。
43.芒刺	mángcì	(名)	某些植物子实外壳上长的针状物。成语"芒刺在背"形容坐立不安，像芒刺扎在背上一样。
44.预防	yùfáng	(动)	事先防备。
45.惶急	huángjí	(形)	惊惶，着急。
46.疑惑	yíhuò	(动)	①心里不明白；不相信。②因不敢相信而猜测。
47.末路	mòlù	(名)	路途的终点。比喻没落衰亡的境地。
48.为(她)起见*	wèi(tā)qǐjiàn		替(她)着想。
49.吞吞吐吐	tūntūn tǔtǔ	(形)	形容说话有顾虑，想说又不敢说的样子。
50.地狱	dìyù	(名)	①hell; inferno ②比喻黑暗而悲惨的生活环境。
51.论理	lùnlǐ	(副)	按理说，从道理上说。normally; as things should be
52.即刻	jíkè	(副)	立刻；立即。
53.胆怯	dǎnqiè	(形)	胆小；畏缩。
54.安逸	ānyì	(形)	安闲舒适。
55.则*	zé	(连)〈书〉	连接分句，相当于"那么"。
56.委实	wěishí	(副)	的确；实在。
57.无怪	wúguài	(副)	表示明白了原因对下文所说的情况就不觉得奇怪。也说"无怪乎"。
58.推翻	tuīfān	(动)	①用武力打垮旧政权。②根本否定已有的说法、计划、决定等。
59.全局	quánjú	(名)	事物的整体及其发展的全过程。
60.(少)不更事	(shào)bù gēng shì		(因为年轻)经历的事情少，缺乏社会经验，不懂世故人情。更：经历。

61.佳	jiā	(形)	美；好。
62.怨府	yuànfǔ	(名)〈书〉	大家怨恨的对象。
63.逍遥自在	xiāoyáo zìzài		形容无拘无束，自由自在。
64.必要	bìyào	(形)	不可缺少；需要。
65.不祥	bùxiáng	(形)	不吉利。ominous
66.阴沉	yīnchén	(形)	阴而暗的样子。
67.价廉物美	jià lián wù měi		价格低，商品质量好。
68.可见*	kějiàn	(连)	可以见得；可以看出来。
69.谬种	miùzhǒng	(名)	①坏东西(骂人的话)。②指非常错误不合情理的言论、学术流派等。error; fallacy
70.简捷	jiǎnjié	(形)	直截了当。也作"简截"。
71.紧缩	jǐnsuō	(动)	把范围缩小。
72.淡然	dànrán	(形)	冷淡；不热心。
73.仰仗	yǎngzhàng	(动)	依靠；依赖。
74.宽慰	kuānwèi	(动)	宽解安慰。
75.负疚	fùjiù	(动)〈书〉	心里感觉不安；抱歉。疚：内心痛苦。
76.俨然	yǎnrán	(形)〈书〉	①形容庄严。②形容整齐。③形容相像。
77.忌讳	jìhuì	(名、动)	①因风俗习惯或个人理由，要避免说的话，避免做的事。taboo②对犯忌的言语、举动有所顾忌avoid as taboo；对某些可能产生不利后果的事力求避免。avoid as harmful
78.隐语	yǐnyǔ	(名)	enigmatic language
79.屡次*	lǚcì	(副)	一次又一次。
80.中止	zhōngzhǐ	(动)	中途停止。
81.笼罩	lǒngzhào	(动)	象笼子似的罩在上面；覆盖。
82.褥(子)	rù(zi)	(名)	cotton-padded mattress
83.瑟瑟	sèsè	(象声)	形容轻微的声音。
84.尘芥	chénjiè	(名)	垃圾。
85.厌倦	yànjuàn	(动)	对某种活动失去兴趣而不愿继续下去。
86.玩物	wánwù	(名)	供观赏或玩耍的东西。
87.形骸	xínghái	(名)〈书〉	人的形体(与"精神"相对)。
88.何以*	hé yǐ	〈书〉	①为什么。why ②怎么样，拿什么。how

89.无聊生者	wúliáo shēngzhě		无所依靠而活不下去的人。
90.即使	jí shǐ		就使得。
91.舒畅	shūchàng	(形)	舒展畅快。
92.事迹	shìjì	(名)	deed; achievement
93.断片	duànpiàn	(名)	片断。被割断的整体中的一段(多指生活、经历、小说、戏剧、文章等)。也作"片段"。
94.中人	zhōngrén	(名)	旧时为双方介绍买卖，调解纠纷等并做见证的人。middleman; go-beween
95.头绳(儿)	tóushéngr	(名)	用来扎发髻或辫子的细绳子，由棉纱或毛线制成。
96.月白	yuèbái	(形)	淡蓝色，接近白色。
97.背心(儿)	bèixīnr	(名)	不带袖子的上衣。
98.颊	jiá	(名)	脸的两侧从眼到下颌的部分，通称"脸蛋儿"。cheek
99.婶	shěn	(名)	①叔叔的妻子。②称呼跟母亲同辈但年纪较轻的妇女。
100.讨厌	tǎoyàn	(动、形)	①厌恶；不喜欢。②惹人厌烦。
101.周正	zhōuzheng	(形)〈方〉	端正。
102.安分	ānfèn	(形)	规规矩矩地生活，不做违法的事；守本分。
103.耐劳	nài láo		禁得起劳累。
104.抵(得过)*	dǐ(de guò)	(动)	①相当；能代替。②支撑(得住)。③抗拒(得了)。
105.严厉	yánlì	(形)	严肃而厉害。
106.小叔子	xiǎoshūzi	(名)〈口〉	丈夫的弟弟。
107.懈	xiè	(形)	松懈，不紧张。
108.不惜	bùxī	(动)	不顾惜；舍得。
109.彻夜	chèyè	(名)	通宵；整夜。
110.担当	dāndāng	(动)	担负；充当。
111.淘米	táomǐ		把米放在淘箩内，加水搅动或放在水里簸动，除去杂物。
112.失色	shīsè	(动)	由于受惊或害怕而变了脸色。
113.堂伯	tángbó	(名)	父亲的堂兄。堂：表示同祖父的亲属关系。
114.底细	dǐxì	(名)	(人或事情的)根源；内情。
115.推想	tuīxiǎng	(动)	推测；根据已经知道的事情来推断、猜想不知道的事情。

116.应酬	yìngchou	(动)	①交际往来。②指私人间的宴会。
117.赔罪	péi zuì		得罪了人，向人赔礼、道歉。
118.(一)株	(yī)zhū	(量)	用于植物，同"棵"。
119.泊	bó	(动)	船靠岸；停船。
120.声息	shēngxī	(名)	①声音(多用于否定)。②声气；消息。
121.窥探	kuītàn	(动)	暗中察看。
122.舱	cāng	(名)	cabin
123.荐	jiàn	(动)	推举；介绍。
124.劫	jié	(动)	①抢夺。②威逼。
125.沸反盈天	fèifǎnyíngtiān		形容人声喧嚣杂乱。沸反：像开水一样翻腾。盈：满。
126.发昏	fāhūn	(动)	神智不清。
127.宽洪大量	kuānhóngdàliàng		形容人气量大。也作"宽宏大量""宽宏大度"。
128.小人	xiǎorén	(名)	①古代指地位低的人。②地位低下的人的谦称。③人格卑鄙的人。
129.折罪	zhé zuì		抵偿所犯罪过造成的损失。
130.终结	zhōngjié	(动)	最后结束。

注　释

1.送灶——中国民间旧俗，农历十二月二十三日用糖果祭送灶神上天，祈求保佑。

2.本家——同一个父系祖先系统的人；同一家族。

3.理学——宋明两代儒家的哲学思想。

4.监生——明清两代在最高学府国子监读书的人。

5.新党——指清末戊戌变法前后的维新派人物。

6.康有为(1858—1927)——戊戌变法时期资产阶级改良派代表人物，后为保皇党首领。

7.绞丝银镯子——用银丝拧成的镯子(zhuózi)。镯子：bracelet

8.五更天——旧时把一夜分成五更，每更约两小时。"五更天"指天快亮的时候。

9.朱拓——用朱红色的颜料从碑刻上印下的文字或图形。

10.壁上挂着…"寿"字，——"寿"指人活得岁数大；长命。壁上悬挂"寿"字，是祝愿人长生不老的意思。

11.陈抟老祖——陈抟(tuán)是五代(907—960)时的道士，道教信徒尊称他为"老祖"。

12.《康熙字典》——是清代康熙皇帝令人集体编撰的一部工具书。

13.《近思录集注》——清初茅星、江永为《近思录》编的集注。《近思录》是理学的入门书。

14.《四书衬》——"四书"指《大学》《中庸》《论语》《孟子》这四部儒家经典。"四书衬"是一部解说"四书"的书。

15.福兴楼——饭馆名。

16.菜油灯——用菜子油作燃料的灯。

17.无常——鬼名。迷信的人相信人将死时有"无常鬼"来勾魂。

18.淘箩——淘米用的箩筐，多用竹子编成。

词　语　例　解

虽说故乡，然而已没有家，所以只得暂寓在鲁四老爷的宅子里。

由"虽…然而…，所以…"组成的这个句子是一个双重复句，包含三个分句。第一、二两个分句跟第三个分句是因果关系，由"虽…然而…"引出原因，"所以…"指明结果。第一、二两个分句又是表转折关系的复句，用表示让步的连词"虽(然)"承认"这里是故乡"的事实，接着用"然而"这个有较强转折语气的连词引出"已经没有家"另一个事实。这样说比直接说"因为故乡已没有家"来得有力量。用这样一个让步和转折形成的小小起伏，把回故乡感到的感伤情绪充分传达出来了。下面是类似的例句：

1.虽在年初办了结婚登记手续，然而还没有房子，所以他俩的婚事一直拖了下来。

2.虽说是本家，然而多年未曾见面，所以一时不敢相认。

只得

副词"只得"跟"只好"意思和用法一样，都表示"不得不""只得如此，没有别的选择"。"只得"含有"不得已""无可奈何"的意味，语气更重些。

一、修饰动词成分。例如：

1.连日大雪，道路堵塞，班车只得停开。

2.他小时候，因为家境贫寒交不起学费，只得中途停学。

二、修饰形容词，后面一般要加"点儿""一点儿""(一)些"或"下来""起来"等。例如：

3.刚镶的假牙还没完全习惯，吃东西只得慢一点儿。

4.报纸篇幅有限，文章只得简短些。

5.为了不让大家扫兴，我也只得振作起来。

比我长一辈

1.哥哥比妹妹长三岁。

2.老王比小王长一辈，他俩是叔侄关系。

3.你看上去比他年轻，实际上你比他年长。

4.虽然李红比张文大五、六岁，但论辈分张文还比李红长一辈呢！

单是老了些

副词"单"有"只""光""仅仅"的意思，表示行为或者事物限于一定的范围内，常跟副词"就"配合着用。后面一般带单音节词。例如：

1.评论一个人单说缺点不说优点或者单说优点不说缺点都是不全面的。

2.干任何事，单凭热情都是不能成功的。

"单"可以用在主语前边。例如：

3.单他一个人就得了三块金牌。

4.单你不同意没有用，少数要服从多数。

况且

连词"况且"表示进一步申述理由或补充另一个理由，有"而且""再说"的意思。常和"又""还""也"等副词配合使用。例如：

1.他熟悉业务，况且又肯钻研，这个项目就交给他吧。

2.这种照相机小巧玲珑，质量不错，况且价钱也不太贵，我很中意。

3.你别担心，这段路程不算太远，况且还是快车，准能按时赶到那里。

她一手提着竹篮，内中一个破碗，空的。她到年底就生了一个孩子，男的。

这两个描述性的句子，都采用了比较特殊的句式，把原来可作定语的成分"空的""男的"后置，用逗号隔开，让它单独成句。这种在句式上、词序上的特殊安排，可以收到很好的修辞效果。强调碗是"空的"，强调生下的孩子是"男的"。

我万料不到她会说出这样的话来

副词"万""万万"都是"绝对""无论如何"的意思，用在"不""没"或其他表示否定意义的词语前面，表示极端强调的语气。"万"比"万万"的语气轻些。

一、用于陈述句，大多跟"没(有)""不"连用。

1.我万没想到在这深山老林里还住有几户人家。

2.兴修这么大的水利灌溉工程，没有国家的支援，一村一户的力量，是万万办不到的。

二、用于祈使句，大多跟"不可""不要""不能"连用，表示劝阻或禁止，跟"千万"的用法相同。例如：

3.你的体质还很虚弱，万万不可大意，弄不好，病还有复发的可能。

为她起见

"起见"是"着想"的意思，介词"为"指明目的。"为…起见"一般后面有停顿，用逗号表示。例如：

1.为节约能源起见，有关方面施行了必要的奖惩制度。

2.为慎重起见，作出决议之前，应再广泛征求一下代表们的意见。

3.商店为方便广大顾客起见，延长了营业时间。

倘有别的意思，又因此发生别的事，则我的答话委实该负若干的责任

然而在现世，则无聊生者不生，即使厌见者不见，为人为己，也都还不错

“则”是文言虚词，用于书面。作连词用，常连接有条件和结果关系的分句，“则”放在后一分句的开头，承上启下，相当于口语里的“那么”。上面所引的两个句子都属于这一类。下面再举两个例子。

1.今年小麦长势很好。如果农田管理抓得好，则超产是不成问题的。

2.抓住症结所在，则问题将迎刃而解。

可见

连词“可见”连接分句、句子或段落，表示根据上文的叙述或说明，可以做出判断或结论。例如：

1.草绿了，花开了，树叶一天天长大了，可见春天真的来了。

2.这孩子进托儿所不到两个星期，就不再偏食了。可见集体生活确实有利于培养孩子的好习惯。

在成段论证之后，引出结论性的话，往往用“由此可见”，后面有停顿，用逗号。例如：

3.随着社会生活的变革和作家生活的变化，他的创作题材从狭隘走向广阔，增大了作品的社会容量。由此可见，创作和生活有着十分密切的关系。

屡次想问

1.离家已经三年了，母亲屡次来信让我回去看看。

2.这家工厂更新设备以来，屡次创造出生产新纪录。

从活得有趣的人们看来，恐怕要怪讶她何以还要存在

“何以”是文言词语，表示疑问，意思和用法如下：

一、相当现代汉语里的“为什么”。例如：

1.我们读《祝福》这篇小说，应该对祥林嫂一生的遭遇何以这样悲惨，有深刻的理解。

2.一个从未进过正规学校的残疾人，何以能成为知名的作家？回答是他有一股顽强的锲而不舍的精神。

3.何以围棋在中国流传发展数千年，经久不衰呢？这是个很有意思的问题。

二、相当于现代汉语里的“怎么”“拿什么”。例如：

4.你说今天晚上会有暴风雨，何以见得？

5.虽然很多人认为这个方案可以提高生产率，但是何以证明它是切实可行的呢？

简直抵得过一个男子

1.别看这位老先生已经年过花甲，可他那敏捷的思维，清晰的记忆简直抵得过一个年轻小伙子。

2.人的运算能力再快，抵得过电子计算机吗？

练　　习

一、填上适当的动词：

1.吞吞吐吐地____　2.淡然地____　3.横七竖八地____些筷子

4.诧异地____着　5.平平正正地____在岸上　6.俨然地____着

7.闷闷地____完一顿饭　8.彻夜地____福礼　9.渐渐地____了笑影

10.细细地____

二、填上适当的定语：

1.________的雪天　2.________的朋友　3.________的女人

4.________的书房　5.________的责任　6.________的少年

7.________的消息　8.________的雪花声

三、填上适当的补语：

1.臂膊都在水里浸得____

2.你自己荐她来，又合伙劫她去，闹得____

3.被无常打扫得____

4.第二天我起得____

5.你是识字的，又是出门人，见识得____

6.房里也映得____

四、填上适当的词语完成下列各比喻句：

1.背上也就遭了____一般

2.脸上瘦削不堪，黄中带黑，而且消尽了先前悲哀的神色，仿佛是____似的

3.我总觉得不安…仿佛____

4.雪花大的有____那么大

五、将下列各句改成定语后置的句子：

1.他捉到了一只花蝴蝶。

2.家里养了两只小白猫。

3.那人穿着一身黑色礼服。

4.肩上背着一个鼓鼓囊囊的大书包。

5.房子的一角放着一台落地式电风扇。

6.从窗户里露出一个圆滚滚的小脑袋。

六、造句：

1.只得　2.况且　3.万(副词)　4.可见　5.则(连词)

6.何以　7.为…起见　8.屡次　9.抵得过　10.偏偏

七、回答问题：

1.说说鲁镇年终大典——祝福——的情景。

2.“我”最后一次在河边遇见祥林嫂时，发现她有什么变化？

3.祥林嫂对“我”提出了哪些问题？

4.为什么遇见祥林嫂后使“我”不能安住？

5.祥林嫂是怎样来到鲁镇的？她为什么到鲁镇来？又是怎样离开的？

第二十五课　祝　福（下）

鲁　迅

只有四婶，因为后来雇用的女工，大抵非懒即馋，或者馋而且懒，左右不如意，所以也还提起祥林嫂。每当这些时候，她往往自言自语的说，“她现在不知道怎么样了？”意思是希望她再来。但到第二年的新正，她也就绝了望。

新正将尽，卫老婆子来拜年了，已经喝得醉醺醺的，自说因为回了一趟卫家山的娘家，住下几天，所以来得迟了。她们问答之间，自然就谈到祥林嫂。

“她么？”卫老婆子高兴的说，“现在是交了好运了。她婆婆来抓她回去的时候，是早已许给了贺家墺的贺老六的，所以回家之后不几天，也就装在花轿里抬去了。”

“阿呀，这样的婆婆！……”四婶惊奇的说。

“阿呀，我的太太！你真是大户人家的太太的话。我们山里人，小户人家，这算得什么？她有小叔子，也得娶老婆。不嫁了她，那有这一注钱来做聘礼？她的婆婆倒是精明强干的女人呵，很有打算，所以就将她嫁到里山去。倘许给本村人，财礼就不多；惟独肯嫁进深山野墺里去的女人少，所以她就到手了八十千。现在第二个儿子的媳妇也娶进了，财礼只花了五十，除去办喜事的费用，还剩十多千。吓，你看，这多么好打算？……”

“祥林嫂竟肯依？……”

“这有什么依不依。——闹是谁也总要闹一闹的；只要用绳子一捆，塞在花轿里，抬到男家，捺上花冠，拜堂，关上房门，就完事了。可是祥林嫂真出格，听说那时实在闹得利害，大家还都说大约因为在念书人家做过事，所以与众不同呢。太太，我们见得多了：回头人出嫁，哭喊的也有，说要寻死觅活的也有，抬到男家闹得拜不成天地的也有，连花烛都砸了的也有。祥林嫂可是异乎寻常，他们说她一路只是嚎，骂，抬到贺家墺，喉咙已经全哑了。拉出轿来，两个男人和她的小叔子使劲的擒住她也还拜不成天地。他们一不小心，一松手，阿呀，阿弥陀佛，她就一头撞在香案角上，头上碰了一个大窟窿，鲜血直流，用了两把香灰，包上两块红布还止不住血呢。直到七手八脚的将她和男人反关在新房里，还是骂，阿呀呀，这真是……。”她摇一摇头，顺下眼睛，不说了。

“后来怎么样呢？”四婶还问。

“听说第二天也没有起来。”她抬起眼来说。

“后来呢？”

“后来?——起来了。她到年底就生了一个孩子，男的，新年就两岁了。我在娘家这几天，就有人到贺家岙去，回来说看见他们娘儿俩，母亲也胖，儿子也胖；上头又没有婆婆；男人所有的是力气，会做活；房子是自家的。——唉唉，她真是交了好运了。”

从此之后，四婶也就不再提起祥林嫂。

但有一年的秋季，大约是得到祥林嫂好运的消息之后的又过了两个新年，她竟又站在四叔家的堂前了。桌上放着一个荸荠式的圆篮，檐下一个小铺盖。她仍然头上扎着白头绳，乌裙，蓝夹袄，月白背心，脸色青黄，只是两颊上已经消失了血色，顺着眼，眼角上带些泪痕，眼光也没有先前那样精神了。而且仍然是卫老婆子领着，显出慈悲模样，絮絮的对四婶说——

“……这实在是叫作‘天有不测风云’，她的男人是坚实人，谁知道年纪青青，就会断送在伤寒上?本来已经好了的，吃了一碗冷饭，复发了。幸亏有儿子；她又能做，打柴摘茶养蚕都来得，本来还可以守着，谁知道那孩子又会给狼衔去的呢?春天快完了，村上倒反来了狼，谁料到?现在她只剩了一个光身了。大伯来收屋，又赶她。她真是走投无路了，只好来求老主人。好在她现在已经再没有什么牵挂，太太家里又凑巧要换人，所以我就领她来。——我想，熟门熟路，比生手实在好得多……。”

“我真傻，真的，”祥林嫂抬起她没有神采的眼睛来，接着说。“我单知道下雪的时候野兽在山岙里没有食吃，会到村里来；我不知道春天也会有。我一清早起来就开了门，拿小篮盛了一篮豆，叫我们的阿毛坐在门槛上剥豆去。他是很听话的，我的话句句听；他出去了。我就在屋后劈柴，淘米，米下了锅，要蒸豆。我叫阿毛，没有应，出去一看，只见豆撒得一地，没有我们的阿毛了。他是不到别家去玩的；各处去一问，果然没有。我急了，央人出去寻。直到下半天，寻来寻去寻到山岙里，看见刺柴上挂着一只他的小鞋。大家都说，糟了，怕是遭了狼了。再进去；他果然躺在草窠里，肚里的五脏已经都给吃空了，手上还紧紧的捏着那只小篮呢。……”她接着但是呜咽，说不出成句的话来。

四婶起初还踌躕，待到听完她自己的话，眼圈就有些红了。她想了一想，便教拿圆篮和铺盖到下房去。卫老婆子仿佛卸了一肩重担似的嘘一口气；祥林嫂比初来时候神气舒畅些，不待指引，自己驯熟的安放了铺盖。她从此又在鲁镇做女工了。

大家仍然叫她祥林嫂。

然而这一回，她的境遇却改变得非常大。上工之后的两三天，主人们就觉得她手脚已没有先前一样灵活，记性也坏得多，死尸似的脸上又整日没有笑影，四婶的口气上，已颇有些不满了。当她初到的时候，四叔虽然照例皱过眉，但鉴于向来雇用女工之难，也就并不大反对，只是暗暗地告诫四婶说，这种人虽然似乎很可怜，但是败坏风俗的，用她帮忙还可以，祭祀时候可用不着她沾手，一切饭菜，只好自己做，否则，不干不净，祖宗是不吃的。

四叔家里最重大的事件是祭祀，祥林嫂先前最忙的时候也就是祭祀，这回她却清闲了。桌子放在堂中央，系上桌帏，她还记得照旧的去分配酒杯和筷子。

“祥林嫂，你放着罢！我来摆。”四婶慌忙的说。

她讪讪的缩了手，又去取烛台。

“祥林嫂，你放着罢！我来拿。”四婶又慌忙的说。

她转了几个圆圈，终于没有事情做，只得疑惑的走开。她在这一天可做的事是不过坐在灶下烧火。

镇上的人们也仍然叫她祥林嫂，但音调和先前很不同；也还和她讲话，但笑容却冷冷的了。她全不理会那些事，只是直着眼睛，和大家讲她自己日夜不忘的故事——

“我真傻，真的，”她说。“我单知道雪天是野兽在深山里没有食吃，会到村里来；我不知道春天也会有。我一大早起来就开了门，拿小篮盛了一篮豆，叫我们的阿毛坐在门槛上剥豆去。他是很听话的孩子，我的话句句听；他就出去了。我就在屋后劈柴，淘米，米下了锅，打算蒸豆。我叫，‘阿毛！’没有应。出去一看，只见豆撒得满地，没有我们的阿毛了。各处去一问，都没有。我急了，央人去寻去。直到下半天，几个人寻到山岙里，看见刺柴上挂着一只他的小鞋。大家都说，完了，怕是遭了狼了。再进去；果然，他躺在草窠里，肚里的五脏已经都给吃空了，可怜他手里还紧紧的捏着那只小篮呢。……”她于是淌下眼泪来，声音也呜咽了。

这故事倒颇有效，男人听到这里，往往敛起笑容，没趣的走了开去；女人们却不独宽恕了她似的，脸上立刻改换了鄙薄的神气，还要陪出许多眼泪来。有些老女人没有在街头听到她的话，便特意寻来，要听她这一段悲惨的故事。直到她说到呜咽，她们也就一齐流下那停在眼角上的眼泪，叹息一番，满足的去了，一面还纷纷的评论着。

她就只是反复的向人说她悲惨的故事，常常引住了三五个人来听她。但不久，大家也都听得纯熟了，便是最慈悲的念佛的老太太们，眼里也再不见有一点泪的痕迹。后来全镇的人们几乎都能背诵她的话，一听到就烦厌得头痛。

“我真傻，真的，”她开首说。

“是的，你是单知道雪天野兽在深山里没有食吃，才会到村里来的。”他们立即打断她的话，走开去了。

她张着口怔怔的站着，直着眼睛看他们，接着也就走了，似乎自己也觉得没趣。但她还妄想，希图从别的事，如小篮，豆，别人的孩子上，引出她的阿毛的故事来。倘一看见两三岁的小孩子，她就说：

"唉唉，我们的阿毛如果还在，也就有这么大了。……"

孩子看见她的眼光就吃惊，牵着母亲的衣襟催她走。于是又只剩下她一个，终于没趣的也走了。后来大家又都知道了她的脾气，只要有孩子在眼前，便似笑非笑的先问她，道：

"祥林嫂，你们的阿毛如果还在，不是也就有这么大了么？"

她未必知道她的悲哀经大家咀嚼赏鉴了许多天，早已成为渣滓，只值得烦厌和唾弃；但从人们的笑影上，也仿佛觉得这又冷又尖，自己再没有开口的必要了。她单是一瞥他们，并不回答一句话。

鲁镇永远是过新年，腊月二十以后就忙起来了。四叔家里这回须雇男短工，还是忙不过来，另叫柳妈做帮手，杀鸡，宰鹅；然而柳妈是善女人，吃素，不杀生的，只肯洗器皿。祥林嫂除烧火之外，没有别的事，却闲着了，坐着只看柳妈洗器皿。微雪点点的下来了。

"唉唉，我真傻，"祥林嫂看了天空，叹息着，独语似的说。

"祥林嫂，你又来了。"柳妈不耐烦的看着她的脸，说。"我问你：你额角上的伤疤，不就是那时撞坏的么？"

"唔唔。"她含胡的回答。

"我问你：你那时怎么后来竟依了呢？"

"我么？……"

"你呀。我想：这总是你自己愿意了，不然……。"

"阿阿，你不知道他力气多么大呀。"

"我不信。我不信你这么大的力气，真会拗他不过。你后来一定是自己肯了，倒推说他力气大。"

"阿阿，你……你倒自己试试看。"她笑了。

柳妈的打皱的脸也笑起来，使她蹙缩得象一个核桃；干枯的小眼睛一看祥林嫂的额角，又钉住她的眼。祥林嫂似乎很局促了，立刻敛了笑容，旋转眼光，自去看雪花。

"祥林嫂，你实在不合算。"柳妈诡秘的说。"再一强，或者索性撞一个死，就好了。现在呢，你和你的第二个男人过活不到两年，倒落了一件大罪名。你想，你将来到阴司去，那两个死鬼的男人还要争，你给了谁好呢？阎罗大王只好把你锯开来，分给他们。我想，这真是……。"

她脸上就显出恐怖的神色来，这是在山村里所未曾知道的。

"我想，你不如及早抵当。你到土地庙里去捐一条门槛，当作你的替身，给千人踏，万人跨，赎了这一世的罪名，免得死了去受苦。"

她当时并不回答什么话，但大约非常苦闷了，第二天早上起来的时候，两眼上便都围着大黑圈。早饭之后，她便到镇的西头的土地庙里去求捐门槛。庙祝起初执意不允许，直到她急得流泪，才勉强答应了。价目是大钱十二千。

她久已不和人们交口，因为阿毛的故事是早被大家厌弃了的；但自从和柳妈谈了天，似乎又即传扬开去，许多人都发生了新趣味，又来逗她说话了。至于题目，那自然是换了一个新样，专在她额上的伤疤。

“祥林嫂，我问你：你那时怎么竟肯了？”一个说。

“唉，可惜，白撞了这一下。”一个看着她的疤，应和道。

她大约从他们的笑容和声调上，也知道是在嘲笑她，所以总是瞪着眼睛，不说一句话，后来连头也不回了，她整日紧闭了嘴唇，头上带着大家以为耻辱的记号的那伤痕，默默的跑街，扫地，洗菜，淘米。快够一年，她才从四婶手里支取了历来积存的工钱，换算了十二元鹰洋，请假到镇的西头去。但不到一顿饭时候，她便回来，神气很舒畅，眼光也分外有神，高兴似的对四婶说，自己已经在土地庙捐了门槛了。

冬至的祭祖时节，她做得更出力，看四婶装好祭品，和阿牛将桌子抬到堂屋中央，她便坦然的去拿酒杯和筷子。

“你放着罢，祥林嫂！”四婶慌忙大声说。

她像是受了炮烙似的缩手，脸色同时变作灰黑，也不再去取烛台，只是失神的站着。直到四叔上香的时候，教她走开，她才走开。这一回她的变化非常大，第二天，不但眼睛窈陷下去，连精神也更不济了。而且很胆怯，不独怕暗夜，怕黑影，即使看见人，虽是自己的主人，也总惴惴的，有如在白天出穴游行的小鼠；否则呆坐着，直是一个木偶人。不半年，头发也花白起来了，记性尤其坏，甚而至于常常忘却了去淘米。

“祥林嫂怎么这样了？倒不如那时不留她。”四婶有时当面就这样说，似乎是警告她。

然而她总如此，全不见有伶俐起来的希望。他们于是想打发她走了，教她回到卫老婆子那里去。但当我还在鲁镇的时候，不过单是这样说；看现在的情状，可见后来终于实行了。然而她是从四叔家出去就成了乞丐的呢，还是先到卫老婆子家然后再成乞丐的呢？那我可不知道。

我给那些因为在近旁而极响的爆竹声惊醒，看见豆一般大的黄色的灯火光，接着又听得毕毕剥剥的鞭炮，是四叔家正在“祝福”了；知道已是五更将近时候。我在朦胧中，又隐约听到远处的爆竹声联绵不断，似乎合成一天音响的浓云，夹着团团飞舞的雪花，拥抱了全市镇。我在这繁响的拥抱中，也懒散而且舒适，从白天以至初夜的疑虑，全给祝福的空气一扫而空了，只觉得天地圣众歆享了牲醴和香烟，都醉醺醺的在空中蹒跚，豫备给鲁镇的人们以无限的幸福。

生　　词

1.左右*	zuǒyòu	(副)	反正，横竖。
2.绝望	juéwàng	(动)	希望断绝；毫无希望。
3.拜年	bài nián		向人祝贺新年。
4.醉醺醺	zuìxūnxūn	(形)	形容人喝醉了酒的样子。
5.许(给)	xǔ(gěi)	(动)	许配，女子由家长作主订婚。
6.精明强干	jīngmíngqiánggàn		机灵聪明，办事能力强。
7.惟独*	wéidú	(副)	单单；只有。
8.依(从)	yī(cóng)	(动)	答应；顺从。
9.捺	nà	(动)	按，用力向下压。
10.花冠	huāguān	(名)	这里指旧时结婚新娘戴的花帽子。
11.出格	chū gé		言语行动与众不同。
12.与众不同	yǔ zhòng bù tóng		跟大家不一样；出众。
13.寻死觅活	xún sǐ mì huó		找死的办法，想自杀。
14.嚎	háo	(动)	大声哭叫。
15.擒(住)	qín(zhù)	(动)	捉拿(住)。
16.窟窿	kūlong	(名)	破洞。
17.荸荠	bíqi	(名)	water chestnut(Eleocharis tuberosa)
18.铺盖	pūgai	(名)	褥子和被子。
19.慈悲	cíbēi	(形)	慈善、同情和怜悯(原来是佛教用语)。
20.絮絮	xùxù	(形)	形容说话罗唆、重复。
21.断送	duànsòng	(动)	丧失；毁灭(生命、前途等)。
22.复发	fùfā	(动)	再次发生。
23.(都)来得*	(dōu)láide	(动)〈口〉	(都)能做；(都)胜任。
24.狼	láng	(名)	wolf
25.衔	xián	(动)	用嘴夹住。hold in the mouth
26.走投无路	zǒu tóu wú lù		无路可走，比喻处境极端困难，找不到出路。投：投奔。
27.牵挂	qiānguà	(动)	挂念。
28.凑巧*	còuqiǎo	(形)	表示正是时候或正遇到所希望的或所不希望的事情。
29.生手	shēngshǒu	(名)	新做某项工作，对工作还不熟悉的人。
30.野兽	yěshòu	(名)	wild animal
31.蒸	zhēng	(动)	steam
32.央(人)	yāng(rén)	(动)	恳求(人)。

33.草窠	cǎokē	(名)	草丛。"窠"也作"棵"。
34.五脏	wǔzàng	(名)	指心、肝、肺、脾、肾五种器官。
35.呜咽	wūyè	(动)	低声哭泣。
36.嘘	xū	(动)	①慢慢地吐气。②叹气。
37.指引	zhǐyǐn	(动)	指点引导。
38.驯熟	xúnshú	(形)	顺从熟练。
39.境遇	jìngyù	(名)	境况和遭遇。
40.灵活	línghuó	(形)	①敏捷；反应快。②善于根据情况的变化采取办法。
41.鉴于	jiànyú	(动)	看到，觉察到。
42.告诫	gàojiè	(动)	警告劝诫(多用于上级对下级或长辈对晚辈)。
43.败坏	bàihuài	(动)	损害；破坏(名誉、风气等)。
44.祭祀	jìsì	(动)	迷信的人准备供品向神佛或祖先致祭行礼，表示崇敬并求保佑。
45.清闲	qīngxián	(形)	清静而空闲。
46.照旧	zhàojiù	(形)	跟原来一样。
47.讪讪	shànshàn	(形)	难为情的样子。
48.淌	tǎng	(动)	(汗、血、水等)往下流。
49.敛(起)	liǎn(qǐ)	(动)	收起；收住。
50.不独	bùdú	(连)	不但；不只。
51.宽恕	kuānshù	(形)	宽容饶恕。
52.鄙薄	bǐbó	(动)〈书〉	认为不好而不重视，看不起。
53.纯熟	chúnshú	(形)	非常熟练。
54.烦厌	fányàn	(形)	不喜欢，讨厌。
55.妄想	wàngxiǎng	(名)	荒谬的打算；不能实现的打算(指坏的打算)。
56.希图	xītú	(动)	心里打算着达到某种目的(多指不好的)；企图。try to
57.似笑非笑*	sì xiào fēi xiào		又像笑又不像笑。
58.咀嚼	jǔjué	(动)	①用牙齿磨碎食物。②比喻对事物反复体会。
59.唾弃	tuòqì	(动)	鄙视而抛弃。
60.瞥	piē	(动)	很快地看一下。
61.器皿	qìmǐn	(名)	日常用的盛食品的用具。
62.拗不过	niù bu guò		无法改变(别人的固执的意见)。
63.蹙缩	cùsuō	(动)	皱而收缩。
64.局促	júcù	(形)	拘谨不自然。
65.旋转	xuánzhuǎn	(动)	物体围绕一个点或一个轴作圆周运

			动。revolve
66.不合算	bù hésuàn		所费人力、物力较多而收获较小。
67.诡秘	guǐmì	(形)	(行动、态度等)隐秘不易捉摸。
68.(倔)强	(jué)jiàng	(形)	固执，任性，不听劝导。
69.锯(开)	jù(kāi)	(动)	用锯拉(lá)(开)。saw
70.恐怖	kǒngbù	(形)	由于受到威胁而引起的害怕心理。
71.未曾*	wèicéng	(副)	不曾；没有。是"已经""曾经"的否定。
72.抵当	dǐdàng	(动)	抵押。mortgage
73.替身(儿)	tìshēnr	(名)	substitute
74.免得*	miǎnde	(副)	以免；避免。
75.执意	zhíyì	(动)	坚持自己的意见。
76.价目	jiàmù	(名)	标明的商品价格。这里指价钱。price
77.交口	jiāo kǒu		指交谈，谈话。
78.厌弃	yànqì	(动)	因厌恶而抛弃。
79.传扬	chuányáng	(动)	(事情、名声等)传播；散布。
80.逗	dòu	(动)	招引，惹。
81.支取	zhīqǔ	(动)	领取(钱款)。
82.历来	lìlái	(副)	从来；一向。
83.积存	jīcún	(动)	积聚储存。
84.分外	fènwài	(副、名)	①格外；超过平常。②本分以外。
85.堂屋	tángwū	(名)	正房居中的一间屋子。
86.坦然	tǎnrán	(形)	心里平静，无顾虑的样子。
87.炮烙	pàolào	(名)	中国古代一种酷刑，把人绑到烧红的铜柱上烫死。
88.(眼睛)窈陷	(yǎnjing)yǎoxiàn	(动)	(眼睛)深陷，凹陷。sunken(eyes)
89.不济	bùjì	(形)〈口〉	不好；不顶用。
90.惴惴	zhuìzhuì	(形)〈书〉	形容发愁害怕的样子。
91.穴	xué	(名)	动物的窝。hole
92.鼠	shǔ	(名)	老鼠。mouse; rat
93.木偶	mù'ǒu	(名)	wooden figure
94.伶俐	línglì	(形)	聪明；灵巧。
95.毕毕剥剥	bìbìbōbō	(象声)	放鞭炮的声音。
96.鞭炮	biānpào	(名)	①大小爆竹的统称。firecrackers ②成串的小爆竹。a string of small firecrackers
97.朦胧	ménglóng	(形)	快要睡着或刚睡醒时，眼睛半开半闭，视觉模糊不清的状态。half

asleep

98.联绵不断	liánmián bùduàn		(山脉、河流、雨雪、声音等)接连不断。
99.拥抱	yōngbào	(动)	为表示亲爱而相抱。embrace
100.疑虑	yílǜ	(动)	因怀疑而顾虑。
101.一扫而空	yī sǎo ér kōng		扫得干干净净，一点不留。形容完全除掉。

注　　释

1.新正——中国农历新年正月(第一个月)。正(zhēng)

2.大户人家——旧时称有钱有势的人家。

3.小户人家——旧时称没钱没势的人家。

4.一注钱——一笔钱。

5.聘礼——旧时订婚时，男家向女家送的定礼。

6.八十千——即八十吊铜钱。一千文为一吊。

7.拜堂——中国旧式婚礼，新娘新郎一起举行参拜天地的仪式，也指拜天地后拜父母公婆。

8.回头人——对再嫁的寡妇的轻蔑称呼。

9.拜天地——拜堂。

10.香案——放置香炉的长条桌子。

11.香灰——供佛敬神时燃点的香，燃烧后剩下的粉末。

12.天有不测风云——熟语。天气有意料不到的风云变幻。比喻人世间有难以预料的灾祸。不测：料想不到。熟语的下一句是"人有旦夕福祸。"旦夕：早晨和晚上。比喻短时间内。

13.伤寒——①一种急性传染病。typhoid fever②中医指多种发热的病。

14.桌帏——办婚丧事或祭祀时，悬挂在桌子前面用来遮挡的布或绸缎。

15.烛台——插蜡烛的用具，多用铜、锡等金属制成。

16.腊月——中国农历十二月。

17.善女人——指迷信吃斋念佛的女人。

18.吃素——佛教徒不吃鱼肉等荤菜，只吃蔬菜、瓜果等素食。

19.杀生——杀死生命。

20.阴司——迷信传说中的阴间，人死后灵魂所在的地方。nether world.

21.阎罗大王——佛教所说管地狱的神。也叫阎罗、阎王、阎王爷。Yama, King of Hell.

22.土地庙——供奉土地神的庙宇。

23.捐一条门槛——一种封建迷信举动。有罪过的佛教徒用很高的价钱献奉一条门槛给寺庙，让千万人践踏，作为罪人受惩罚的替身，以免死后到阴间吃苦。

24.庙祝——庙里管香火祭祀的人。

25.大钱——①旧时的一种铜钱，比普通的铜钱大，作为货币，价值也较高。②泛指钱(含贬义)。

26.鹰洋——旧时在中国流通过的墨西哥银元，币面铸有鹰的图案。

27.冬至——二十四节气之一，在12月21、22或23日。

28.祭祖——祭祀祖先。

29.祭品——祭祀时用的供品。

30.天地圣众歆享了牲醴和香烟——祝福的时候，天地间的众神享用了祭祀的酒肉和香火。歆(xīn)：指神享用供品。牲：原指祭祀用的牛、羊、猪三牲，后来也泛指祭祀用的肉类。醴：甜酒。香烟：香烛的烟火。

词 语 例 解

非懒即馋

“非…即…”意思是“不是…就是…”，用在两个意义相关的单音节名词，动词之间，指必然存在两种情况中的一种，或指两种现象交替出现。如：“非亲即故”“非此即彼”“非打即骂”“非攻即守”。

左右不如意

1.你左右没事，就陪我走一趟吧。

2.他既然左右不答应，你就不要再勉强他了。

3.只有四婶，因为后来雇用的女工，大抵非懒即馋，或者馋而且懒，左右不如意，所以也还想起祥林嫂。

惟独肯嫁到深山野岙里去的女人少

副词“惟”“独”都表示“只”“仅仅”“单单”。“惟独”也是表示独一无二的意思。例如：

1.你一向是个很有主见的人，怎么惟独在这个问题上迟疑起来了？

2.他这个人几乎没有什么爱好，惟独对集邮发生很大兴趣。

3.大家都赞成去西安游览，惟独他一个人要去苏州。

谁知道年纪青青，就会断送在伤寒上　谁知道那孩子又会给狼衔去的呢

“谁知道”表示出乎意料之外、没想到。“谁”在这里是任指，表示任何人。“谁知道”是反问语气，意思是“谁也不知道”“谁也没想到”。例如：

1.当我们在峡谷里相遇时，他还是那样神采奕奕地在山径上行走，谁知道几天以后，他的生命就献给了我们的人民，我们的土地！

2.这个满脸稚气的小女孩刚刚五岁，谁知道她竟是这幅获奖作品的作者。

打柴摘茶养蚕都来得

“来得”是“能做”“能行”“胜任”的意思，常跟副词“都”连用，用于口语。例如：

1.他是个烹饪好手，煎炒熘炸，冷热荤素都来得。

2.王文兴趣广泛，琴棋书画哪样都来得。

3.汤姆是个全能体操运动员，吊环来得，高低杠来得，鞍马来得，自由体操也来得。

凑巧

1.真凑巧，你要找他，他就来了。

2.比赛的时候，凑巧赶上下雨，大家身上都淋湿了。

似笑非笑

“似…非…”表示又像又不像的意思，可以分别嵌入同一个单音名词、形容词或动词。如：“似花非花”“似蓝非蓝”“似懂非懂”。

未曾

用法、意思跟“不曾”相同。例如：

1.来北京快一年了，还未曾去过长城。

2.实验中出现这种情况，是事先未曾料到的，应该说是一种疏忽。

免得死了去受苦

“免得”有“以免”“避免”“防止”的意思。在复句中放在后一分句的句首，着重指出按照前面分句所说的那样去做，就可以免去某种不希望出现的情况。例如：

1.不要把减肥的希望寄托在服药上，免得产生副作用。

2.字迹要清楚，标点要正确，免得别人看不懂或引起误会。

练　　习

一、填上适当的动词：

1.讪讪地____了手　　2.怔怔地____着　　3.暗暗地____四婶

4.默默地____街　　5.絮絮地对四婶____　　6.含胡地____

7.不耐烦地____着　　8.失神地____着　　9.紧紧地____着

10.疑惑地____开　　11.纷纷地____着　　12.坦然地去____酒杯和筷子

二、填上适当的定语：

1.________的鞭炮　　2.________的眼睛　　3.________的雪花

4.________的太太　　5.________的爆竹声　　6.________的眼泪

7.________的老太太们　　8.________的圆篮

三、填上适当的补语：

1.她的境遇却改变得________

2.记性也坏得________

3.抬到男家闹得________

4.直把他急得________

5.比生手实在好得________

6.将鲁镇乱成________

7.卫老婆子已经喝得________

8.祥林嫂真出格，听说那时实在闹得______

四、填上适当的词语完成下列比喻句：

1.______似的脸上又整日没有笑影

2.______一般大的黄色的灯火光

3.柳妈的脸蹙缩得象一个______

4.她未必知道她的悲哀经大家咀嚼赏鉴了许多天，早已成为______

五、造句：

1.左右　2.惟独　3.免得　4.照旧　5.凑巧　6.未曾

7.都来得　8.谁知道

六、回答问题：

1.说说祥林嫂被强迫嫁到山里时的出格的反抗。

2.介绍一下祥林嫂和贺老六婚后的生活和不幸遭遇。

3.祥林嫂第二次来鲁镇作女工，主人和镇上的人对她的态度和第一次有什么不同？为什么？

4.柳妈对祥林嫂都说了什么？那次谈话对祥林嫂有什么影响？

5.捐了门槛以后，祥林嫂的神气怎么样？祭祖时四婶的一句“你放着吧”使她发生了怎样的变化？

七、将祥林嫂的身世写成一篇400字左右的短文。

第二十六课　雷雨（第一幕）

曹　禺

周朴园——某煤矿公司董事长，五十五岁。

周蘩漪——其妻，三十五岁。

周　萍——其前妻生子，二十八岁。

周　冲——蘩漪生子，十七岁。

鲁　贵——周宅仆人，四十八岁。

鲁四凤——鲁贵之女，十八岁，周宅使女。

鲁大海——四凤同母异父的哥哥。煤矿工人，二十七岁。

一个夏天的上午，在周宅的客厅里。左右侧各有一门，一通饭厅，一通书房，中间的门开着，隔一层铁纱门。从纱门望出去，花园的树木绿荫荫的，听得见蝉叫声。右边一个立柜，铺着一块黄桌布，上面放着许多摆设。触目的是一张旧相片，很不调和地和这些精致东西放在一起。右边壁炉上有一只钟，墙上挂一幅油画。炉前有两把圈椅。中间靠左的玻璃柜里放满了古玩。柜前有一张小矮凳，左角摆一张长沙发，上面放着三四个缎制的厚垫子。沙发前的矮几上放着烟具等物，台中偏右有两个小沙发同圆桌，桌上放着吕宋烟盒和扇子。

帷幔的颜色都是古色古香的，家具非常洁净，有金属的地方都放着光彩。

郁热逼人。屋中很气闷，外面没有阳光，天空灰暗，是将要落暴雨的气氛。

开幕时，四凤在靠中墙的长方桌旁，背着观众滤药，她不时地揩着脸上的汗。鲁贵在沙发旁擦着矮几上的银烟具。

四凤约有十七八岁，脸上红润，是个健康的少女。她穿一身纺绸的裤褂，一双略旧的布鞋。她全身都非常整洁。她举动活泼，说话很大方，爽快，却很有分寸。她有一双水凌凌的大眼睛，当着她笑的时候，牙齿整齐地露出来。天气热，鼻尖微微有点汗，她时时用手绢揩着。她很爱笑，知道自己是好看的。

她的父亲——鲁贵——约莫四十多岁的样子，神气萎缩，肿眼皮，嘴角松弛地垂下来。他的身体较胖。和许多大公馆的仆人一样，他很懂事，尤其是很懂礼节。他有点驼背，似乎永远欠着身子向主人答应着“是”。他常常贪婪地窥视着。这时他正拿着一块抹布擦着东西，脚下是他刚刷好的黄皮鞋。时而，他用袖管揩脸上的汗。

鲁　贵　四凤！

四凤装做不听见，依然滤她的汤药。

鲁　贵　四凤！

鲁四凤　（看了她父亲一眼）嗬，真热。（走向右边的柜旁，寻一把芭蕉扇扇着。）

鲁　贵　（望着她，停下工作）四凤，你听见了没有？

鲁四凤　（冷冷地）干什么？爸。

鲁　贵　我问你听见我刚才说的话了么？

鲁四凤　都知道了。

鲁　贵　（一向是这样被女儿看待的）妈的，这孩子！

鲁四凤　（回过头来）您少说闲话吧！（挥扇，嘘出一口气）天气这样闷热，回头多半下雨。（忽然）老爷出门穿的皮鞋，您擦好了没有？（到鲁贵面前，拿起一只皮鞋，不经意地）这是您擦的！这么随随便便抹了两下——老爷的脾气您可知道。

鲁　贵　（一把抢过鞋）我的事用不着你管。四凤，你听着，我再跟你说一遍，回头见着你妈，别忘了把新衣服都拿出来给她瞧瞧。

鲁四凤　（不耐烦）听见了。

鲁　贵　叫她想想，还是你爸爸混事有眼力，还是她有眼力。

鲁四凤　（轻蔑地）自然您有眼力啊！

鲁　贵　你还别忘了告诉你妈，你在这儿周公馆吃的好，喝的好，就是白天侍候太太少爷，晚上还是听她的话，回家睡觉。

鲁四凤　那倒不用告诉，妈自然会问的。

鲁　贵　（得意）还有啦，钱，（贪婪地笑着）你手下也有不少钱啦！

鲁四凤　钱！？

鲁　贵　这两年的工钱，赏钱，（意有所指地）还有那零零碎碎的，他们……

鲁四凤　（不愿意听他要说的话）那您不是一块两块都要走了么？喝了，赌了。

鲁　贵　你看，你看，你又急了，急什么？我不跟你要钱。喂，我说，我说的是——（低声）他——不是也不断地塞给你钱花么？

鲁四凤　（惊讶）他？谁呀？

鲁　贵　（索性说出来）大少爷。

鲁四凤　（红了脸）谁说大少爷给我钱？爸爸，您别又穷疯了，胡说乱道的。

鲁　贵　好，好，好，没有，没有。反正这两年你不是存点钱么？我不是跟你要钱，你放心。我说啊，等你妈来，把这些钱也给她瞧瞧，叫她也开开眼。

鲁四凤　哼，妈不象您，见钱就忘了命。（回到中间茶桌滤药。）

鲁　贵　（坐在长沙发上，得意地）钱不钱，你没有你爸爸成么？要不到这儿周家大公馆帮主儿，这两年尽听你妈的话，你能每天吃着喝着，大热天还穿得上小纺绸么？

鲁四凤　哼，妈是个本分人，念过书的，讲脸，舍不得把自己的女儿叫人家使唤。

鲁　贵　什么脸不脸？又是你妈的那一套！你是谁家的小姐？——妈的，底下人的女儿，帮了人就失了身分啦？

鲁四凤　（厌恶地）爸，您看您那一脸的油！——您把那皮鞋再擦擦吧。

鲁　贵　讲脸呢，又学你妈那点穷骨头，你看她，她要脸！跑他妈的八百里外女学堂里当老妈。为着一月八块钱，两年才回一趟家。这叫本分？还念过书呢！简直是没出息。

鲁四凤　（忍气）您留几句回家说吧，这是人家周公馆。

鲁　贵　咦，周公馆也挡不住我跟我女儿谈家务啊，我跟你说，你的妈……

鲁四凤　（突然）我跟您先说下，妈可是好容易才回一趟家。这次，也是看哥哥跟我来的，您要是再给她一个不痛快，我就把您这两年做的事都告诉哥哥。

鲁　贵　我，我，我做了什么事啦（觉得在女儿面前失了面子）喝点，赌点，玩点，这三样，我快五十的人啦，还怕他么？

鲁四凤　他才懒得管您这些事呢！——可是他每月从矿上寄给妈用的钱，您偷偷地花了，他知道了，就不会答应您！

鲁　贵　那他敢怎么样？（高声地）他妈嫁给我，我就是他爸爸。

鲁四凤　小声点！这有什么喊头。

鲁　贵　哼！（滔滔地）我跟你说，我娶你妈，我还抱老大的委屈呢。你看我这么个机灵人，这周家上上下下几十口子，哪一个不说我鲁贵呱呱叫。来这里不到两个月，我的女儿就在这公馆找上事，就说你哥哥，没有我，能在周家的矿上当工人么？叫你妈说，她成么？——这样，你哥哥同你妈还是一个劲儿地不赞成我。这次回来，你妈要还是那副寡妇脸子，我就当你哥哥的面上不认她，说不定就离了她，别看她替我养个女儿，外带来你这个倒楣蛋的哥哥——

鲁四凤　爸爸。您——

鲁　贵　哼，谁知道是哪个王八蛋养的儿子。

鲁四凤　哥哥哪点对不起您，您这样骂他干什么？

鲁　贵　他哪一点对得起我？当大兵，拉包月车，干机器匠，念书上学，哪一行他是好好地干过！好容易我荐他到了周家的矿上去，他又跟工头闹起来，把人家打啦。

鲁四凤　（小心地）我听说，不是我们老爷先叫矿上的警察开了枪，工人们才动的手么？

鲁　贵　反正这孩子混蛋，吃人家的钱粮，就得受人家的管。好好的，要罢工，现在又得靠我这老面子跟老爷求情啦！

鲁四凤　您听错了吧。哥哥说他自己要见老爷，不是找您求情来的。

鲁　贵　（得意）可谁教我是他爸爸呢，我不能不管哪。

鲁四凤　（轻蔑地看着她的父亲，叹了一口气）好，您歇歇吧，我要上楼给太太送药去了。（端起药碗向左边饭厅走。）

鲁　贵　你先等一会儿，我再说一句话。

鲁四凤　（打岔）开午饭了，普洱茶泡好了没有？

鲁　贵　那用不着我，他们小当差早侍候到了。
鲁四凤　哦，那我走了。
鲁　贵　（拦住她）四凤，你别忙，我跟你商量点事。
鲁四凤　什么？
鲁　贵　你听啊，昨天不是老爷的生日么？大少爷也赏给我四块钱。
鲁四凤　好极了，（口快地）我要是大少爷，我一个子儿也不给您。
鲁　贵　（鄙笑）这话有理！四块钱，够干什么的，还了点账就完了。
鲁四凤　（伶俐地）那回头您跟哥哥要吧。
鲁　贵　四凤，别——你爸爸什么时候借钱不还账？现在你手下方便，随便匀给我七块八块的好么？
鲁四凤　我没有钱。（停一下）您真是还账了么？
鲁　贵　真的！（赌咒）我跟我的亲生女儿说瞎话是王八蛋！——说起来这不怪我。昨天那几个零钱，还大账不够，小账剩点零，所以我就要了两把，也许赢了钱，不都还了么？谁知运气不好。连喝带输，还倒欠了十来块。

四凤望着鲁贵。

鲁　贵　这可一句瞎话也没有。
鲁四凤　那我实实在在地告诉您，我也没有钱！（说完就要拿起药碗。）
鲁　贵　（着急）凤儿，你这孩子是什么心思？你可是我的亲生孩子。
鲁四凤　亲生的女儿也不能见天见地替您老人家还赌账啊！
鲁　贵　（严重地）孩子，你可放明白点，你妈疼你，只在嘴上，我可是把你的什么要紧的事情，都放在心上。
鲁四凤　（明白他有所指）您又要说什么？
鲁　贵　（四面望了一望，逼近四凤）我说，大少爷常跟我提过你，大少爷，他说——
鲁四凤　（管不住自己）大少爷！大少爷！你疯了！——我走了，太太就要叫我呢。
鲁　贵　别走，我问你，前天我看见大少爷买衣料——
鲁四凤　（沉下脸）怎么样？
鲁　贵　（上下打量）嗯——（盯住四凤的手）这戒指，（笑着）不也是他送给你的么？
鲁四凤　（厌恶地）您看您说话的神气！
鲁　贵　你不必这样假门假事，你是我的女儿。（忽然贪婪地笑着）一个当差的女儿，收人家点东西，用人家一点钱，没有什么说不过去的。这不要紧，我都明白。
鲁四凤　您就直说吧，究竟要多少钱用？
鲁　贵　不多，三十块钱就成了。
鲁四凤　哦，那您就跟您那大少爷要去吧。
鲁　贵　（恼羞）好孩子，你以为我真糊涂，不知道你同那混账大少爷做的事么？

鲁四凤　(压住怒气)您是父亲么？父亲有跟女儿这样说话的么？

鲁　贵　我是你的爸爸，我就要管你。我问你，前天晚上——

鲁四凤　前天晚上？

鲁　贵　我不在家，你半夜才回来，你干什么来着？

鲁四凤　(掩饰)我替太太找东西呢。

鲁　贵　为什么那么晚才回家？

鲁四凤　(轻蔑地)您这样的父亲没有资格来问我。

鲁　贵　好文明词！你就说不上你上哪儿去了。

鲁四凤　那有什么说不上！

鲁　贵　那你说！

鲁四凤　那是太太听说老爷刚回来，又要我捡老爷的衣服。

鲁　贵　哦，(低声，恐吓地)可是半夜送你回家的那位是谁？坐着汽车，醉醺醺，直对你说胡话的那位是谁呀？(得意地微笑。)

鲁四凤　那，那——

鲁　贵　(大笑)你不用说了，那是我们鲁家的阔女婿！——哼，我们两间半破瓦房居然来了坐汽车的男朋友，找我这当差的女儿啦！(严厉)我问你，他是谁？你说。

四凤愣住。

鲁大海——四凤同母异父的哥哥——进，他身体魁伟，眉毛粗而黑，两颊微微陷下去，方方的下巴和锐利的眼睛，都表现他的性格的倔强。他有一张薄薄的嘴唇，正和他的妹妹带着南方的热情的，厚而红的嘴唇形成强烈的对照。他说话微微有点口吃似的，但是在他的感情激昂的时候，词锋是锐利的。现在他刚从六百里外的煤矿回来。矿里罢了工，他是煽动者之一。几月来的精神的紧张，使他现在露出有点疲乏的神色，胡须乱蓬蓬的，看去几乎老得象鲁贵的弟弟。只有逼近地观察他，才觉出他的眼神同声音，还正是和他的妹妹一样年轻，一样地热，都是象火山要爆发，满蓄着精力的人物。他穿了一件工人的蓝布褂子，油渍的草帽拿在手里，一双黑皮鞋有一根鞋带早不知落在哪里。进门的时候，他略微有点不自在。他说话很简短，表面是冷冷的。

鲁大海　凤儿！

鲁四凤　哥哥！

鲁　贵　(向四凤)你说呀！装什么哑巴。

鲁四凤　(看大海)哥哥！

鲁　贵　(不顾)你哥哥来也得说呀。

鲁大海　怎么回事？

鲁　贵　你先别管。

鲁四凤　哥哥，没什么要紧的事。(向鲁贵)好吧，爸，我们回头商量。

鲁　贵　回头商量？(再盯四凤一眼)好，就这么办。(向大海，傲慢地)咦，你怎么随随便便跑进来啦？

鲁大海　(简单地)我在门房等了半天了。

鲁　贵　大海，到底你是矿上打粗的，连一点大公馆的规矩也不懂。

鲁四凤　人家不是周家的底下人。

鲁　贵　他在矿上吃的也是周家的饭哪。

鲁大海　(冷冷地)他在哪儿？

鲁　贵　(故意地)他，谁是他？

鲁大海　董事长。

鲁　贵　老爷就是老爷，什么董事长，上我们这儿就得叫老爷。

鲁大海　你给我问他一声，说矿上的工人代表来了。

鲁　贵　我看，你先回家去。(有把握地)矿上的事有你爸爸在这儿替你张罗。回头跟你妈，妹妹聚两天。等你妈走，你回到矿上，事由还是有你的。

鲁大海　我们的事你不懂，就别再操心了。

鲁四凤　(希望鲁贵走)爸，你还是看看老爷的客走了没有，再领着哥哥见老爷。

鲁　贵　(摇头)哼，我怕他不会见你吧。

鲁大海　(理直气壮)你告诉他，工人代表鲁大海要见他。他把我们约来的，就前天，已经在这儿的公司见过他啦。

鲁　贵　(犹疑地)那我先给你问问去。

鲁四凤　你去吧。

鲁　贵　(走到书房门口，转过来)他要是见你，你可少说粗话，听见了没有？(很老练地走着自以为是阔当差的步伐，进了书房门。)

鲁大海　(目送鲁贵进了书房)哼，他忘了他还是个人。

鲁四凤　(有些责备地)哥哥！(胆怯地望着大海)哥哥你说话小声点，老爷就在里边呢！

鲁大海　(望望她)好。妈也快回来了，我看你把周家的活儿辞了，好好回家。

鲁四凤　(诧异)为什么？

鲁大海　这不是你待的地方。

鲁四凤　为什么？

鲁大海　(仇恨地)周家的人不是好东西。这两年我在矿上看够了他们做的事。(缓缓地)我恨他们。

鲁四凤　你看见什么？

鲁大海　凤儿，你不要看这样阔气的房子，哼，这都是矿上压死的苦工人给换来的！

鲁四凤　你别胡说，这屋子听说直闹鬼呢。

鲁大海　(忽然)刚才我看见一个年轻人，在花园里躺着，脸色发白，闭着眼睛，象是要死的样子，听说这就是周家的大少爷，我们董事长的儿子。啊，报应，报应。

鲁四凤　(气)你，——(忽然)他待人顶好，你知道么?

鲁大海　他父亲做尽了坏事弄钱，他会是个好东西?!

鲁四凤　(望大海)两年没见你，你跟从前不一样了。

鲁大海　这两年——(走了两步，又回身向四凤，望着她)我倒觉得你变了。

鲁贵由书房门上。

鲁　贵　好容易客人刚走，我正要回话，又来了一位。(向大海)我看我们先下去待一会儿吧。

鲁大海　那我就先进去跟他谈谈。(要向书房门走。)

鲁　贵　(拦住他)干什么?

鲁四凤　不，不。哥哥你先——

鲁大海　(沉吟一下)也好。

鲁　贵　走吧。(走向中门，回头)四凤，你先别走，我就回来，你听见没有?

鲁四凤　您去吧。

鲁贵、大海同下。

四凤厌倦地坐到沙发上。

听见外面花园里一个年轻的轻快的声音，唤着“四凤!”渐渐移到中间门口。

鲁四凤　(有点惊慌)哦，二少爷。

周冲的声音　四凤!四凤!

四凤慌忙站起躲在沙发背后。

周冲——周朴园的小儿子，十七岁，穿着打球的白衣服，左腋下挟着一只球拍，一面用毛巾揩汗，快步走进。他有着一切孩子的空想，他的脸色通红，眼睛欣喜地闪动着。

周　冲　四凤!四凤!(四面张望)咦，不在这儿。(蹑足走向右边的饭厅，开开门，低声)四凤你出来，我告诉你一件事。(又轻轻地走到书房门口，更低声)四凤。

周朴园的声音　(在书房里)是冲儿么?

周　冲　(胆怯地)是我，爸爸。

周朴园的声音　你在干什么?

周　冲　我找四凤。

周朴园的声音　她不在这儿。

周　冲　(把头由门口缩回来，做了一个鬼脸)咦，奇怪。(失望地向右边的饭厅走去。)

四凤看见周冲已走，嘘出一口气。

鲁贵由中门进。

鲁　贵　（向四凤）刚才是谁在喊你？

鲁四凤　二少爷。

鲁　贵　他叫你干什么？

鲁四凤　谁知道。

鲁　贵　（责备）你为什么不理他？

鲁四凤　不是您叫我等着么？您有话就讲吧。

鲁　贵　你看，刚才我走到下房，这些王八蛋就堵着门口跟我要账，当着上上下下好些人，我看没有二十块钱，简直圆不下这个脸。

鲁四凤　（拿出钱来）我的都在这儿。这是我回头预备给妈添衣服的，您先拿去吧。

鲁　贵　（假意）那你不是没有花的了么？

鲁四凤　得了，您别这样客气啦。

鲁　贵　（笑着接下钱，数）就十二块？

鲁四凤　（坦白地）现钱我只有这么一点。

鲁　贵　（为难的样子）那这些要账的，怎么打发呢？

鲁四凤　（忍着气）您叫他们晚上到我们家里要吧。回头，见着妈，再想别的法子，这钱，您留着自己用吧。

鲁　贵　（高兴地）这给我啦，那我只当着你这是孝敬爸爸的。——好孩子，我早知道你有这份儿孝心。

鲁四凤　（没有办法）这回您让我上楼去了吧。（端起药碗。）

鲁　贵　你看，谁管过你啦。去吧，跟太太说一声，说鲁贵直惦记太太的病。

鲁四凤　知道，忘不了。

鲁　贵　（得意）对了，四凤，我还告诉你一件事。

鲁四凤　您留着以后再说吧。

鲁　贵　（暗示着）你看，这是你自己的事。（假笑。）

鲁四凤　（沉下脸）我又有什么事？（放下药碗）好，我们今天都算清楚再走。

鲁　贵　你瞧瞧，又急了。真快成小姐了，耍脾气倒是呱呱叫啦。

鲁四凤　您说吧。

鲁　贵　孩子，你别这样，（正经地）我劝你小心点。

鲁四凤　（嘲弄地）我现在钱也没有了，还用得着小心干什么？

鲁　贵　我跟你说，太太这两天的神气有点不大对。

鲁四凤　太太的神气不对有我什么关系？

鲁　贵　我怕太太看见你才有点不痛快。

鲁四凤　为什么？

鲁　贵　为什么？我先提你个醒。老爷比太太岁数大得多，大少爷不是这位太太生的。

鲁四凤　我知道。

鲁　贵　你知道这屋子为什么晚上没有人来，老爷在矿上的时候，就是白天也是一个人也没有么？

鲁四凤　不是半夜里闹鬼么？

鲁　贵　哼，鬼？一点也不错，我可看见过。

鲁四凤　您看见来着？

鲁　贵　（自负地）嗯，这是你爸爸的造化。

鲁四凤　怎么？

鲁　贵　那时你还没有来，老爷在矿上，那么阴森森的大院子，就太太，二少爷，大少爷住。那时这屋子就闹鬼，二少爷是小孩，胆小，叫我在他门口睡。是个秋天，半夜里二少爷忽然把我叫起来，说客厅又闹鬼，硬叫我去看看。我直发毛，可那会儿我刚来，少爷说了，我还能不去？

鲁四凤　您去了？

鲁　贵　我就喝了两口烧酒壮壮胆子，穿过荷花池，偷偷地钻到这门外的走廊旁边。到门口，就听见这屋子里啾啾啾地象一个女鬼在哭。哭得惨！心里越怕，越想看。我就硬着头皮，从这窗缝里向里一望。

鲁四凤　（紧张地望着他）您瞧见什么？

鲁　贵　就在这张桌上点着一支要灭不灭的洋蜡烛。我恍恍惚惚地看见两个穿着黑衣裳的鬼，并排地坐着，象是一男一女，背朝着我。这个女鬼象是靠着男的身边哭，那个男鬼低着头直叹气。

鲁四凤　真的？

鲁　贵　可不是！我就乘着酒劲儿，朝着窗户缝，轻轻地咳嗽一声。这两个鬼就飕一下子分开了，都朝我这边望。这一下子他们的脸清清楚楚地正对着我。这我可真见了鬼了！

鲁四凤　什么样？

　　　　鲁贵停一下，四面望一望。

鲁四凤　谁？

鲁　贵　我这才看见那个女鬼呀，（回头，低声）——是我们的太太。

鲁四凤　太太？

鲁　贵　那个男鬼——就是大少爷。

鲁四凤　他？

鲁　贵　就是他，他同他的后娘就在这屋子里闹鬼呢。

鲁四凤　（故做不在意地）我不信，准是您看错了。

鲁　贵　没个错，你不用骗自己。所以孩子，你看开点，别胡涂，周家的人就是那么一回事。

鲁四凤　不，不会。

鲁　贵　你忘了，大少爷比太太只小六七岁。

鲁四凤　（自语）不，不，我不信。

鲁　贵　你不信？又做你的梦啦，不想想，你是谁？他是谁？你，就凭你没有个好爸爸，人家大少爷会……

鲁四凤　（突然）您别说了！（站起来）妈今天回家，您看我太快活是么？您说这些瞎话——这些瞎话！

鲁　贵　你看你，告诉你真话，叫你聪明一点，你倒生气了，唉，你呀！（傲然地扫四凤一眼，走到茶几旁，很熟练地偷了几支烟卷，放在自己的旧烟盒里。）

鲁四凤　（望着他，冷冷地）没有话了吧，我走了。（拿起药碗就走。）

鲁　贵　别走，话还没完呢。（轻描淡写地）回头你妈就到这儿来找你。

鲁四凤　（变色）什么？

鲁　贵　你妈一下火车，就到这儿公馆来。

鲁四凤　妈不愿意我在公馆里帮人，您为什么叫她到这儿来找我？反正我每天晚上回家，您叫她到这儿来干什么？

鲁　贵　不是我，孩子，是太太要我找她来的。

鲁四凤　太太要她来？

鲁　贵　嗯，（神秘地）奇怪不是，没亲没故。你看太太偏要请她来谈一谈。

鲁四凤　您别吞吞吐吐地成么？

鲁　贵　你知道太太为什么一个人在楼上，作诗写字，装病不下来？

鲁四凤　老爷一回家，太太向来是这样。

鲁　贵　这次不对吧？

鲁四凤　有什么不对？

鲁　贵　你一点不觉得？——大少爷没提过什么？

鲁四凤　没有，我就知道这半年多，他跟太太不常说话。

鲁　贵　哦——那么太太对你呢？

鲁四凤　这几天比往日特别地好。

鲁　贵　那就对了！——我告诉你，太太知道我不愿意你离开这儿。这次，她自己要对你妈说，叫她带着你卷铺盖滚蛋！

鲁四凤　（低声）她要我走——可是——为什么？

鲁　贵　那你自己明白！

鲁四凤　（低声）要妈来干什么？

鲁　贵　她要告诉你妈一件事。

鲁四凤　（突然明白）哦，爸爸，无论如何，我在这儿的事，不能让妈知道的。（惧悔交集，流下泪来）爸爸，您想，妈前年离开我的时候，她嘱咐过您，好好地看着我，不许您送我到公馆帮人。您不听，您要我来。妈不知道这些事，我死也不能叫妈知道这儿这些事情的。（扑在桌上）妈呀！

鲁　贵　孩子！（轻轻抚着四凤）你看现在才是爸爸好了吧，爸疼你，不要怕！她不敢怎么样，她不会辞你的。这儿呀，还有一个人叫她怕呢！

鲁四凤　谁？

鲁　贵　哼，她怕你的爸爸！你忘了我告诉你那两个鬼啦，你爸爸会抓鬼。昨天晚上我替你告假，她说你妈来的时候，要我叫你妈来。我看她这两天的神气，我就猜着了一半，我顺便就把那天半夜的事提了两句，她是机灵人，不会不懂的。——哼，她要是跟我装蒜，现在老爷在家，咱们就是个麻烦。我知道她是个厉害人，可是谁欺负了我的女儿，我就跟谁拼了！

鲁四凤　（抬起头）您可不要胡来！

鲁　贵　这家除了老头，我谁也看不上眼。别着急，有你爸爸。再说，也许是我瞎猜，她原来就许没有这意思。她外面倒是跟我说，因为听说你妈会读个书写个字，才想见见谈谈。

鲁四凤　（忽然谛听）您别说话，我听见好象有人在饭厅咳嗽似的。

鲁　贵　（听一下）别是太太吧？（走到通饭厅的门前，由锁眼窥视，忙回来）可不是她，奇怪，她下楼来了。别慌，什么也别提，我走了。

鲁四凤　（擦干泪）嗯，妈来了，您先告诉我一声。

鲁　贵　对了，见着你妈，就当什么都不知道，听见了没有？（走到中门，又回头）别忘了，跟太太说鲁贵惦记着太太的病。（慌忙由中门下。）

四凤端着药碗向饭厅门走，周蘩漪迎面走进。她的脸色苍白，面部轮廓很美。眉目间看出来她是忧郁的。郁积的火燃烧着她，她的眼光时常充满了一个年轻的妇人失望后的痛苦与怨望。她经常抑制着自己。她是一个受过一点新的教育的旧式女人，有她的文弱，她的明慧，——她对诗文的爱好，但也有一股按捺不住的热情和力量在她的心里翻腾着。她的性格中有一股不可抑制的“蛮劲”，使她能够忽然做出不顾一切的决定。她爱起人来象一团火那样热烈；恨起人来也会象一团火，把人烧毁。然而她的外形是沉静的，她象秋天傍晚的树叶轻轻落在你的身旁。她觉得自己的夏天已经过去，生命的晚霞就要暗下来了。

她通身是黑色。旗袍镶着银灰色的花边。她拿着一把团扇，挂在手指上，走进来，很自然地望着四凤。

鲁四凤　太太！怎么您下楼来啦？我正要给您把药送上去呢！

周蘩漪　老爷在书房里么？

鲁四凤　老爷在书房里会客呢。

周蘩漪　谁来了？

鲁四凤　刚才是警察局长，现在不知道是谁。您要见他？

周蘩漪　不。（又停一下，看看四面）两礼拜没下来，这屋子改了样子了。
鲁四凤　是的，老爷说原来的样子不好看，又把您添的新家具搬走了几件。这是老爷自己摆的。
周蘩漪　（看看右面的衣柜）这只旧衣柜，又拿来了。什么事情都要依着他，他是什么都不肯将就的。（咳，坐下）。
鲁四凤　太太，您脸上象是发烧，还是到楼上歇着吧。
周蘩漪　不，楼上太热。（咳。）
鲁四凤　老爷说太太有病，嘱咐过请您好好地在楼上躺着。
周蘩漪　我不愿意躺在床上。——哦，我忘了，老爷哪一天从矿上回来的？
鲁四凤　大前天晚上。老爷看您烧得厉害，叫我们别惊醒您，就一个人在楼下睡的。
周蘩漪　白天我象是没见过老爷来。
鲁四凤　嗯，这两天老爷天天到省政府开会，到晚上才上楼看您，可是您又把门锁上了。
周蘩漪　（不轻意地）哦，哦——怎么，楼下也这样闷热。
鲁四凤　对了，闷的很。一早晨乌云就遮满了天，也许今儿个会下一场大雨。
周蘩漪　换一把大点的团扇，我简直有点喘不过气来。

四凤拿一把大蒲扇给蘩漪，蘩漪望着四凤，又故意地转过头去。

周蘩漪　怎么这两天没见着大少爷？
鲁四凤　大概是很忙。
周蘩漪　听说他也要到矿上去，是么？
鲁四凤　我不知道。
周蘩漪　你没有听见说么？
鲁四凤　没有，倒是侍候大少爷的张奶奶这两天尽忙着给他捡衣裳。
周蘩漪　你父亲干什么呢？
鲁四凤　不知道。——他说，他问太太的病。
周蘩漪　他倒是惦记着我。（停一下，忽然）他现在还没起来么？
鲁四凤　谁？
周蘩漪　（没有想到四凤这样问，忙收敛一下）嗯——大少爷。
鲁四凤　我不知道。
周蘩漪　（看了她一眼）嗯？
鲁四凤　我没看见大少爷。
周蘩漪　他昨天晚上什么时候回来的？
鲁四凤　（红脸）我每天晚上总是回家睡觉，我不知道。
周蘩漪　（不自主地）哦，你每天晚上回家睡！（觉得失言）老爷回来，家里没有人会侍候他，你怎么天天要回家呢？

鲁四凤　太太，不是您吩咐过，叫我回去睡么？

周蘩漪　那时是老爷不在家。

鲁四凤　我怕老爷念经吃素，不喜欢我们侍候他。

周蘩漪　哦，(忽而抬起头来)这么说，他在这几天就走，究竟到什么地方去呢？

鲁四凤　(胆怯地)您是说大少爷？

周蘩漪　(注视四凤)嗯！

鲁四凤　我没听见。(嗫嚅地)他，他总是两三点钟回家，我早晨象是听见我父亲叨叨说下半夜给他开的门来着。

周蘩漪　他又喝醉了么？

鲁四凤　我不清楚。(想找一个新题目)——太太，您吃药吧。

周蘩漪　谁说我要吃药？

鲁四凤　老爷吩咐的。

周蘩漪　我并没请医生，哪里来的药？

鲁四凤　老爷说您犯的是肝郁，今天早上想起从前您吃的老方子，就叫抓一副，给您煎上。

周蘩漪　煎好了没有？

鲁四凤　煎好了，凉在这儿好半天啦。(递药给蘩漪)您喝吧。

周蘩漪　(喝一口)苦的很。谁煎的？

鲁四凤　我。

周蘩漪　太不好喝，倒了它。

鲁四凤　倒了？

周蘩漪　(想起周朴园严厉的脸)先放在那儿也好。不，(厌恶)还是倒了它。

鲁四凤　(犹豫)嗯。

周蘩漪　这些年喝这种苦药，我大概是喝够了。

鲁四凤　(拿着药碗)您忍一忍，喝了吧。药苦可能够治病。

周蘩漪　(忽然恨起来)谁要你劝我？倒掉！(自己觉得失了身分)这次老爷回来，我听老妈子说他瘦了。

鲁四凤　嗯，瘦多了，也黑多了。听说矿上正在罢工，老爷很着急的。

周蘩漪　老爷很不高兴么？

鲁四凤　老爷还是那样。除了会客，出门，在家里一句话也没有说。

周蘩漪　没有跟少爷们说话么？

鲁四凤　见了大少爷只点一点头，没说话，倒是问了二少爷学堂的事。——对了，二少爷今天早上还问您的病呢。

周蘩漪　你告诉他我很好就是了——回头叫账房拿四十块钱给二少爷，说是给他买书的。

鲁四凤　二少爷想看看您。

周蘩漪　那就叫他到楼上来见我。——(站起来，踱了两步)哦，这屋子怎么这样闷气，里里外外，都象发了霉。

鲁四凤　(想想)太太，今天我想跟您告假。

周蘩漪　是你母亲从济南回来了么？——你父亲说过来着。

周冲的声音　(在花园里)四凤！四凤！

周蘩漪　你去看看，二少爷在喊你。

周冲的声音　四凤。

鲁四凤　在这儿。

周冲由中门进。

周　冲　(进门只看见四凤)四凤，我找你一早晨。(看见蘩漪)妈，怎么您下楼来了？

周蘩漪　冲儿，你怎么啦？一脸汗。

周　冲　我刚和一个同学打网球。(亲热地)我正有许多话要跟您说。您好一点儿没有？(坐在蘩漪身旁)这两天我到楼上看您，您怎么总把门关上？

周蘩漪　我想清静清静。你看我的气色怎么样？四凤，你给二少爷拿一瓶汽水。你看你的脸通红。

四凤由饭厅门口下。

周　冲　(高兴地)让我瞧瞧。我瞧您挺好，没有一点病。为什么他们总说您有病呢？您一个人躲在房里，父亲回家三天了，您都没有见着他。

周蘩漪　(忧郁地看着周冲)我心里不舒服。(忽然)冲儿，你是十七了吧？

周　冲　妈，您要再忘了我的岁数，我真得跟您生气啦！

周蘩漪　(笑笑)妈是不好，有时候连自己都忘了在哪儿。(沉思)——哦，十八年了，在这个家里，你看，妈老了吧？

周　冲　不，您想什么？

周蘩漪　不想什么？

四凤拿汽水上。

鲁四凤　二少爷。

周　冲　谢谢你。

四凤红脸，倒汽水。

周　冲　你给太太再拿一个杯子来，好么？

四凤下。

周蘩漪　(目不转睛地看着四凤和周冲)冲儿，你们为什么这样客气？

周　冲　(喝水)妈，我就想告诉您，那是因为——

四凤进。

周　冲　——妈，您给我画的扇面呢？

周蘩漪　你忘了我病了吗？

周　冲　原谅我，妈。怎么这屋子这样热？

周蘩漪　大概是窗户没有开。

周　冲　我来开。

鲁四凤　老爷说过不叫开，说外面比屋里热。

周蘩漪　不，打开。他在外头一去就是两年不回家，这屋子里的死气他是不知道的。

四凤拉开窗前的帷幔。

周　冲　（见四凤很费力地移动窗前的花盆）四凤，你不要动。让我。（走过去。）

周蘩漪　（转向四凤）四凤，你到厨房去看一看，看看给老爷做的什么素菜。

四凤由中门下。

周蘩漪　冲儿！

周冲走回来。

周蘩漪　坐下。你说吧。

周　冲　（看着蘩漪，带了希冀和快乐的神色）妈，我这两天很快活。

周蘩漪　在这家里你能快活，自然好。

周　冲　妈，我一向什么都不肯瞒着您，您不是一个平常的母亲，您最大胆，最有想象，又最同情我的思想的。

周蘩漪　嗯。

周　冲　妈，我要告诉您一件事——不，我要跟您商量商量。

周蘩漪　你先说给我听听。

周　冲　妈，（神秘地）您不说我么？

周蘩漪　不说，你讲吧。

周　冲　（高兴地）哦，妈——（迟疑着）不，我不说了。

周蘩漪　（笑了）为什么？

周　冲　我，我怕您生气。说了以后，您还是一样地喜欢我么？

周蘩漪　傻孩子，妈永远是喜欢你的。

周　冲　真的？

周蘩漪　真的！

周　冲　妈，我现在喜欢一个人。

周蘩漪　（证实了她的疑惧）哦！

周　冲　（望着蘩漪的凝视的眼睛）妈，您看，您的神气又好像说我不应该似的。

周蘩漪　（摇头）没有啊，没有，你讲吧。（提起兴会）这个女孩子是谁？

周　冲　（拦不住的热情）她是世界上最，最——（看一看蘩漪）反正她是我认为最满意的女孩子。她心地单纯，她懂得活着的快乐，她知道同情，她明白劳动有意义。最好的是，她不是小姐堆里娇生惯养出来的人。

周蘩漪　(不经意地)你不是喜欢受过教育的人么？她念过书么？

周　冲　自然没念过书。这是她，也可说是她唯一的缺点，然而这并不怪她。

周蘩漪　哦，(眼睛暗下来，不得不问下去)冲儿，你说的不是——四凤？

周　冲　是，妈妈。——妈，我知道旁人会笑话我，您不会不同情我的。

周蘩漪　(惊愕，自语)怎么，我的孩子——

周　冲　(焦灼)您不愿意么？您以为我做错了么？

周蘩漪　不，不，那倒不。我怕她这样的孩子不会给你幸福的。

周　冲　不，她是个聪明有感情的人，并且她懂得我。

周蘩漪　你不怕父亲不满意你么？

周　冲　这是我自己的事情。

周蘩漪　别人知道了说闲话呢？

周　冲　那我更不放在心上。

周蘩漪　这倒象我自己的孩子。不过我怕你走错了。第一，她始终是个没受过教育的下等人。你要是喜欢她，她当然以为这是她的福气。

周　冲　妈，您以为她没有主张么？

周蘩漪　冲儿，你把什么人都看得太高了。

周　冲　妈，我认为您这句话对她用是不合适的。她是最纯洁，最有主张的好孩子，昨天我跟她求婚——

周蘩漪　(更惊愕)什么？求婚？(笑起来)你跟她求婚？

周　冲　(不喜欢母亲这样的态度)您不要笑！她拒绝我了。——可是我很高兴，这样我觉得她更高贵了。她说她不愿意嫁给我。

周蘩漪　拒绝！她还拒绝你？

周　冲　你以为她拒绝我，是故意地虚伪么？不，她说，她心里另外有一个人。

周蘩漪　谁？她说？

周　冲　我没有问。总是她的邻居，常见的人吧。——不过真的爱情免不了波折，我爱她，她会渐渐地明白我，喜欢我的。

周蘩漪　(抑制不住)我的儿子要娶也不能娶她。

周　冲　(出乎意料)妈，您为什么这样？四凤是个好女孩子，她背地总是很佩服您，敬重您的。

周蘩漪　你现在预备怎么样？

周　冲　我预备把这个意思告诉父亲。

周蘩漪　你忘了你父亲是什么样一个人啦！

周　冲　我一定要告诉他的。我将来并不一定跟她结婚。如果她不愿意我，我仍然是尊重她，帮助她的。但是我希望她现在受教育，我希望父亲允许我把我的教育费分给她一半上学。

周繁漪　你真是个孩子。

周　冲　（不高兴地）不，妈，我不是孩子了。

周繁漪　你父亲一句话就把你所有的梦打破了。

周　冲　我不相信。——（有点沮丧）得了，我们不谈这个吧。妈，昨天我见着哥哥，他说他这次可要到矿上去做事了，他明天就走，他说他太忙，他不上楼见您了。您不会怪他吧？

周繁漪　为什么怪他？

周　冲　我总觉得您同哥哥的感情不如以前那样似的。妈，您想，他自幼就没有母亲，性情自然容易古怪。我想他的母亲一定也感情很重的，哥哥就是一个很有感情的人。

周繁漪　你父亲回来了，你少说你哥哥的母亲，免得你父亲又板起脸，叫一家子不高兴。

周　冲　妈，可是哥哥现在真有点怪，他喝酒喝得很多，脾气很暴，大前天他喝醉了，拉着我的手，跟我说，他恨他自己，说了许多我不大明白的话。

周繁漪　哦！

周　冲　最后他忽然说，他从前爱过一个他决不应该爱的女人！

周繁漪　（自语）从前？

周　冲　说完就大哭，当时又逼着我离开他的屋子。

周繁漪　他还说什么话来么？

周　冲　没有，他很寂寞的样子，我替他很难过，他到现在为什么还不结婚呢？

周繁漪　（喃喃地）谁知道呢？谁知道呢？

周　冲　（听见门外脚步的声音，回头看）咦，哥哥进来了。

推开中门，周萍进。他约莫有二十八九，颜色苍白，比他的弟弟略微高些。他的面目清秀，在他灰暗的眼神里，闪烁着迟疑、怯弱同矛盾。他像是总在悔恨自己过去铸成的错误，当着一个新的冲动来了，他的热情和欲望，又如潮水似地淹没了他。他一星星的理智，不过是卷在漩涡里的一段枯枝。这样，一个大错跟着一个更大的错。他痛苦，他恨自己，他羡慕一切没有顾忌，敢做坏事的人。他又羡慕一切能干一番"事业"，依循着上层人的"道德"，做"模范公民"，"模范家长"的人。他佩服他的父亲，他的父亲在他的眼里，除了一点倔强、冷酷之外，是一个无瑕的男子。但是倔强和冷酷也是他喜欢的，因为这两点，他以为自己是没有的。他不愿意再想他欺骗过他的父亲，他要把自己"拯救"起来，他需要新的"情爱"，把他从旧有的"情爱"的苦海中摆脱出来。他找着了鲁四凤，他发现他最需要的那一点东西，在鲁四凤的身体里洋溢着。她有"青春"，有"美"，有热情，固然他也觉得她粗。现在他厌恶一切忧郁过分的女人，和她们的细致的情绪。

然而一种不满足的感情还是在他心里潜伏着。当他认为四凤不能了解也不能和他起共鸣的时候，他又不自主地纵酒，寻欢，沉湎在新的刺激里。

他穿一件藏青的绸袍，西服裤，漆皮鞋。他打着呵欠，很颓丧的样子。

周　冲　哥哥。

周　萍　你在这儿。

周蘩漪　（觉得周萍没有理她）萍！

周　萍　哦？（低了头，又抬起）您——您也在这儿。

周蘩漪　我刚下楼来。

周　萍　（转头问周冲）父亲没有出去吧？

周　冲　没有，你预备见他么？

周　萍　我想在临走以前跟父亲谈一次。（一直走向书房。）

周　冲　你不要去。

周　萍　他老人家干什么呢？

周　冲　他大概跟一个人谈公事。我刚才见着他，他说他一会儿会到这儿来，叫我们在这儿等他。

周　萍　那我先回到我屋子里写封信。（要走。）

周　冲　哥哥，母亲说好久不见你。你不愿意一起坐一坐，谈谈么？

周蘩漪　你看，你让哥哥歇一歇，他愿意一个人呆着的。

周　萍　（有些烦）那也不见得，我总怕父亲回来，您很忙，所以——

周　冲　你不知道母亲病了么？

周蘩漪　你哥哥怎么会把我的病放在心上？

周　冲　妈！

周　萍　您好一点了么？

周蘩漪　谢谢你，我刚刚下楼。

周　萍　对了，我预备明天离开家里到矿上去。

周蘩漪　哦，（停）好得很。——什么时候回来呢？

周　萍　不一定，也许两年，也许三年。哦，这屋子怎么闷气得很。

周　冲　窗户已经打开了。——我想，大概是大雨要来了。

周蘩漪　（停一停）你在矿上做什么呢？

周　冲　妈，你忘了，哥哥是专门学矿科的。

周蘩漪　这是理由么，萍？

周　萍　（拿起报纸）说不出来，象是家里住得太久了，烦得很。

周蘩漪　（笑）我怕你是胆小吧？

周　萍　怎么讲？

周蘩漪　这屋子曾经闹过鬼，你忘了。

周　萍　没有忘。但是这儿我住厌了。

周蘩漪　（笑）假若我是你，这周围的人我都会厌恶，我也离开这个死地方的。

周　冲　妈，我不要您这样说话。

周　萍　（忧郁地）哼，我自己对自己都恨不够，我还配说厌恶别人？——（叹一口气）弟弟，我想回屋去了。（起立。）

书房门开。

周　冲　别走啦，大概是爸爸来了。

周朴园的声音　我的意思是这么办，没有问题了，很好，再见吧，不送。

门大开，周朴园进。他有五十五岁，鬓发已经斑白，带着椭圆形的金边眼镜，一对沉鸷的眼睛在底下闪烁着。象一切起家立业的人物，他的威严在儿子们面前格外显得峻厉。他专横、自是、倔强。他穿的衣服，还是二十年前的新装，一件团花的官纱大褂，底下是白纺绸的衬衫，长衫的领扣松散着，露着颈上的肉。他的衣服很舒展地贴在身上，整洁，没有一些尘垢。他有些胖，背微微地伛偻，他的半白的头发很润泽地分梳到后面，还保持昔日的丰采。在阳光下，他的脸呈着银白色，一般人说这就是贵人的特征，所以他才有这样大的矿产。

周　萍
周　冲　爸。

周　冲　客走了？

周朴园　（点头，转向蘩漪）你怎么今天下楼来了，完全好了么？

周蘩漪　病原来不重——回来身体好么？

周朴园　还好。——你应当再到楼上去休息。冲儿，你看你母亲的气色比以前怎么样？

周　冲　母亲原来就没有什么病。

周朴园　（不喜欢儿子们这样回答老人的话）谁告诉你的？我不在的时候，你常来问你母亲的病么？（坐在沙发上。）

周蘩漪　（怕他又来教训）朴园，你象是有点瘦了。——矿上罢工的事怎么样？

周朴园　昨天早上已经复工，不成问题。

周　冲　爸爸，怎么鲁大海还在这儿等着要见您呢？

周朴园　谁是鲁大海？

周　冲　鲁贵的儿子。前年荐进去，这次罢工当代表的。

周朴园　这个人！我想这个人有背景，矿上已经把他开除了。

周　冲　开除！爸爸，这个人脑筋很清楚，我方才跟他谈了一回。代表罢工的工人并不见得就该开除。

周朴园　哼，现在一般青年人，跟工人谈谈，说两三句不关痛痒，同情的话，象是一件很时髦的事情！

周　冲　我以为这些人替自己的一群人努力，我们应当同情的。并且我们这样享福，同他们争饭吃，是不对的。这不是时髦不时髦的事。

周朴园　（翻着眼）你知道社会是什么？你读过几本关于社会经济的书？我记得我在德国念书的时候，对于这方面，我自命比你这种半瓶醋的社会思想要彻底的多！

周　冲　（被压制下去）爸，我听说矿上对于这次受伤的工人不给一点抚恤金。

周朴园　（头一扬）我认为你这次说话说得太多了。（向蘩漪）这两年他学得很象你了。（看钟）十分钟后我还有一个客来，你们关于自己有什么话说么？

周　萍　爸，刚才我就想见您。

周朴园　哦，什么事？

周　萍　我想明天就到矿上去。

周朴园　这边公司的事，你交代完了么？

周　萍　差不多完了。我想请父亲给我点实在的事情做，我不想看看就完事。

周朴园　（停一下，看周萍）苦的事你成么？要做就做到底。我不愿意我的儿子叫旁人说闲话的。

周　萍　这两年在这儿做事太舒服，心里很想在内地乡下走走。

周朴园　让我想想。——（停）你可以明天起身，做哪一类事情，到了矿上我再打电报给你。

四凤由饭厅门入，端了碗普洱茶。

周　冲　（犹豫地）爸爸。

周朴园　（知道他又有新花样）嗯，你？

周　冲　我现在想跟爸爸商量一件很重要的事。

周朴园　什么？

周　冲　（低下头）我想把我的学费的一部分分出来。

周朴园　哦？

周　冲　（鼓起勇气）把我的学费拿出一部分送给——

四凤端茶，放在周朴园面前。

周朴园　四凤，——（向周冲）你先等一等。——（向四凤）叫你给太太煎的药呢？

鲁四凤　煎好了。

周朴园　为什么不拿来？

四凤看蘩漪，不说话。

周蘩漪　（觉得空气不对了）她刚才给我倒来了，我没有喝。

周朴园　为什么？（停，向四凤）药呢？

周蘩漪　（忙说）倒了，我叫四凤倒了。

周朴园　（慢）倒了？哦？——（向四凤）药还有么？

鲁四凤　药罐里还有一点。

周朴园　倒了来。
周蘩漪　（反抗地）我不愿意喝这种苦东西。
周朴园　（向四凤）倒了来。
　　　　四凤走到左面倒药。
周　冲　爸，妈不愿意，您何必这样强迫呢？
周朴园　你同你母亲都不知道自己的病在哪儿。（向蘩漪，低声）你喝了，就会完全好的。（见四凤犹豫，指药）送到太太那里去。
周蘩漪　（忍顺地）好，先放在这儿。
　　　　四凤放下药碗。
周朴园　（不高兴地）你最好现在喝了它吧。
周蘩漪　（忽然）四凤，你把它拿走。
周朴园　（忽然严厉地）喝了它，不要任性，当着这么大的孩子。
周蘩漪　（声颤）我不想喝。
周朴园　冲儿，你把药端到母亲面前去。
周　冲　（反抗地）爸！
周朴园　（怒视）去！
　　　　周冲只好把药端到蘩漪面前。
周朴园　说，请母亲喝。
周　冲　（拿着药碗，手发颤）爸，您不要这样。
周朴园　你说什么？
周　萍　（低头，至周冲前，低声）听爸爸的话吧，爸爸的脾气你是知道的。
周　冲　（含着泪，向着母亲）您喝吧，为我喝一点吧，要不然，父亲的气是不会消的。
周蘩漪　（恳求地）留着我晚上喝不成么？
周朴园　（冷峻地）蘩漪，当了母亲的人，处处应当替孩子着想，就是自己不保重身体，也应当替孩子做个服从的榜样。
周蘩漪　（望望周朴园，又望望周萍，拿起药又放下）不！我喝不下！
周朴园　萍儿，劝你母亲喝下去。
周　萍　爸！我——
周朴园　去，跪下，劝你的母亲。
周　萍　（走至蘩漪前；向周朴园，求恕地）爸爸！
周朴园　（高声）跪下！
　　　　周萍望着蘩漪；蘩漪泪痕满面。周冲气得发抖。
周朴园　叫你跪下！
　　　　周萍正要向下跪。

周繁漪　（望着周萍，急促地）我喝，我现在喝！（喝了两口，眼泪又涌出来，望一望周朴园的峻厉的眼和苦恼着的周萍，咽下愤恨，一气喝下）哦……（哭着，由右边饭厅跑下。）

半晌。

周朴园　（看表）还有三分钟。（向周冲）你刚才说的事呢？

周　冲　（抬头，慢慢地）什么？

周朴园　你说把你的学费分出一部分？——嗯，是怎么样？

周　冲　（低声）我现在没有什么事情啦。

周朴园　真没有什么新鲜的问题啦么？

周　冲　（哭声）没有什么，没有什么，——妈的话是对的。（跑向饭厅。）

周朴园　冲儿，上哪儿去？

周　冲　到楼上去看看妈。

周朴园　就这么跑了么？

周　冲　（抑制着自己，走回去）是，爸，我要走了，您有事吩咐么？

周朴园　去吧。

周冲向饭厅走了两步。

周朴园　回来。

周　冲　爸爸。

周朴园　你告诉你的母亲，说我已经请德国的克大夫来给她看病。

周　冲　妈不是已经吃了您的药了么？

周朴园　我看你的母亲，精神有点失常，病象是不轻。（回头向周萍）我看，你也是一样。

周　萍　爸，我想下去歇一会。

周朴园　不，你不要走。我有话跟你说。（向周冲）你告诉她，说克大夫是个有名的脑病专家，我在德国认识的。来了，叫她一定看一看，听见了没有？

周　冲　听见了。（走了两步）爸，没有事啦？

周朴园　上去吧。

周冲由饭厅下。

周朴园　（回头向四凤）四凤，我记得我告诉过你，这个房子你们没有事就不要待在这儿。

鲁四凤　是，老爷。（也由饭厅下。）

鲁贵由书房上。

鲁　贵　（弓着腰）老爷，客来了！

周朴园　先请到大客厅里去。

鲁　贵　是，老爷。（下。）

周朴园　怎么，这窗户谁开开了？
周　萍　弟弟跟我开的。
周朴园　关上。（擦眼镜）这屋子不要底下人随便进来，回头我预备一个人在这里休息的。
周　萍　是。
周朴园　（擦着眼镜，看周围的家具）这间屋子的家具多半是你生母顶喜欢的东西。我从南边移到北边，搬了多少次家，总是不肯丢下的。（戴上眼镜，咳嗽一声）这屋子摆的样子，我愿意总是三十年前的老样子，这叫我看着舒服一点。（踱到桌前，看桌上的相片）你的生母永远喜欢夏天把窗户关上的。
周　萍　（强笑）不过，爸爸，纪念母亲也不必……
周朴园　（突然抬起头来）我听人说你现在做了一件很对不起自己的事情。
周　萍　（惊）什——什么？
周朴园　（走到周萍的面前）你知道你现在做的事是对不起你的父亲么？并且——（停）——对不起你的母亲么？
周　萍　（失措）爸爸。
周朴园　（仁慈地）你是我的长子，我不愿意当着人谈这件事。（稍停，严厉地）我听说我在外边的时候，你这两年来在家里很不规矩。
周　萍　（更惊恐）爸，没有的事，没有。
周朴园　一个人敢做，就要敢当。
周　萍　（失色）爸！
周朴园　公司的人说你总是在跳舞场里鬼混，尤其是这两三个月，喝酒，赌钱，整夜地不回家。
周　萍　哦，（放下心）您说的是——
周朴园　这些事是真的么？（半晌）说实话！
周　萍　真的，爸爸。（红了脸。）
周朴园　将近三十的人应当懂得“自爱”！——你还记得你的名字为什么叫萍么？
周　萍　记得。
周朴园　你自己说一遍。
周　萍　那是因为母亲的名讳是侍萍，母亲临死，自己替我起的名字。
周朴园　那我请你为你的生母，把现在的行为完全改过来。
周　萍　是，爸爸，那是我一时的荒唐。

鲁贵由书房上。

鲁　贵　老爷。客人——等，等了好半天啦。
周朴园　知道。

鲁贵退。

周朴园　我的家庭是我认为最圆满，最有秩序的家庭，我的儿子我也认为都还是健全的子弟，我教育出来的孩子，我绝对不愿叫任何人说他们一点闲话的。

周　萍　是，爸爸。

周朴园　来人啦。（自语）哦，我有点累啦。

周萍扶周朴园至沙发坐下。

鲁贵上。

鲁　贵　老爷。

周朴园　你请客人到这边来坐。

鲁　贵　是，老爷。

周　萍　爸，您歇一会吧。

周朴园　不，你不要管。（向鲁贵）去，请进来。

鲁　贵　是，老爷。（下。）

周朴园拿出一支雪茄，周萍为他点上；周朴园徐徐抽烟，端坐。

——幕　落

生　词

1.铁纱	tiěshā	（名）	wire gauze
2.绿荫荫	lǜyīnyīn	（形）	形容树木浓绿而茂密。
3.蝉	chán	（名）	也叫"知了"。cicada
4.摆设	bǎishe	（名）	室内安放的供欣赏的艺术品。
5.调和	tiáohé	（形、动）	①配合得适当。②排解纠纷，使双方重归于好。③妥协、让步。
6.扇子	shànzi	（名）	fan
7.帷幔	wéimàn	（名）	帷幕。heavy curtain
8.古色古香	gǔ sè gǔ xiāng		形容古雅的色彩和情调。
9.逼（人）	bī(rén)	（动）	给人以威胁。
10.滤（药）	lǜ(yào)	（动）	使液体通过纱布或滤纸，除去杂质。课文里指滤去药渣。filter
11.举动	jǔd òng	（名、动）	动作；行动。
12.爽快	shuǎngkuai	（形）	①舒适痛快。②直爽。
13.萎缩	wěisuō	（动）	①（身体、草木等）干枯。②（经济）衰退。
14.肿	zhǒug	（动）	swell; be swollen
15.松弛	sōngchí	（形）	①肌肉不紧。②（制度、纪律等）执行不严格。
16.公馆	gōngguǎn	（名）	官员、富人的住宅。
17.仆人	púrén	（名）	servant

18.礼节	lǐjié	(名)	etiquette
19.驼背	tuóbèi	(名)	人的脊柱向后拱起。hunch-back
20.贪婪	tānlán	(形)〈书〉	贪得无厌，不知满足。
21.窥视	kuīshì	(动)	暗中察看。
22.抹布	mābù	(名)	擦器物用的布块等。a piece of rag to clear things with
23.刷	shuā	(动)	brush
24.经意	jīngyì	(形)	经心；留意。
25.手下	shǒuxià	(名)	①个人的经济情况。②伸手可以拿到的地方。
26.赏钱	shǎngqian	(名)	赏给人的钱。money reward
27.零零碎碎	línglíngsuìsuì	(形)	指小量的；琐碎不完整的。
28.赌	dǔ	(动)	赌博。gamble
29.使唤	shǐhuan	(动)	①叫人替自己做事。②使用。
30.厌恶	yànwù	(动)	(对人或事物)产生很大反感。
31.出息	chūxi	(名)	指发展前途或志气。
32.面子	miànzi	(名)	情面；体面。
33.矿(上)	kuàng(shang)	(名)	开采矿物的场所。
34.滔滔(地)	tāotāo(de)	(形)	①形容大水滚滚。②比喻话多，连续不断。
35.老(大的)*	lǎo(dàde)	(副)	①一直；经常。②很，极。
36.上上下下	shàngshàngxiàxià		总称不同地位、级别、辈分的人。
37.呱呱叫	guāguājiào	(形)〈口〉	形容极好。
38.求情	qiúqíng	(动)	请求对方答应或宽恕。
39.轻蔑	qīngmiè	(形)	轻视，不放在眼里。
40.打岔	dǎchà	(动)	打断别人的说话或工作。
41.泡(茶)	pào(chá)	(动)	用沸水泡开茶叶。
42.赌咒	dǔzhòu	(动)	发誓。take an oath; swear
43.亲生	qīnshēng	(形)	自己生育的或生育自己的。one's own (children or parent's)
44.瞎话	xiāhuà	(名)	不真实的话。lie
45.心思	xīnsi	(名)	念头，心里的打算。
46.假门假事	jiǎ men jiǎ shì	〈口〉	故意装出一种姿态来掩饰真相。
47.恼羞	nǎoxiū	(形)	由于羞愧而恼恨。
48.怒气	nùqì	(名)	愤怒的情绪。
49.来着*	láizhe	(助)〈口〉	用在句尾表示某一情况在不久以前发生过。
50.恐吓	kǒnghè	(动)	以要挟的话或手段威胁人，吓唬。
51.女婿	nǚxu	(名)	①女儿的丈夫。②〈口〉丈夫。

52.魁伟	kuíwěi	(形)	(身体)强壮高大。
53.倔强	juéjiàng	(形)	(性情)刚强不屈。
54.对照	duìzhào	(动)	contrast; compare
55.有点(儿)*	yǒudiǎnr	(副)	略微,稍微(多用于不如意的事情)。
56.口吃	kǒuchī	(形)	结巴。stammer
57.词锋	cífēng	(名)	犀利的文笔,好象刀剑的锋芒。
58.锐利	ruìlì	(形)	①(刀锋等)尖而快。②(目光、言论、文笔等)尖锐。
59.煽动	shāndòng	(动)	鼓动(别人去做坏事)。
60.蓄	xù	(动)	积存。save up; store up
61.油渍	yóuzì	(名)	积在物体上面难以除去的油垢等。
62.张罗	zhāngluo	(动)	①料理。②筹划。
63.事由	shìyóu	(名)	①事情的原委。②公文用语,指本件公文的主要内容。③〈方〉(～儿)职业;工作。
64.操心	cāo xīn		费心考虑和料理。
65.理直气壮	lǐ zhí qì zhuàng		理由充分,说话有气势。
66.步伐	bùfá	(名)	指队伍行进时脚步的大小快慢。课文里指走路时腿的动作。
67.阔气	kuòqi	(形)	豪华奢侈。
68.闹鬼	nào guǐ		①发生鬼怪作祟的事情,是一种迷信说法。②比喻背地里做坏事。
69.报应	bàoyìng	(名)	佛教用语,原指种善因得善果,种恶因得恶果,后专指种恶因得恶果。retribution
70.腋下	yèxià	(名)	俗称"胳肢窝"。armpit
71.空想	kōngxiǎng	(名)	fantasy; fancy
72.张望	zhāngwàng	(动)	向四周看。
73.打发	dǎfa	(动)	①派(出去)。②使离去。③消磨(时间)。
74.嘲弄	cháonòng	(动)	嘲笑和戏弄。mock
75.自负	zìfù	(形)	自以为了不起。
76.造化	zàohua	(名)	福气;运气。good fortune; good luck
77.发毛	fāmáo	(动)〈口〉	①害怕;惊慌。②〈方〉发脾气。
78.啾啾	jiūjiū	(象声)	形容许多小鸟一齐叫的声音。这里是形容凄厉的叫声或哭声。
79.恍恍惚惚	huǎnghuanghūhū	(形)	①神志不清;精神不集中。②(记得、听得、看得)不真切,不清楚。

80.飕	sōu	(象声)	形容很快通过的声音。
81.轻描淡写	qīng miáo dàn xiě		着力不多地描写和叙述；谈论事情时把重要部分轻轻带过。
82.变色	biànsè	(动)	①改变颜色。②改变脸色。
83.往日	wǎngrì	(名)	从前。
84.惧悔交集	jù huǐ jiāojí		惧怕和悔恨同时出现，合在一起。
85.抚(着)	fǔ(zhe)	(动)	抚摩。
86.告假	gào jià		请假。ask for leave
87.装蒜	zhuāng suàn	〈口〉	装胡涂；装腔作势。
88.胡来	húlái	(动)	①不按规矩，任意乱做。②胡闹；胡作非为。
89.谛听	dìtīng	(动)〈书〉	仔细听。
90.锁眼	suǒyǎnr	(名)	锁上插钥匙的小孔。锁：lock
91.轮廓	lúnkuò	(名)	①构成图形或物体的外缘的线条。②(事情的)概况。
92.眉目	méimù	(名)	①眉毛和眼睛，泛指容貌。②(文字、文章的)脉络、条理。
93.失望	shīwàng	(动)	① lose hope ② disappointed
94.抑制*	yìzhì	(动)	压下去，控制。
95.文弱	wénruò	(形)	形容举止文雅，身体柔弱，多用来形容有文化的人。
96.明慧	mínghuì	(形)〈书〉	聪明。
97.按捺	ànnà	(动)	抑制。
98.翻腾	fānteng	(动)	①上下滚动。②翻动。
99.蛮劲(儿)	mánjìnr	(名)〈口〉	粗野的情态。
100.沉静	chénjìng	(形)	①(性格、心情、神色)安静、平静。②寂静。
101.晚霞	wǎnxiá	(名)	sunset glow
102.大前天	dàqiántiān	(名)	前天的前一天。three days ago
103.收敛	shōuliǎn	(动)	①(笑容、光线等)减弱或消失。②减轻放纵的程度。
104.失言	shīyán		无意中说出不该说的话。
105.嗫嚅	nièrú	(形)〈书〉	形容想说话而又吞吞吐吐不敢说出来的样子。
106.叨叨	dāodao	(动)	没完没了地说。
107.煎	jiān	(动)	①烹饪方法之一。②把中药放进水里煮，使所含成分进入水中。
108.账房	zhàngfáng	(名)	①旧时企业单位中或有钱人家中管理银钱货物出入的处所。②在账

			房里管理钱财货物出入的人。
109.里里外外	lǐlǐ wàiwài		里面和外面；从里面到外面。
110.发(了)霉	fā(le)méi		go mouldy
111.目不转睛	mù bù zhuǎn jīng		眼球不转动地(看)。
112.希冀	xījì	(动)〈书〉	希望得到。
113.疑惧	yíjù	(动)	疑虑而恐惧。
114.兴会	xìnghuì	(名)	因偶然有所感受而发生的意趣。a sudden flash of inspiration
115.娇生惯养	jiāo shēng guàn yǎng		从小被宠爱纵容。
116.惊愕	jīng'è	(形)〈书〉	吃惊而发愣。
117.福气	fúqi	(名)	happy lot
118.主张	zhǔzhāng	(动、名)	①对于如何行动持有某种见解。②对于如何行动所持有的见解。
119.高贵	gāoguì	(形)	①noble; honourable ②privileged
120.虚伪	xūwěi	(形)	不真实；不实在；做假。
121.波折	bōzhé	(名)	事情进行中所发生的曲折。
122.敬重	jìngzhòng	(动)	恭敬尊重。
123.沮丧	jǔsàng	(形)	灰心失望。
124.板(起)脸	bǎn(qǐ)liǎn		脸上表情严肃。
125.清秀	qīngxiù	(形)	美而不俗。
126.闪烁	shǎnshuò	(动)	①(光亮)动摇不定，忽明忽暗。②(说话)稍微露一点想法，但不肯说明确。
127.怯弱	qièruò	(形)	胆小软弱。
128.铸成	zhùchéng	(动)	造成。
129.冲动	chōngdòng	(名)	①能引起某种动作的神经兴奋。②感情特别强烈，理性控制很薄弱的心理现象。
130.欲望	yùwàng	(名)	想得到某种东西或想达到某种目的的要求。desire; wish
131.理智	lǐzhì	(名)	sense; reason
132.漩涡	xuánwō	(名)	①(～儿)流体旋转时形成的螺旋形。whirlpool; eddy ②比喻牵累人的事情。
133.羡慕	xiànmù	(动)	admire; enry
134.顾忌	gùjì	(动)	恐怕对人或对事不利而有顾虑。
135.依循	yīxún	(动)	依照，按照。

136.无瑕	wú xiá		比喻没有缺点。
137.拯救	zhěngjiù	(动)	救助。
138.苦海	kǔhǎi	(名)	原是佛教用语，后来比喻很困难的环境。 sea of bitterness; abyss of misery
139.潜伏	qiánfú	(动)	隐藏；埋伏。
140.共鸣	gòngmíng	(名)	①resonance②由别人的某种情绪引起的相同的情绪。 sympathetic response
141.纵酒	zòngjiǔ	(动)	任意饮酒，不加节制。
142.沉湎	chénmiǎn	(动)〈书〉	沉溺。
143.藏青	zàngqīng	(形)	dark blue
144.呵欠	hāqian	(名)	也作"哈欠"。yawn
145.椭圆形	tuǒyuánxíng	(形)	elliptic; oval
146.沉鸷	chénzhì	(形)	深沉而凶猛。
147.格外*	géwài	(副)	especially
148.威严	wēiyán	(形、名)	①有威力而又严肃的样子。②威风。
149.峻厉	jùnlì	(形)〈书〉	严厉。
150.专横	zhuānhèng	(形)	专断强横。
151.自是	zìshì	(动)	自以为是，自以为正确。
152.领扣	lǐngkòu		衣领上的扣子。扣子：knot; button
153.松散	sōngsǎn	(动)	(事物结构)不紧密。课文里是松开的意思。
154.颈(上)	jǐng(shang)	(名)	脖子(上)。neck
155.尘垢	chéngòu	(名)	灰尘和污垢。
156.伛偻	yǔlǚ	(形)〈书〉	腰背弯曲。
157.润泽	rùnzé	(形)	①滋润；不干枯。②使滋润。
158.昔日	xīrì	(名)	往日；从前。
159.丰采	fēngcǎi	(名)〈书〉	(美好的)仪表举止。也作"风采"。
160.呈(着)	chéng(zhe)	(动)	具有(某种形式)；呈现(某种颜色)。
161.背景	bèijǐng	(名)	background
162.脑筋	nǎojīn	(名)	①指思考、记忆力等。②指意识。
163.不关痛痒	bù guān tòngyǎng		无关紧要。痛痒：比喻紧要的事。
164.时髦	shímáo	(形)	fashionable
165.享福	xiǎng fú		生活得安乐美好；享受幸福。
166.自命	zìmìng	(动)	自以为有某种品格、身分等。
167.半瓶醋	bànpíngcù	(名)〈口〉	比喻对某种知识或技能了解得不多的人。dabbler; smatterer

168.抚恤金	fǔxùjīn	(名)	国家或组织发给因公受伤或残废的人员、或因公牺牲以及病故的人员的家属的费用。
169.压制*	yāzhì	(动)	竭力限制或制止。
170.内地	nèidì	(名)	距离边疆(或沿海)较远的地区。inland
171.药罐	yàoguàn	(名)	煎中药的罐子。
172.反抗	fǎnkàng	(动)	rovolt; resist
173.保重*	bǎozhòng	(动)	珍惜重视。
174.求恕	qiú shù		求得原谅，请求宽容。
175.急促	jícù	(形)	①快而短促。②时间短促。
176.愤恨	fènhèn	(形)	愤慨痛恨。
177.强笑	qiángxiào	(形)	勉强地笑。
178.失措	shīcuò	(动)	举动失常，不知怎么办才好。
179.仁慈	réncí	(形)	benevolent; kind
180.鬼混	guǐhùn	(动)	①没有目的胡里胡涂地生活。②过不正当的生活。
181.自爱	zì'ài	(动)	爱惜自己的身体、名誉。
182.名讳	mínghuì	(名)	旧时指尊长或所尊敬的人的名字。
183.荒唐	huāngtang	(形)	①(思想、言行)错误到了使人觉得奇怪的程度。②(行为)放荡没有节制。
184.秩序	zhìxù	(名)	order
185.健全	jiànquán	(形)	强健而没有缺陷。sound; perfect

注　　释

1.曹禺(1910—　)——中国现代著名剧作家。原名万家宝。主要剧作有《雷雨》《日出》《北京人》《原野》《王昭君》等。

2.《雷雨》——以具有血缘关系的周、鲁两家错综复杂的爱情纠葛为线索，描写一个资产阶级家庭的悲惨故事。

3.吕宋烟——cigar

4.纺绸——丝织物的一种。

5.袖管——袖子。

6.芭蕉扇——palm-leaf fan

7.帮主儿——受人雇佣，伺候主人。

8.讲脸——爱面子，讲体面。

9.底下人——仆人。

10.穷骨头——辱骂人的话。指穷苦的人。

11.女学堂——女子学校。
12.当老妈——作女仆。
13.倒霉蛋、王八蛋、混蛋、混账——都是粗野的骂人的话。
14.工头——资本家雇用来监督工人劳动的人。
15.普洱茶——云南普洱产的一种茶。
16.小当差——旧社会称供人役使作零星杂活的人。
17.打粗的——做粗活的人。
18.圆不下这个脸——挽回不了面子。
19.卷铺盖滚蛋——辞退(骂人的话)。
20.团扇——圆形的扇子。
21.肝郁——一种肝病。
22.老方子——过去用过的药方。
23.扇面——折扇或团扇的面儿。
24.雪茄(jiā)——cigar

词 语 例 解

什么脸不脸

“什么”用来表示不同意上文或对方刚说的某一句话，常见的格式是：

一、什么A “A”指引述上文或对方的话。例如：

1.什么没时间！他不愿意参加罢了。

2.什么不懂！他是故意装的。

二、什么A不A(的) 这种格式往往不仅是表示不同意所引述的上文或对方说的话，还带有轻蔑的意味。例如：

3.什么条件不条件的，没有条件可以创造条件嘛！

4.什么美不美的，经济实用就行了。

我还抱老大的委屈呢

一、老＋形(单音节)＋的 表示程度高，跟“很”的意思相近。例如：

1.他心里老大的不痛快，总想找个机会发泄一下。

2.两个月没理发，头发胡子都老长了。

3.太阳都老高了，他还没有起床。

4.我在老远的地方，就听见你唱歌了。

二、老＋动 表示动作、行为或状态在一段较长的时间里一直持续或不断重复，跟“总”“一直”的意思相近。例如：

5.李明想买一本合用的《汉英词典》，可是老也买不着。

6.祥子老想自己有一辆车，不再受车厂老板的气。

7.这些天老下雨，真讨厌。

你干什么来着　你看见来着

“来着”只见于北京口语，用在句尾，表示曾经发生过什么事情。例如：

1.刚才谁打电话来着？

2.昨天我们去香山看红叶来着。

3.还记得你小时候是怎么淘气来着吗？

4.我原先会打算盘来着。

“来着”只用于已经发生的事情，因此没有否定句，不能说“我过去没有看过你来着”。

他说话微微有点(儿)口吃似的

一、有点(儿)+形/动　表示程度不深。例如：

1.你这样提问题未免显得有点儿冒失。

2.他听了这些话，有点儿生气。

二、有点(儿)+名　格式里的“有点儿”不是副词，而是“动+量”，表示数量不大，或程度不深。例如：

3.你衣服上有点儿油渍。

4.看来这件事还有点儿希望。

桌子上点着一支要灭不灭的洋蜡烛

副词“要”表示动作、事件即将发生，和“不”搭配，表示动作、状态即将出现但还没有出现。例如：

1.他吞吞吐吐要说不说，真急人！

2.时间不早了，别再这样要走不走的了！

他喝酒喝得很多

“得”放在动词或形容词之后引出补语。如果是动宾结构加“得”后面带补语，就需要重复动词。如：他讲话讲得很快/他唱歌唱得很好听/陈祖德下围棋下得真有功夫。

格外　分外

一、这两个副词都能用在形容词和表示心理状态的动词前，表示程度高。在这个意义上，二者往往可以互换。例如：

1.这一年的冬天格外/分外寒冷。

2.刚下过一场雨，树上的叶子显得格外/分外青翠。

3.见到多年不见的老朋友，他今天格外/分外欢喜。

二、“格外”还能修饰其他动词，表示“另外”的意思。这时不能换用“分外”。例如：

4.人太多，大轿车装不下了，格外找了一辆小面包车。

三、“分外”还可以用作形容词，表示“本分以外”，和“分内”相对。“格外”无此用法。例如：

5.他走到哪儿，好事做到哪儿。他一心想着为大家服务，从来没想过什么是“分内”的事，什么是“分外”的事。

保重　保护　保养

这三个词都有尽力照顾，使不受损伤的意思，但是侧重点不同，使用的对象也不同。“保重”侧重于珍重爱护，多用于希望别人注意身体，注意安全。如：“旅途中请多保重”。“保护”侧重于护卫照顾，使不受损害。对象多是人或事物。如“保护视力”“注意劳动保护”“保护珍稀野生动物”。“保养”侧重于保护调养，维护修理。如“保养身体”“保养机器”“保养公路”。

压制　抑制

这两个动词都有用力量限制、控制，使其不能随便活动的意思。但二者在轻重程度和使用对象方面又有不同。

“压制”着重指用强力（职权和精神力量）制止、限制，不让活动。程度比“抑制”重。对象常是民主、批评、运动、积极性等。例如：

1.压制不同意见是违背民主原则的。

2.如果工人的积极性受到压制，生产就上不去，工厂就办不好。

“抑制”着重指用较大的力量（精神、理智等）按压、控制使不能充分表露或活动。对象常是精神、感情。例如：

3.同学们抑制不住内心的喜悦，欢呼跳跃起来。

4.她尽力抑制自己的感情，没有让眼泪流下来。

练　　习

一、造句：

1.来着　2.不见得　3.老（副）　4.古色古香　5.轻描淡写

6.格外　7.里里外外　8.抑制　9.保重　10.有点（儿）

二、填量词：

1.一____门　2.一____抹布　3.一____沙发　4.一____毛巾

5.两____薄薄的嘴唇　6.一____纺绸裤褂　7.一____芭蕉扇

8.一____矮几　9.吃了一____饭　10.叹了一____气

11.抓了一____药　12.谈了一____话　13.长了一____痱子

14.出了一____汗

三、填上宾语：

1.揩（　）　2.煎（　）　3.擦（　）　4.搬（　）　5.壮（　）

6.赌（　）　7.罢（　）　8.求（　）　9.骗（　）　10.赏（　）

四、找出下列各词的同义词：

1.恳求　　2.聪明　　3.热情　　4.轻蔑　　5.惊讶

6.打量　　7.洁净　　8.假意　　9.谛听　　10.威严

五、选择适当的词作状语（恳求、自负、轻蔑、嘲弄、高兴、严肃、严厉、理直气壮、惊愕、惊讶、得意、焦灼）：

1.（　　）地说："留着我晚上喝不成吗？"

2.（　　）地说："您答应我的要求了！"

3.（　　）地说："这里的事我全包了，你别管了！"

4.（　　）地说："您大概是没钱花了吧？我可用不着小心，我现在钱也没有了，还用得着小心！"

5.（　　）地说："你是我的长子，我不愿意当着人谈这件事。"

6.（　　）地说："我是工人的代表，我要代表工人和他谈判。"

7.（　　）地说："怎么？我的孩子，你竟爱上一个下等人！"

8.（　　）地说："这是我的造化。"

9.（　　）地说："您不同意我的要求吗？"

10.（　　）地说："您知道我的事了，您生我的气了！"

六、简单介绍以下几个剧中人：

1.鲁妈　　2.蘩漪　　3周冲　　4.鲁大海

七、回答问题：

1.鲁贵为什么总是向四凤要钱？

2.周朴园为什么逼着蘩漪吃药？

3.周冲为什么要帮助四凤上学？

4.鲁大海为什么恨周朴园？

5.周朴园对周萍说了些什么？

八、通读全剧，写一点感想。

第二十七课　范进中举

吴敬梓

范进进学回家，母亲、妻子俱各欢喜。正待烧锅做饭，只见他丈人胡屠户，手里拿着一副大肠和一瓶酒，走了进来。范进向他作揖，坐下。胡屠户道："我自倒运，把个女儿嫁与你这现世宝，历年以来，不知累了我多少。如今不知因我积了甚么德，带挈你中了个相公，我所以带个酒来贺你。"范进唯唯连声，叫浑家把肠子煮了，汤起酒来，在茅草棚下坐着。母亲自和媳妇在厨下造饭。胡屠户又吩咐女婿道："你如今既中了相公，凡事要立起个体统来。比如我这行事里，都是些正经有脸面的人，又是你的长亲，你怎敢在我们跟前装大？若是家门口这些做田的，扒粪的，不过是平头百姓，你若同他拱手作揖，平起平坐，这就是坏了学校规矩，连我脸上都无光了。你是个烂忠厚没用的人，所以这些话我不得不教导你，免得惹人笑话。"范进道："岳父见教的是。"胡屠户又道："亲家母也来这里坐着吃饭。老人家每日小菜饭，想也难过。我女孩儿也吃些。自从进了你家门，这十几年，不知猪油可曾吃过两三回哩！可怜！可怜！"说罢，婆媳两个都来坐着吃了饭。吃到日西时分，胡屠户吃的醺醺的。这里母子两个，千恩万谢。屠户横披了衣服，腆着肚子去了。

次日，范进少不得拜拜乡邻。魏好古又约了一班同案的朋友，彼此来往。因是乡试年，做了几个文会。不觉到了六月尽间，这些同案的人约范进去乡试。范进因没有盘费，走去同丈人商议，被胡屠户一口啐在脸上，骂了一个狗血喷头，道："不要失了你的时了！你自己只觉得中了一个相公，就'癞哈蟆想吃起天鹅肉'来！我听见人说，就是中相公时，也不是你的文章，还是宗师看见你老，不过意，舍与你的。如今痴心就想中起老爷来！这些中老爷的都是天上的'文曲星'！你不看见城里张府上那些老爷，都有万贯家私，一个个方面大耳？象你这尖嘴猴腮。也该撒泡尿自己照照！不三不四，就想天鹅屁吃！趁早收了这心，明年在我们行事里替你寻一个馆，每年寻几两银子，养活你那老不死的老娘和你老婆是正经！你问我借盘缠，我一天杀一个猪还赚不得钱把银子，都把与你去丢在水里，叫我一家老小喝西北风！"一顿夹七夹八，骂的范进摸门不着。辞了丈人回来，自心里想："宗师说我火候已到，自古无场外的举人，如不进去考他一考，如何甘心？"因向几个同案商议，瞒着丈人，到城里乡试。出了场，即便回家。家里已是饿了两三天。被胡屠户知道，又骂了一顿。

到出榜那日，家里没有早饭米，母亲吩咐范进道："我有一只生蛋的母鸡，你快拿集上去卖了，买几升米来煮餐粥吃，我已是饿的两眼都看不见了。”范进慌忙抱了鸡，走出门去。才去不到两个时辰，只听得一片声的锣响，三匹马闯将来。那三个人下了马，把马拴在茅草棚上，一片声叫道：“快请范老爷出来，恭喜高中了！”母亲不知是甚事，吓得躲在屋里；听见中了，方敢伸出头来，说道：“诸位请坐，小儿方才出去了。”那些报录人道：“原来是老太太。”大家簇拥着要喜钱。正在吵闹，又是几匹马，二报、三报到了，挤了一屋的人，茅草棚地下都坐满了。邻居都来了，挤着看。老太太没奈何，只得央及一个邻居去寻他儿子。

那邻居飞奔到集上，一地里寻不见；直寻到集东头，见范进抱着鸡，手里插个草标，一步一踱的，东张西望，在那里寻人买。邻居道：“范相公，快些回去！你恭喜中了举人，报喜人挤了一屋里。”范进道是哄他，只装不听见，低着头往前走。邻居见他不理，走上来，就要夺他手里的鸡。范进道：“你夺我的鸡怎的？你又不买。”邻居道：“你中了举了，叫你家去打发报子哩。”范进道：“高邻，你晓得我今日没有米，要卖这鸡去救命，为甚么拿这话来混我？我又不同你玩，你自回去罢，莫误了我卖鸡。”邻居见他不信，劈手把鸡夺了，掼在地下，一把拉了回来。报录人见了道：“好了，新贵人回来了。”正要拥着他说话，范进三两步走进屋里来，见中间报贴已经升挂起来，上写道：“捷报贵府老爷范讳进高中广东乡试第七名亚元。京报连登黄甲。”

范进不看便罢，看了一遍，又念一遍，自己把两手拍了一下，笑了一声，道：“噫！好了！我中了！”说着，往后一交跌倒，牙关咬紧，不省人事。老太太慌了，慌将几口开水灌了过来。他爬将起来，又拍着手大笑道：“噫！好！我中了！”笑着，不由分说，就往门外飞跑，把报录人和邻居都吓了一跳。走出大门不多路，一脚踹在塘里，挣起来，头发都跌散了，两手黄泥，淋淋漓漓一身的水。众人拉他不住，拍着笑着，一直走到集上去了。众人大眼望小眼，一齐道：“原来新贵人欢喜疯了。”老太太哭道：“怎生这样苦命的事！中了一个甚么举人，就得了这个拙病！这一疯了，几时才得好？”娘子胡氏道：“早上好好出去，怎的就得了这样的病！却是如何是好？”众邻居劝道：“老太太不要心慌。我们而今且派两个人跟定了范老爷。这里众人家里拿些鸡蛋酒米，且管待了报子上的老爹们，再为商酌。”

当下众邻居有拿鸡蛋来的，有拿白酒来的，也有背了斗米来的，也有捉两只鸡来的。娘子哭哭啼啼，在厨下收拾齐了，拿在草棚下。邻居又搬些桌凳，请报录的坐着吃酒，商议他这疯了，如何是好。报录的内中有一个人道：“在下倒有一个主意，不知可以行得行不得？”众人问：“如何主意？”那人道：“范老爷平日可有最怕的人？他只因欢喜狠了，痰涌上来，迷了心窍。如今只消他怕的这个人来打他一嘴巴，说：‘这报录的话都是哄你，你并不曾中。’他吃这一吓，把痰吐了出来，就明白了。”众邻都拍手道：“这个主意好得紧，妙得紧！范老爷怕的，莫过于肉案子上胡老爹。好了！快寻胡老爹来。他想是还不知道，在集上卖肉哩。”又一个道："在集上卖肉，他倒好知道了；他从五更鼓就往东头集上迎猪，还不曾回来。快些迎着去寻他。"

一个人飞奔去迎，走到半路，遇着胡屠户来，后面跟着一个烧汤的二汉，提着七八斤肉，四五千钱，正来贺喜。进门见了老太太，老太太大哭着告诉了一番。胡屠户诧异道："难道这等没福？"外边人一片声请胡老爹说话。胡屠户把肉和钱交与女儿，走了出来。众人如此这般，同他商议。胡屠户作难道："虽然是我女婿，如今却做了老爷，就是天上的星宿。天上的星宿是打不得的！我听得斋公们说：打了天上的星宿，阎王就要拿去打一百铁棍，发在十八层地狱，永不得翻身。我却是不敢做这样的事！"邻居内一个尖酸人说道："罢么！胡老爹，你每日杀猪的营生，白刀子进去，红刀子出来，阎王也不知叫判官在簿子上记了你几千条铁棍；就是添上这一百棍，也打甚么要紧？只恐把铁棍子打完了，也算不到这笔帐上来。或者你救好了女婿的病，阎王叙功，从地狱里把你提上第十七层来，也不可知。"报录的人道："不要只管讲笑话。胡老爹，这个事须是这般，你没奈何，权变一权变。"屠户被众人局不过，只得连斟两碗酒喝了，壮一壮胆，把方才这些小心收起，将平日的凶恶样子拿出来，卷一卷那油晃晃的衣袖，走上集去。众邻居五六个都跟着走。老太太赶出来叫道："亲家，你只可吓他一吓，却不要把他打伤了！"众邻居道："这自然，何消吩咐。"说着，一直去了。

来到集上，见范进正在一个庙门口站着，散着头发，满脸污泥，鞋都跑掉了一只，兀自拍着掌，口里叫道："中了！中了！"胡屠户凶神似的走到跟前，说道："该死的畜生！你中了甚么？"一个嘴巴打将去。众人和邻居见这模样，忍不住的笑。不想胡屠户虽然大着胆子打了一下，心里到底还是怕的，那手早颤起来，不敢打到第二下。范进因这一个嘴巴，却也打晕了，昏倒于地。众邻居一齐上前，替他抹胸口，捶背心，舞了半日，渐渐喘息过来，眼睛明亮，不疯了。众人扶起，借庙门口一个外科郎中的板凳上坐着。胡屠户站在一边，不觉那只手隐隐的疼将起来；自己看时，把个巴掌仰着，再也弯不过来。自己心里懊恼道："果然天上'文曲星'是打不得的，而今菩萨计较起来了。"想一想，更疼的狠了，连忙问郎中讨了个膏药贴着。

范进看了众人，说道："我怎么坐在这里？"又道："我这半日，昏昏沉沉，如在梦里一般。"众邻居道："老爷，恭喜高中了。适才欢喜的有些引动了痰，方才吐出几口痰来，好了。快请回家去打发报录人。"范进说道："是了。我也记得是中的第七名。"范进一面自绾了头发，一面问郎中借了一盆水洗洗脸。一个邻居早把那一只鞋寻了来，替他穿上。见丈人在跟前，恐怕又要来骂。胡屠户上前道："贤婿老爷，方才不是我敢大胆，是你老太太的主意，央我来劝你的。"邻居内一个人道："胡老爹方才这个嘴巴打的亲切，少顷范老爷洗脸，还要洗下半盆猪油来！"又一个道："老爹，你这手明日杀不得猪了。"胡屠户道："我那里还杀猪！有我这贤婿，还怕后半世靠不着也怎的？我每常说，我的这个贤婿，才学又高，品貌又好，就是城里头那张府、周府这些老爷，也没有我女婿这样一个体面的相貌。你们不知道，得罪你们说，我小老这一双眼睛，却是认得人的。想着先年，我小女在家里长到三十多岁，多少有钱的富户要和我结亲，我自己觉得女儿象有些福气的，毕竟要嫁与个老爷，今日果然不错！”说罢，哈哈大笑。众人都笑起来。看着范进洗了脸，郎中又拿茶来吃了，一同回家。范举人先走，屠户和邻居跟在后面。屠户见女婿衣裳后襟滚皱了许多，一路低着头替他扯了几十回。

到了家门，屠户高声叫道："老爷回府了！”老太太迎着出来，见儿子不疯，喜从天降。众人问报录的，已是家里把屠户送来的几千钱打发他们去了。范进拜了母亲，也拜谢丈人。胡屠户再三不安道："些须几个钱，不够你赏人。”范进又谢了邻居。正待坐下，早看见一个体面的管家，手里拿着一个大红全帖，飞跑了进来："张老爷来拜新中的范老爷。”说毕，轿子已是到了门口。胡屠户忙躲进女儿房里，不敢出来。邻居各自散了。

范进迎了出去，只见那张乡绅下了轿进来，头戴纱帽，身穿葵花色圆领，金带、皂靴。他是举人出身，做过一任知县的，别号静斋，同范进让了进来，到堂屋内平磕了头，分宾主坐下。张乡绅先攀谈道："世先生同在桑梓，一向有失亲近。”范进道："晚生久仰老先生，只是无缘，不曾拜会。”张乡绅道："适才看见题名录，贵房师高要县汤公，就是先祖的门生，我和你是亲切的世弟兄。”范进道："晚生侥幸，实是有愧。却幸得出老先生门下，可为欣喜。”张乡绅四面将眼睛望了一望，说道："世先生果是清贫。”随在跟的家人手里拿过一封银子来，说道："弟却也无以为敬，谨具贺仪五十两，世先生权且收着。这华居其实住不得，将来当事拜往，俱不甚便。弟有空房一所，就在东门大街上，三进三间，虽不轩敞，也还干净，就送与世先生；搬到那里去住，早晚也好请教些。”范进再三推辞，张乡绅急了，道："你我年谊世好，就如至亲骨肉一般；若要如此，就是见外了。”范进方才把银子收下，作揖谢了。又说了一会，打躬作别。胡屠户直等他上了轿，才敢走出堂屋来。

范进即将这银子交与浑家打开看，一封一封雪白的细丝锭子，即便包了两锭，叫胡屠户进来，递与他道："方才费老爹的心，拿了五千钱来。这六两多银子，老爹拿了去。”屠户把银子攥在手里紧紧的，把拳头舒过来，道："这个，你且收着。我原是贺你的，怎好又拿了回去？”范进道："眼见得我这里还有这几两银子，若用完了，再来问老爹讨来用。”屠户连忙把拳头缩了回去，往腰里揣，口里说道："也罢，你而今相与了这个张老爷，何愁没有银子用？他家里的银子，说起来比皇帝家还多些哩！他家就是我卖肉的主顾，一年就是无事，肉也要用四五千斤，银子何足为奇！”又转回头来望着女儿，说道："我早上拿了钱来，你那该死行瘟的兄弟还不肯，我说：'姑老爷今非昔比，少不得有人把银子送上门来给他用，只怕姑老爷还不希罕。'今日果不其然！如今拿了银子家去，骂这死砍头短命的奴才！"说了一会，千恩万谢，低着头，笑迷迷的去了。

（《儒林外史》节选）

生　　词

1.中举	zhòngjǔ		考中了举人。明、清科举制度规定三年举行一次乡试，在各省举行。乡试考中的叫举人。
2.丈人	zhàngren	（名）	妻子的父亲，又称岳父、岳丈。
3.屠户	túhù	（名）	旧时指以宰杀牲畜为业的人。butcher
4.大肠	dàcháng	（名）	large intestine
5.作揖	zuōyī		一种礼节。两手抱拳拱起，身子略弯。
6.倒运	dǎo yùn	〈方〉	倒霉。
7.以来*	yǐlái	（方位）	表示从过去某时直到说话时的一段时期。
8.积德	jī dé		迷信的人指为了求福而做好事。
9.带挈	dàiqiè	（动）	携带；带领。
10.唯唯	wěiwěi	（象声）〈书〉	接连答应的声音。
11.体统	tǐtǒng	（名）	应有的规矩、体制、仪式。
12.正经	zhèngjing	（形）	正派。
13.长亲	zhǎngqīn	（名）	长辈。
14.装大	zhuāng dà		摆架子。
15.拱手	gǒng shǒu		两手在胸前相抱，表示敬意。
16.平起平坐	píng qǐ píng zuò		比喻地位、身分相等。
17.烂忠厚	lànzhōnghòu	（形）	比喻忠厚过分。"烂"也作"滥"。
18.见教*	jiàn jiào	（动）〈书〉	指教（我）。"见"用在动词前面表示对我怎么样。
19.亲家母	qìngjiāmǔ	（名）	儿子的丈母或女儿的婆婆。
20.猪油	zhūyóu	（名）	lard
21.可（曾）*	kě(céng)	（副）〈书〉	表示疑问。
22.千恩万谢	qiān ēn wàn xiè		再三感谢。
23.腆	tiǎn	（动）〈方〉	凸出或挺起（胸腹）。
24.少不得*	shǎo bu dé		少不了。
25.盘费	pánfèi	（名）	路费。
26.商议	shāngyì	（动）	为了对某些问题取得一致的意见而进行讨论。

27.啐	cuì	(动)	spit
28.不过意*	bù guò yì		心中不安，感到抱歉，过意不去。
29.舍(与)	shě(yǔ)	(动)	施舍(给)，赏(给)。
30.痴心	chīxīn	(名)	沉迷于某人或某种事物的心思；不能实现的想法。wishful thinking
31.养活	yǎnghuo	(动)〈口〉	供给生活费用。support
32.盘缠	pánchan	(名)〈方〉	路费。
33.(钱)把*	(qián)bǎ	(量)	用在"百""千""万"和"里""丈""斤""个"等量词的后面，表示大约是这个数量。
34.(一)顿*	(yī)dùn	(量)	用于吃饭、打骂、劝说的次数。
35.夹七夹八	jiā qī jiā bā		形容言语行动没有条理。
36.火候	huǒhour	(名)	①烧火的火力大小和时间长短。②比喻修养程度的深浅。③比喻紧要的时机。
37.甘心	gānxīn	(动)	①愿意。②满意。
38.出榜	chū bǎng		贴出被录取人的名单。
39.升	shēng	(量)	容量单位。unit of dry measure for grain; litre
40.锣	luó	(名)	gong
41.匹	pī	(量)	用于马、骡等。
42.恭喜	gōngxǐ	(名)	客套话。祝贺人家的喜事。
43.央及	yāngji	(动)	请求；恳求。
44.集(上)	jí(shang)	(名)	集市。农村或小城市中定期买卖货物的地方。
45.莫*	mò	(副)〈书〉	①表示"没有谁"或"没有什么"。②不。③不要。
46.劈手	pīshǒu	(动)	形容手的动作极快，使人来不及防备。
47.掼	guàn	(动)	扔。
48.捷报	jiébào	(名)	胜利的消息。这里指考中的喜讯。
49.噫	yī	(叹)	古汉语的叹词，表示悲痛或叹息。
50.不省人事	bù xǐng rénshì		失去了知觉。
51.不由分说	bù yóu fēn shuō		不容分辨，说明。
52.踹	chuài	(动)	①踩。step on ②用脚向外踢。kick
53.如何是好*	rúhé shì hǎo		怎样才好。
54.管待	guǎndài	(动)	款待；招待。
55.商酌	shāngzhuó	(动)	商量斟酌。
56.斗	dǒu	(量)	容量单位。measurement of capacity

			(10 litres)
57.哭哭啼啼	kūkutítí		没完没了地哭。
58.只消	zhǐxiāo	(连)〈方〉	只需要。
59.诧异	chàyì	(形)	觉得十分奇怪。
60.如此这般	rúcǐ zhèbān		如此如此。小说里多用来作省略叙述内容的套话。
61.作难	zuònán	(动)	为难。
62.尖酸	jiānsuān	(形)	说话尖刻。
63.叙功	xùgōng	(动)〈书〉	评定功绩。
64.权变	quánbiàn	(动)	随机应变。
65.壮胆	zhuàng dǎn		使胆大。
66.凶恶	xiōng'è	(形)	凶狠恶毒。
67.油晃晃	yóuhuǎnghuǎng	(形)	油光闪亮的样子。
68.兀自	wùzì	(副)〈方〉	还是；仍然。
69.该死(的)	gāisǐ(de)	〈口〉	骂人的话；表示愤恨或厌恶的话。
70.畜生	chùsheng	(名)	泛指禽兽。这里是骂人的话。
71.喘息	chuǎnxī	(动)	①急促呼吸。②指紧张活动中的短时休息。
72.懊恼	àonǎo	(形)	心里别扭。
73.膏药	gāoyao	(名)	中药外用药的一种。plaster
74.贴(着)	tiē(zhe)	(动)	把薄片状的东西粘在另一个东西上。stick
75.昏昏沉沉	hūnhunchénchén	(形)	形容昏乱，神志不清。
76.适才	shìcái	(副)	刚才。
77.引动	yǐndòng	(动)	引起；触动(多指心情)。
78.绾	wǎn	(动)	coil up
79.贤(婿)	xián(xù)	(名)	敬辞。用于平辈或晚辈。"贤婿"是称谓有德性、有才能的女婿。
80.少顷	shǎoqǐng	(名)〈书〉	一会儿；短时间。
81.每常	měicháng	(副)	经常。
82.才学	cáixué	(名)	才能和学问。
83.品貌	pǐnmào	(名)	①相貌。②人品和相貌。
84.得罪	dézuì	(动)	招人不快或怀恨；冒犯。
85.小老(儿)	xiǎolǎor	(名)	老年人谦虚的自称。
86.结亲	jié qīn	〈口〉	①结婚。②两家因结婚而成亲戚。
87.喜从天降	xǐ cóng tiān jiàng		比喻好事来得突然。
88.些须	xiēxū	(名)	一点儿。
89.管家	guǎnjiā	(名)	①旧时称呼为地主、官僚等管理家产和日常事务的地位较高的仆

			人。②现在指为集体管理财物或日常生活的人。
90.别号	biéhào	(名)	名字以外另起的名字。
91.攀谈	pāntán	(动)	拉扯闲谈。
92.桑梓	sāngzǐ	(名)〈书〉	家乡。
93.久仰	jiǔyǎng	(动)	客套话，仰慕已久。
94.拜会	bàihuì	(动)	拜访会见。
95.先祖	xiānzǔ	(名)	指已去世的先辈。
96.门生	ménshēng	(名)	学生。
97.晚生	wǎnshēng	(名)	后辈对前辈谦称自己。
98.侥幸	jiǎoxìng	(形)	lucky
99.幸得	xìngdé	(副)	幸而得到。luckily
100.门下	ménxià	(名)	指学生。
101.清贫	qīngpín	(形)	贫穷(旧时多形容读书人)。
102.无以为敬	wú yǐ wéi jìng		没有什么东西可以用来孝敬。
103.谨具	jǐnjù	(动)〈书〉	郑重地准备了。
104.贺仪	hèyí	(名)	为表示祝贺而准备的财物。
105.权且	quánqiě	(副)	暂且；姑且。
106.华居	huájū	(名)	对别人住所的敬称。
107.轩敞	xuānchǎng	(形)	(房屋)高大宽敞。
108.早晚*	zǎowǎn	(名，副)	①早晨和晚上。②或早或晚。
109.推辞	tuīcí	(动)	表示拒绝。
110.年谊	niányì	(名)	同年登科的交谊。
111.世好	shìhǎo	(名)	几代人都有友谊关系，表示格外亲近。
112.至亲骨肉	zhìqīn gǔròu	(形)	比喻关系如父母兄弟子女般亲近。
113.见外*	jiànwài	(动)〈书〉	当外人看待。
114.打躬	dǎgōng	(动)	鞠躬行礼。
115.相与	xiāngyǔ	(动)	相互认识交朋友。
116.何愁	hé chóu		用反问语气表示没有什么可发愁的。
117.皇帝	huángdì	(名)	emperor
118.果不其然	guǒ bù qí rán		果然。

注　　释

1.吴敬梓(1701—1754)——清代著名小说家。字敏轩，一字文木，号粒民。安徽全椒人。一生鄙弃功名利禄，曾拒绝参加“博学鸿词”考试。著有《儒林外史》《文木山房集》。

2.范进中举——节选自清代著名讽刺小说《儒林外史》第三回。题目是后加的。作者以犀利的笔法叙述描写范进中举后发疯的丑态，中举前后社会地位和生活状况的变化以及周围人物的种种反应，对科举制度和腐朽的社会风气进行了辛辣的嘲讽和深刻的批判。

3.现世宝——出丑、丢脸的家伙。

4.相公——科举时代称秀才为“相公”。

5.浑家——妻子(多见于早期白话)。

6.茅草棚——用草做屋顶的房子。指穷人居住的简陋的房子。

7.行事里——同行里。行事：行业。

8.日西时分——太阳快要落山的时候。

9.同案——同时考中秀才的人。

10.乡试年——明、清两代，每三年在省城里举行的一次考试，叫乡试。轮到乡试的一年叫“乡试年”。

11.文会——读书人在一起写文章，互相评论和研究的集会。

12.狗血喷头——形容骂得很凶。

13.不要失了你的时了——意思是你不要自找倒霉了。“失时”原意是错过时机。

14.癞哈蟆想吃天鹅肉——比喻不自量力。癞哈蟆：toad

15.宗师——指在思想上或学术上受人尊崇并可奉为模范的人。这里是对主持秀才考试的主考官的尊称。

16.文曲星——迷信认为人间的大官都是天上的星宿。文章写得好，能考中举人的，就是天上的文曲星下凡(降生在人间)。

17.万贯家私——形容人很富有，财产很多。

18.方面大耳——形容人相貌有福气。

19.尖嘴猴腮——形容人相貌难看。

20.撒泡尿照照——挖苦人没有自知之明。泡：量词，用于屎尿。

21.寻一个馆——找一个教书的地方。

22.喝西北风——指挨饿，没东西吃。

23.两个时辰——旧时的计时单位。一个时辰约两个小时。

24.报录人——向考中的人家里报告喜讯的公差。也叫“报子”。

25.喜钱——报录人来报喜讯，中举的人或亲属要给报酬，叫“喜钱”。

26.二报、三报——报子报喜，头报之后，还有二报、三报，以示隆重。

27.报帖——用大红纸做成的报喜的帖子。

28.亚元——报子对第一名以下举人的恭维的称呼。

29.京报连登黄甲——科举时代写在喜报上的一句话，表示以后参加更高一级考试考中的喜报就要送到。最高一级考试的榜是用黄纸写的，被录取者分为三甲(三等)，所以称为“黄甲”。

30.大眼望小眼——吃惊地互相看着。也说“大眼瞪小眼”。

31.在下——一种谦虚的自称。

32.痰涌上来迷了心窍——中医指由于积痰而引起昏迷、神志不清的症状。

33.肉案子——切肉的木板。

34.迎猪——接订购的猪。

35.烧汤——烧热水。这里指(杀猪时用的)热水。

36.星宿——星座。

37.斋公——在家吃斋(素食)、念经，并做简单佛事的人。在寺庙里打杂儿的也叫斋公。

38.十八层地狱——迷信认为人在生前作了坏事，死后要堕入地狱，受种种苦难，永远不得翻身。

39.判官——迷信传说中，阎王手下管记载人的罪恶及生死簿的官。

40.扃不过——意思相当于"拗(niù)不过"，指无法改变(别人的坚决的意见)。

41.舞了半日——搞了半天。舞：弄、搞。

42.郎中——医生。

43.跳驼子——方言，一种板凳。

44.菩萨——Bodhisattva

45.大红全帖——用大红纸做成的拜访或见面时互通姓名的名片。

46.纱帽——古代文官戴的帽子。

47.葵花色圆领——明朝官员的常礼服。

48.金带——系在礼服外面腰间的黄色带子。

49.皂靴——黑靴子。

50.(一)任——"任"是量词，用于担任官职的次数。

51.知县——一县的最高长官。

52.平磕了头——双方互相磕头，是地位相等人的礼节。

53.世先生、世兄弟——"世先生"是对世代有交往的同辈人的敬称。"世兄弟"是对世代有交情的同辈人的亲切称呼。

54.题名录——指同科考中的举人名册。

55.房师——举人对评阅自己试卷的老师的敬称。

56.一封银子——一包银子。

57.将来当事拜往——将来同地方官来往。当事：地方官。

58.三进三间——老式平房的一宅之内前后有三排，叫三进。每排三间，称三进三间。

59.雪白的细丝锭子——成色质地很好的白色银块。

60.姑老爷——姑爷，对女婿的尊称。

词 语 例 解

历年以来

"以来"表示从过去某时（或特指某一时间）直到说话时为止的一段时间。例如：

1.去年以来，工业生产一直保持着上升的好势头。

2.这是我有生以来，第一次演讲。

"以来"前面常用"从、自、自从"等词。例如：

3.自展览会开幕以来，每天要接待上万名观众，真是盛况空前。

4.我校从招收博士生以来，报名者逐年增加。

见教　见外

“见”是书面语助词，主要用法是：

一、用在动词前表示“对我怎么样”。如：见教(请指教我)、见谅(请原谅我)、见示(请告诉我)等。

二、用在动词前表示被动。如：见重于当时(在当时被看重)、见笑(被人耻笑)、见外(被当成外人)。

猪油可曾吃过两三回哩

副词“可”用在疑问句里，帮助表示疑问的语气，有“是否”的意思。例如：

1.你可曾去过杭州？

2.近来你可曾见过他？

3.你可同意我的意见？

少不得拜拜乡邻　少不得有人把银子送上门来给他用

一、表示不可避免。例如：

1.完成这样大的研究项目少不得要花三五年时间。

2.讨论会上少不得要有一番争论。

3.他无论多忙，年年少不得回乡一两次，去看望父母。

二、表示不可缺少。例如：

4.过圣诞节少不得圣诞树。

还是宗师看见你老，不过意，舍与你的

“不过意”是“过意不去”的意思。表示“心中不安”，感到抱歉对不起别人。例如：

1.你花这么多时间帮助我，实在让我不过意。

2.你对他的批评完全正确，有什么不过意的呢？

3.张老师已年过花甲，还如此热心地为我们奔波，大家真有点不过意。

钱把银子

1.他生活并不困难，对他来说，百把块钱不算什么。

2.他到北京才个把月，很多地方还没去过。

3.这条鱼有斤把重。

“钱”是一两的十分之一。“钱把银子”就是大约一钱银子的意思。

又骂了一顿

1.他一天三顿米饭，这是南方人的一般习惯。

2.他挨了父亲一顿骂，心里很不是滋味。

如何是好

“如何是好”就是“怎么才好”的意思，表示一种急切的，或不知所措的疑问语气。例如：

1.雨下得这么大，我们都没有雨具，如何是好？

2.祖父万一在街上摔伤，如何是好？

3.如果大水冲毁了桥梁，困在这里如何是好？

范老爷怕的，莫过于肉案子上胡老爹　莫误了我卖鸡

“莫”在固定格式里是文言词，在口语里是方言词。

一、相当于“没有谁”或“没有什么”。“莫过于”是“没有谁”或“没有什么能超过”的意思，带夸张语气。例如：

1.一个人的失败，莫过于名誉扫地。

2.花卉里清幽淡雅的，莫过于莲花和兰花。

二、相当于“不”，经常是跟“如”“若”组成固定格式，有“不如”“不若”的意思。例如：

3.与其在屋里闷坐，莫若出去。

4.百闻不如一见，你莫如亲自到这里来看看。

三、相当于“不要”，用在祈使句里，表示禁止或劝阻。多见于某些南方方言。例如：

5.好孩子，莫哭，莫哭！

早晚也好请教些

名词“早晚”是早晨和晚上的意思。例如：

1.他每天早晚都出去散步。

副词“早晚”是或早或晚，总有那么一个时候的意思。例如：

2.这半个月来湿度这么大，早晚会下雨的。

3.他这样努力，早晚会成功的。

练　　习

一、按拼音写汉字：

醉xūnxūn	pān谈
油huǎng huǎng	qīng家
笑mīmī	chù生
至亲gǔ ròu	jiǎo幸
万贯jiā sī	bùxìng人事

二、照前面格式给后面四字格填上合适的字：

千恩万谢　　千__万__　　千__万__

不三不四　　不__不__　　不__不__

东张西望　　东__西__　　东__西__

三、填入与“把”相关的词：

____把深　　____把重　　____把远

个把____　　百把____　　斤把____

四、选词填空(见教、请教)：

1.凡是自己不懂的，都应该虚心________别人。

2.承蒙________，非常感谢！

3.您现在有时间吗？我想________您一个问题。

五、用括号内的词改写句子：

1.开学至今，功课一直很紧，我还没有给朋友们写信。(以来)

2.以前市场上出售过这种产品吗？(可曾)

3.开讨论会，可不能没有你来参加呀！(少不得)

4.你那么忙还来照顾我，真让我心里不安。(不过意)

5.姐姐突然病了，妈妈又不在家，小妹妹急坏了。(如何是好)

六、区别以下各句“见”的意思和用法：

1.一旦有事，望见告。

2.此事处理如有不当，请见示。

3.请大家不要见外，随便坐下谈谈。

4.这件事没给您办好，请不要见怪。

5.我画得不好，请不要见笑。

七、造句：

莫过于　　权且　　计较　　少不得　　不由分说　　果不其然

今非昔比

八、比较下面两句中“亲切”的意思和用法，说明说话人的语气有什么不同？

1.邻居内一个人道：“胡老爹方才这个嘴巴打得亲切，少顷范老爷洗脸，还要洗下半盆猪油来！”

2.张乡绅道：“适才看见题名录，贵房师高要县汤公，就是先祖的门生，我和你是亲切的世弟兄。”

九、将下面两段文字译成现代汉语：

1.报录人道：“不要只管讲笑话。胡老爹，这个事须是这般，你没奈何，权变一权变。”

2.张乡绅四面将眼望了一望，说道：“世先生果是清贫。”随在跟的家人手里拿过一封银子来，说道：“弟却也无以为敬，谨具贺仪五十两，世先生权且收着。这华居其实住不得，将来当事拜往，俱不甚便。弟有空房一所，就在东门大街上，三进三间，虽不轩敞，也还干净，就送与世先生；搬到那里去住，早晚也好请教些。”

十、回答问题：

1.范进中举以前家里穷到什么地步？

2.范进听到自己中举后，为什么竟会发疯？

3.胡屠户对范进中举前后的态度为什么有那么大的变化？胡屠户是怎样一个人？

4.张乡绅为什么来拜会范进？

5.你认为本篇哪个人物写得最生动、最深刻？为什么？

6.读了范进中举这个故事，你对中国封建时代的科举制度和当时的社会现实有什么认识和感想？

第二十八课　林黛玉进贾府

曹雪芹

且说黛玉自那日弃舟登岸时，便有荣府打发轿子并拉行李车辆伺候。这黛玉尝听得母亲说，他外祖母家与别人家不同，他近日所见的这几个三等的仆妇，吃穿用度，已是不凡，何况今至其家，都要步步留心，时时在意，不要多说一句话，不可多行一步路，恐被人耻笑了去。自上了轿，进了城，从纱窗中瞧了一瞧，其街市之繁华，人烟之阜盛，自非别处可比。又行了半日，忽见街北蹲着两个大石狮子，三间兽头大门，门前列坐着十来个华冠丽服之人，正门不开，只东西两角门有人出入；正门之上有一匾，匾上大书“敕造宁国府”五个大字。

黛玉想道：“这是外祖的长房了。”又往西不远，照样也是三间大门，方是“荣国府”，——却不进正门，只由西角门而进。轿子抬着走了一箭之远，将转弯时，便歇了轿，后面的婆子也都下来了，另换了四个眉目秀洁的十七八岁的小厮上来抬着轿子，众婆子步下跟随，至一垂花门前落下，那小厮俱肃然退出，众婆子上前打起轿帘，扶黛玉下了轿。

黛玉扶着婆子的手进了垂花门：两边是超手游廊，正中是穿堂，当地放着一个紫檀架子大理石屏风。转过屏风，小小三间厅房，厅后便是正房大院。正面五间上房，皆是雕梁画栋，两边穿山游廊厢房，挂着各色鹦鹉画眉等雀鸟。台阶上坐着几个穿红着绿的丫头，——一见他们来了，都笑迎上来，道：“刚才老太太还念诵呢！可巧就来了。”于是三四人争着打帘子，——一面听得人说：“林姑娘来了！”

黛玉方进房，只见两个人扶着一位鬓发如银的老母迎上来，黛玉知是外祖母了，正欲下拜，早被外祖母抱住，搂入怀中，“心肝儿肉”叫着大哭起来；当下侍立之人，无不下泪；黛玉也哭个不休。众人慢慢解劝，那黛玉方拜见了外祖母。贾母方一一指与黛玉道：“这是你大舅母。——这是二舅母。——这是你先前珠大哥的媳妇珠大嫂子。”黛玉一一拜见。贾母又叫：“请姑娘们。今日远客来了，可以不必上学去。”众人答应了一声，便去了两个。

不一时，只见三个奶妈并五六个丫鬟拥着三位姑娘来了，其钗环裙袄，三人皆是一样的妆束。黛玉忙起身迎上来见礼，互相厮认；归了坐位，丫鬟送上茶来；不过叙些黛玉之母，如何得病，如何请医服药，如何送死发丧。不免贾母又伤感起来，因说：“我这些女孩儿，所疼的独有你母亲，今一旦先我而亡，不得见面，怎不伤心！”说着携了黛玉的手又哭起来；众人都忙相劝慰，方略略止住。

众人见黛玉年纪虽小，其举止言谈不俗，身体面貌虽弱不胜衣，却有一段风流态度，便知他有不足之症，因问："常服何药?为何不治好了?"黛玉道："我自来如此，从会吃饭时便吃药，到如今了，经过多少名医，总未见效。那一年我才三岁，记得来了一个癞头和尚，说要化我去出家，我父母自是不从。他又说：'既舍不得他，但只怕他的病一生也不能好的！——若要好时，除非从此以后总不许见哭声，除父母之外，凡有外亲，一概不见，方可平安了此一生。'这和尚疯疯癫癫说了这些不经之谈，也没人理他。如今还是吃人参养荣丸。"贾母道："这正好，我这里正配丸药呢，叫他们多配一料就是了。"

一语未完，只听后院中有笑语声，说："我来迟了，没得迎接远客！"黛玉思忖道："这些人个个皆敛声屏气如此，这来者是谁，这样放诞无礼?"心下想时，只见一群媳妇丫鬟拥着一个丽人，从后房进来。

黛玉连忙起身接见，贾母笑道："你不认得他：他是我们这里有名的一个泼辣货，南京所谓'辣子'，你只叫他'凤辣子'就是了。"黛玉正不知以何称呼，众姊妹都忙告诉黛玉道："这是琏二嫂子。"黛玉虽不曾识面，听见他母亲说过：大舅贾赦之子贾琏，娶的就是二舅母王氏的内侄女；自幼假充男儿教养，学名叫做王熙凤。黛玉忙陪笑见礼，以"嫂"呼之。

这熙凤携着黛玉的手，上下细细打量一回，便仍送至贾母身边坐下，因笑道："天下真有这样标致人儿！我今日才算看见了！况且这通身的气派竟不象老祖宗的外孙女儿，竟是嫡亲的孙女儿似的，怨不得老祖宗天天嘴里心里放不下。——只可怜我这妹妹这么命苦，怎么姑妈偏就去世了呢！"说着便用帕拭泪，贾母笑道："我才好了，你又来招我。你妹妹远路才来，身子又弱，也才劝住了，快别再提了！"熙凤听了，忙转悲为喜道："正是呢！我一见了妹妹，一心都在他身上，又是喜欢，又是伤心，竟忘了老祖宗了，该打，该打！"又忙拉着黛玉的手问道："妹妹几岁了?可也上过学？现吃什么药？在这里别想家，要什么吃的、什么玩的，只管告诉我；丫头老婆们不好，也只管告诉我。"黛玉一一答应。一面熙凤又问人："林姑娘的东西可搬进来了？带了几个人来？你们赶早打扫两间屋子叫他们歇歇儿去。"

说话时，已摆了果茶上来，熙凤亲自布让。又见二舅母问他："月钱放完了没有?"熙凤道："放完了。刚才带了人到后楼上找缎子，找了半日，也没见昨儿太太说的那个；想必太太记错了。"王夫人道："有没有，什么要紧。"因又说道："该随手拿出两个来给你这妹妹裁衣裳啊。等晚上想着再叫人去拿罢。"熙凤道："我倒先料着了，知道妹妹这两日必到，我已经预备下了；等太太回去过了目，好送来。"王夫人一笑，点头不语。

当下茶果已撤，贾母命两个老嬷嬷带黛玉去见两个舅舅去。维时贾赦之妻邢氏忙起身笑回道："我带了外甥女儿过去，到底便宜些。"贾母笑道："正是呢，你也去罢，不必过来了。"那邢夫人答应了，遂带着黛玉和王夫人作辞，大家送至穿堂。垂花门前早有众小厮拉过一辆翠幄清油车来，邢夫人携了黛玉坐上，众老婆们放下车帘，方命小厮们抬起，拉至宽处，驾上驯骡，出了西角门往东，过荣府正门，入一黑油漆大门内，至仪门前，方下了车。邢夫人挽着黛玉的手进入院中，黛玉度其处必是荣府中之花园隔断过来的。进入三层仪门，果见正房、厢房、游廊悉皆小巧别致，不似那边的轩峻壮丽；且院中随处之树木山石皆好。及进入正室，早有许多艳妆丽服之姬妾丫鬟迎着。

邢夫人让黛玉坐了，一面令人到外书房中请贾赦。一时回来说："老爷说了：'连日身上不好，见了姑娘彼此伤心，暂且不忍相见。劝姑娘不必伤怀想家，跟着老太太和舅母，是和家里一样的。姐妹们虽拙，大家一处作伴，也可以解些烦闷。或有委屈之处，只管说，别外道了才是。'"

黛玉忙站起身来一一答应了。再坐一刻，便告辞，邢夫人苦留吃过饭去，黛玉笑回道："舅母爱惜赐饭，原不应辞，只是还要过去拜见二舅舅，恐去迟了不恭，异日再领：望舅母容谅。"邢夫人道："这也罢了。"遂命两个嬷嬷用方才坐来的车送过去。于是黛玉告辞。邢夫人送至仪门前，又嘱咐了众人几句，眼看着车去了方回来。

一时黛玉进入荣府，下了车，只见一条大甬路，直接出大门来，众嬷嬷引着便往东转弯，走过一座东西穿堂、向南大厅之后，仪门内大院落，上面五间大正房，两边厢房鹿顶，耳门钻山，四通八达，轩昂壮丽，比各处不同，黛玉便知这方是正内室。

原来王夫人时常居坐宴息也不在这正室中，只在东边的三间耳房内。于是嬷嬷们引黛玉进东房门来。老嬷嬷让黛玉上炕坐，炕沿上却也有两个锦褥对设，黛玉度其位次，便不上炕，只就东边椅上坐了。本房的丫鬟忙捧上茶来，黛玉一面吃了，打量这些丫鬟们妆饰衣裙、举止行动，果与别家不同。

茶未吃了，只见一个穿红绫袄青绸掐牙背心的丫鬟走来笑道："太太说：请林姑娘到那边坐罢。"老嬷嬷听了，于是又引黛玉出来，到了东廊三间小正房内：正面炕上横设一张炕桌，上面堆着书籍茶具，靠东壁面西设着半旧的青缎靠背引枕；王夫人却坐在西边下首，亦是半旧青缎靠背坐褥；见黛玉来了，便往东让。黛玉心中料定这是贾政之位，因见挨炕一溜三张椅子上也搭着半旧的弹花椅袱，黛玉便向椅上坐了。王夫人再三让他上炕，他方挨王夫人坐下。王夫人因说："你舅舅今日斋戒去了，再见罢。只是有句话嘱咐你：你三个姐妹倒都极好，以后一处念书认字，学针线，或偶一玩笑，却都有个尽让的。——我就只一件不放心：我有一个孽根祸胎，是家里的'混世魔王'，今日因往庙里还愿去，尚未回来，晚上你看见就知道了。你以后总不用理会他，你这些姐姐妹妹都不敢沾惹他的。"

黛玉素闻母亲说过，有个内侄乃衔玉而生，顽劣异常，不喜读书，最喜在内帏厮混；外祖母又溺爱，无人敢管。今见王夫人所说，便知是这位表兄，一面陪笑道："舅母所说，可是衔玉而生的？在家时记得母亲常说，这位哥哥比我大一岁，小名就叫宝玉，性虽憨顽，说待姊妹们却是极好的。况我来了，自然和姊妹们一处，弟兄们是另院别房，岂有沾惹之理？”王夫人笑道：“你不知道原故：他和别人不同，自幼因老太太疼爱，原系和姐妹们一处娇养惯了的。若姐妹们不理他，他倒还安静些；若一日姐妹们和他多说了一句话，他心上一喜，便生出许多事来。所以嘱咐你别理会他，他嘴里一时甜言蜜语，一时有天没日，疯疯傻傻：只休信他。”

黛玉一一的都答应着。忽见一个丫鬟来说：“老太太那里传晚饭了。”王夫人忙携了黛玉出后房门，由后廊往西，出了角门，是一条南北甬路，南边是倒座三间小小抱厦厅，北边立着一个粉油大影壁，后有一个半大门，小小一所房屋，王夫人笑指向黛玉道：“这是你凤姐姐的屋子，回来你好往这里找他去，少什么东西只管和他说就是了。”这院门上也有几个才总角的小厮，都垂手侍立。

王夫人遂携黛玉穿过一个东西穿堂，便是贾母的后院了，于是进入后房门，——已有许多人在此伺候，见王夫人来，方安设桌椅；贾珠之妻李氏捧杯，熙凤安箸，王夫人进羹。贾母正面榻上独坐，两旁四张空椅，熙凤忙拉黛玉在左边第一张椅子上坐下，黛玉十分推让，贾母笑道：“你舅母和嫂子们是不在这里吃饭的。你是客，原该这么坐。”黛玉方告了坐，就坐了。贾母命王夫人也坐了。迎春姊妹三个告了坐方上来，迎春坐右手第一，探春左第二，惜春右第二。旁边丫鬟执着拂尘漱盂巾帕，李纨凤姐立于案边布让；外间伺候的媳妇丫鬟虽多，却连一声咳嗽不闻。饭毕，各各有丫鬟用小茶盘捧上茶来。当日林家教女以惜福养身，每饭后必过片时方吃茶，不伤脾胃；今黛玉见了这里许多规矩，不似家中，也只得随和些，接了茶。又有人捧过漱盂来，黛玉也漱了口，又盥手毕。然后又捧上茶来，——这方是吃的茶。

贾母便说：“你们去罢，让我们自在说说话儿。”王夫人遂起身，又说了两句闲话儿，方引李、凤二人去了。贾母因问黛玉念何书，黛玉道：“刚念了‘四书’。”黛玉又问姊妹们读何书，贾母道：“读什么书，不过认几个字罢了！”

一语未了，只听外面一阵脚步响，丫鬟进来报道：“宝玉来了。”黛玉心想：“这个宝玉不知是怎样个惫懒人呢！”及至进来一看，却是位青年公子：头上戴着束发嵌宝紫金冠，齐眉勒着二龙戏珠金抹额，一件二色金百蝶穿花大红箭袖，束着五彩丝攒花结长穗宫绦，外罩石青起花八团倭缎排穗褂，登着青缎粉底小朝靴；面若中秋之月，色如春晓之花，鬓若刀裁，眉如墨画，鼻如悬胆，睛若秋波，虽怒时而似笑，即瞋视而有情；项上金螭缨络，又有一根五色丝绦，系着一块美玉。

黛玉一见便吃一大惊，心中想道：“好生奇怪，倒象在那里见过的，何等眼熟！……”只见这宝玉向贾母请了安，贾母便命：“去见你娘来。”即转身去了。一回再来时，已换了冠带：头上周围一转的短发，都结成小辫，红丝结束，共攒至顶中胎发，总编一根大辫，黑亮如漆，从顶至梢，一串四颗大珠，用金八宝坠脚；身上穿着银红撒花半旧大袄；仍旧带着项圈、宝玉、寄名锁、护身符等物；下面半露松绿撒花绫裤，锦边弹墨袜，厚底大红鞋：越显得面如傅粉，唇若施脂；转盼多情，语言若笑；天然一段风韵，全在眉梢；平生万种情思，悉堆眼角。

却说贾母见他进来，笑道："外客没见就脱了衣裳了！还不去见你妹妹呢。"宝玉早已看见了一个袅袅婷婷的女儿，便料定是林姑妈之女，忙来见礼；归了坐细看时，真是与众各别。只见：

两弯似蹙非蹙笼烟眉，一双似喜非喜含情目。态生两靥之愁，娇袭一身之病。泪光点点，娇喘微微。闲静似娇花照水，行动如弱柳扶风。心较比干多一窍，病如西子胜三分。

宝玉看罢，笑道："这个妹妹我曾见过的。"贾母笑道："又胡说了！你何曾见过？"宝玉笑道："虽没见过，却看着面善，心里倒象是远别重逢的一般。"贾母笑道："好！好！这么更相和睦了。"

宝玉便走向黛玉身边坐下，又细细打量一番，因问："妹妹可曾读书？"黛玉道："不曾读书，只上了一年学，些须认得几个字。"宝玉又道："妹妹尊名？"黛玉便说了名，宝玉又道："表字？"黛玉道："无字。"宝玉笑道："我送妹妹一字，莫若'颦颦'二字极妙。"探春便道："何处出典？"宝玉道："《古今人物通考》上说：'西方有石名黛，可代画眉之墨。'况这妹妹眉尖若蹙，取这个字岂不美？"探春笑道："只怕又是杜撰！"宝玉笑道："除了'四书'，杜撰的也太多呢。"因又问黛玉："可有玉没有？"众人都不解，黛玉便忖度着："因他有玉，所以才问我的。"便答道："我没有玉。你那玉也是件稀罕物儿，岂能人人皆有？"

宝玉听了，登时发作起狂病来，摘下那玉，就狠命摔去，骂道："什么罕物！人的高下不识，还说灵不灵呢！我也不要这劳什子。"吓的地下众人一拥争去拾玉，贾母急的搂了宝玉道："孽障！你生气要打骂人容易，何苦摔那命根子！"宝玉满面泪痕哭道："家里姐姐妹妹都没有，单我有，我说没趣儿；如今来了这个神仙似的妹妹也没有：可知这不是个好东西。"贾母忙哄他道："你这妹妹原有玉来着，因你姑妈去世时，舍不得你妹妹，无法可处，遂将他的玉带了去：一则全殉葬之礼，尽你妹妹的孝心；二则你姑妈的阴灵儿也可权作见了你妹妹了。因此他说没有，——也是不便自己夸张的意思啊。你还不好生带上，仔细你娘知道！"说着便向丫鬟手中接来，亲与他带上。宝玉听如此说，想了一想，也就不生别论。

当下奶娘来问黛玉房舍，贾母便说："将宝玉挪出来，同我在套间暖阁里；把你林姑娘暂且安置在碧纱厨里，等过了残冬，春天再给他们收拾房屋，另作一番安置罢。"宝玉道："好祖宗！我就在碧纱厨外的床上很妥当，又何必出来，闹的老祖宗不得安静呢？"贾母想一想，说："也罢了。"每人一个奶娘并一个丫头照管，余者在外间上夜听唤。一面早有熙凤命人送了一顶藕合色花帐并锦被缎褥之类。

黛玉只带了两个人来：一个是自己的奶娘王嬷嬷，一个是十岁的小丫头，名唤雪雁。贾母见雪雁甚小，一团孩气，王嬷嬷又极老，料黛玉皆不遂心，将自己身边一个二等小丫头名唤鹦哥的与了黛玉；亦如迎春等一般：每人除自幼乳母外，另有四个教引嬷嬷；除贴身掌管钗钏盥沐两个丫头外，另有四五个洒扫房屋来往使役的小丫头。当下王嬷嬷与鹦哥陪侍黛玉在碧纱厨内，宝玉乳母李嬷嬷并大丫头名唤袭人的陪侍在外面大床上。

原来这袭人亦是贾母之婢，本名蕊珠，贾母因溺爱宝玉，恐宝玉之婢不中使，素日蕊珠心地纯良，遂与宝玉。宝玉因知他本姓花，又曾见旧人诗句有“花气袭人”之句，遂回明贾母，即把蕊珠更名袭人。

却说袭人倒有些痴处：伏侍贾母时，心中只有贾母；如今跟了宝玉，心中又只有宝玉了。只因宝玉性情乖僻，每每规谏，见宝玉不听，心中着实忧郁。是晚宝玉李嬷嬷已睡了，他见里面黛玉鹦哥犹未安歇，他自卸了妆，悄悄的进来，笑问：“姑娘怎么还不安歇？”黛玉忙笑让：“姐姐请坐。”袭人在床沿上坐了，鹦哥笑道：“林姑娘在这里伤心，自己淌眼抹泪的，说：‘今儿才来了，就惹出你们哥儿的病来。倘或摔坏了那玉，岂不是因我之过！’所以伤心，我好容易劝好了。”袭人道：“姑娘快别这么着！将来只怕比这更奇怪的笑话儿还有呢。若为他这种行状，你多心伤感，只怕你还伤感不了呢，快别多心！”黛玉道：“姐姐们说的，我记着就是了。”又叙了一回，方才安歇。

（《红楼梦》节选）

生　　词

1.且说	qiěshuō		姑且先说。古典白话小说中的发端语或承接语。
2.外祖母	wàizǔmǔ	（名）	母亲的母亲。
3.仆妇	púfù	（名）	旧时指年龄较大的女仆。
4.用度	yòngdù	（名）	各种支出的费用。
5.不凡	bùfán	（形）	不平凡；不平常。
6.在意	zài yì		放在心上；留意（多用于否定式）。
7.人烟	rényān	（名）	指住户、人家。烟：炊烟。smoke from a kitchen chimney
8.阜盛	fùshèng	（形）〈书〉	形容众多而兴旺。
9.正门	zhèngmén	（名）	建筑物正面的主要的门（区别于旁门、后门、角门）。
10.匾	biǎn	（名）	挂在门的上方或墙上的题字的横牌。
11.长房	zhǎngfáng	（名）	家族中长子的一支。
12.小厮	xiǎosī	（名）	未成年的男仆人。

13.肃然	sùrán	(形)	形容十分恭敬的样子。
14.穿堂	chuāntáng	(名)	前后两个院子之间供穿行的厅堂。
15.大理石	dàlǐshí	(名)	marble
16.屏风	píngfēng	(名)	放在室内用来挡风或隔断视线的用具。screen
17.皆*	jiē	(副)<书>	都；全。
18.雕梁画栋	diāo liáng huà dòng		在栋梁等木结构上雕刻花纹并加上彩绘，是中国古代的一种建筑艺术。
19.丫头	yātou	(名)	①女孩子。②未成年的女仆。
20.可巧	kěqiǎo	(副)	恰好；凑巧。
21.欲*	yù	(动、副)<书>	①打算；想；想要。②将；将要；快要。
22.当下	dāngxià	(副)	就在那个时刻；立刻。
23.解劝	jiěquàn	(动)	劝解；安慰。
24.舅母	jiùmǔ	(名)	母亲的弟兄一辈人的妻子。
25.先前*	xiānqián	(名)	泛指以前或指某个时候以前(跟"后来"相对)。
26.不一时*	bù yīshí		不一会儿；没多长时间。
27.丫鬟	yāhuan	(名)	未成年的女仆。
28.妆束	zhuāngshù	(名)	打扮出来的样子。
29.见礼	jiàn lǐ		见面行礼。
30.厮认	sī rèn		互相见面认识。厮：互相。
31.服(药)	fú(yào)	(动)	吃(药)。
32.送死发丧	sòngsǐ fā sāng		①死者家属宣告某人死去。②办理丧事。
33.伤感	shānggǎn	(形)	因感触而悲伤。
34.言谈	yántán	(名)	说话的内容和态度。
35.弱不胜衣	ruò bù shèng yī		虚弱得连衣服也承受不住。
36.自来	zìlái	(副)	从来；原来。
37.见效	jiànxiào	(动)	发生效力。
38.(募)化	(mù)huà	(动)	(佛教用语)和尚、道士求人施舍财物。collect alms
39.出家	chūjiā		离开家庭到寺庙里去做僧尼或道士。
40.除非*	chúfēi	(连)	①只有。②除了。
41.一概*	yīgài	(副)	表示适用于全体，没有例外。
42.平安	píng'ān	(形)	没有事故；没有危险；平稳安全。
43.疯疯癫癫	fēngfengdiāndiān	(形)	精神失常的样子。常用来形容人言

			语行动十分轻狂。
44.不经之谈	bù jīng zhī tán	〈成〉	荒唐的、没有根据的话。经：正常的。
45.丸药	wányào	(名)	中医指制成丸剂的药物。pill (of Chinese medicine)
46.(一)料	(yī)liào	(量)	中医配制丸药每次所用原料的分量。
47.敛声屏气	liǎn shēng bǐng qì		有意识地收住声音，抑制呼吸。形容人安静。
48.放诞	fàngdàn	(形)	放纵不守规范。
49.泼辣货	pōla huò		泼辣的人。这里是开玩笑时说的俏皮话。货：指人，用于骂人的话或俏皮话。泼辣：bold and rigorous
50.辣子	làzi	(名)	辣椒。这里是对性格泼辣的人开玩笑的称呼。
51.内侄女	nèizhínǚ	(名)	妻子的弟兄的女儿。
52.假充	jiǎchōng	(动)	装成某种样子；冒充。
53.学名	xuémíng	(名)	①科学上的专门名称。②旧时指入学时使用的正式名字(区别于“小名”)。
54.标致	biāozhi	(形)	相貌、姿态美丽(多用于女子)。
55.通身	tōngshēn	(名)	全身。
56.气派	qìpài	(名)	指人的态度作风或某些事物所表现的气势。
57.外孙女	wàisūnnǚ	(名)	女儿的女儿。
58.嫡亲	díqīn	(名)	家族中血统最亲近的。
59.孙女	sūnnǚ	(名)	儿子的女儿。
60.怨不得	yuànbude		怪不得，难怪。
61.老祖宗	lǎozǔzong	(名)	指一个家族的上辈。ancestry 文中专称贾母。
62.姑妈	gūma	(名)〈口〉	即姑母，父亲的姐妹(已婚的)。
63.帕	pà	(名)	擦手擦脸用的布或绸子。手绢。handkerchief
64.布让	bù ràng		把菜肴、茶果分给座上客人，请客人接受招待。
65.月钱	yuèqián	(名)	封建社会的富户大家每月按等级发给家中人的零用钱。
66.想必*	xiǎngbì	(副)	表示肯定的推断。presumably
67.裁	cái	(动)	用刀剪等把片状物分成若干部分。cut(cloth, paper, etc.)

68.料(着)	liào(zhe)	(动)	预料；料想。
69.过目	guò mù		看一遍(表示审核)。
70.外甥女	wàishengnǚ	(名)	姐妹的女儿。
71.便宜	biànyí	(形)	方便合适。
72.遂*	suì	(副)〈书〉	就；于是。
73.驾	jià	(动)	用牲口拉(车等)。
74.驯骡	xún luó		驯服的骡子。
75.度	duó	(动)	揣度；估量。
76.隔断	géduàn	(动)	阻隔；使断绝。
77.悉	xī	(副)	全；尽。
78.小巧	xiǎoqiǎo	(形)	小而灵巧。
79.别致	biézhì	(形)	跟寻常不同，新奇可喜。
80.轩峻	xuānjùn	(形)	高大。
81.壮丽	zhuànglì	(形)	雄壮而美丽。
82.姬妾	jīqiè	(名)	旧时男人在妻子以外娶的女人。concubine
83.连日	liánrì	(名)	接连几天。
84.拙	zhuō	(形)	笨。
85.解(烦闷)	jiě(fánmèn)	(动)	解除；去掉。
86.外道	wàidao	(动)〈方〉	指过分客气反而显得疏远。也说“见外”。
87.苦(留)	kǔ(liú)	(副)	有耐心地；尽力地。earnestly and patiently
88.爱惜	àixī	(形)	疼爱，爱护。treasure; cherish
89.赐	cì	(动)	旧时指上级对下级、长辈对晚辈的给予。
90.恭	gōng	(形)	恭敬；有礼貌。
91.异日	yìrì	(名)	以后的日子。
92.领	lǐng	(动)	接受；取得。
93.容谅	róng liàng		不计较；原谅。
94.院落	yuànluò	(名)	院子。
95.四通八达	sì tōng bā dá		四面八方都有路可通，形容交通极便利。
96.轩昂	xuān'áng	(形)	①高扬。②形容精神饱满、振奋的样子。
97.时常	shícháng	(副)	①常常；经常。②平时；平常。
98.居坐宴息	jū zuò yàn xī		指饮食起居休息等日常生活。
99.锦褥	jǐn rù		用锦缎做的褥子。锦：表面有彩色花纹的丝织品。

100.位次	wèi cì		根据长幼尊卑而排定的坐位次序。
101.下首	xiàshǒu	（名）	位置较低下的一侧。指靠外的或靠右的一侧。跟"上首"相对。right-hand seat
102.针线	zhēnxian	（名）	缝纫刺绣等工作的总称。
103.尽让	jǐnràng	（动）〈方〉	让别人占先；推让。
104.还愿	huán yuàn		①（求神保佑的人）实践对神的许诺。②比喻实践诺言。
105.沾惹	zhān rě		（言语、行动）触动对方，引起麻烦。
106.衔	xián	（动）	用嘴含。hold in the mouth
107.玉	yù	（名）	jade
108.顽劣	wán liè		（小孩）爱玩爱闹，不听劝导。
109.溺爱	nì'ài	（动）	过分宠爱（自己的孩子）。spoil
110.表兄	biǎoxiōng	（名）	即表哥。son of one's father's sister or mother's brother or sisther (older than oneself)
111.陪笑	péixiào	（动）	用笑脸向人。
112.原故	yuángù	（名）	原因。也作"缘故"。
113.疼爱	téng'ài	（动）	关切喜爱。
114.甜言蜜语	tiányán mìyǔ		为了讨人喜欢或哄骗人而说的好听的话。
115.羹	gēng	（名）	煮成或蒸成的有浓汁的食物。a thick soup
116.推让	tuīràng	（动）	由于谦虚客气而不肯接受（利益、职位等）。
117.脾胃	pǐwèi	（名）	脾和胃。人体内的消化器官。
118.随和	suíhe	（形）	和气而不固执己见。
119.漱口	shù kǒu		含水洗口腔。
120.盥（手）	guàn(shǒu)	（动）	洗（手）。
121.惫懒	bèilǎn	（形）	调皮，不顺从。"懒"也作"赖"。
122.公子	gōngzǐ	（名）	泛指富贵人家子弟。
123.瞋视	chēn shì	〈书〉	发怒时睁大眼睛看。
124.好生（奇怪）	hǎoshēng(qíguài)	（副）	多么；很；极。
125.何等*	héděng	（副）	多么。
126.请安	qǐng'ān		向长辈问好、问安。
127.冠带	guān dài		帽子和腰带。
128.顶	dǐng	（名）	头的最上部。
129.仍旧*	réngjiù	（副）	仍然。still; yet
130.傅粉	fù fěn		搽粉。

131.唇	chún	(名)	lip
132.施脂	shī zhī		搽胭(yān)脂。胭脂：一种红色的化妆品。
133.情思	qíngsi	(名)	情意；心思。
134.(两)弯	(liǎng)wān	(量)	用于形状细长而有弧度的东西。如眉毛、月亮等。
135.闲静	xiánjìng	(形)	文雅安详。
136.面善	miànshàn	(形)	面熟。look familiar
137.和睦	hémù	(形)	相处很好；不争吵。
138.表字	biǎozì	(名)	人在本名以外所取的与本名有意义关系的另一名字(多见于早期白话)。
139.莫若	mòruò	(动)	莫如；不如。
140.颦	pín	(动)〈书〉	皱眉。
141.出典	chū diǎn		典故的来源；出处。
142.杜撰	dùzhuàn	(动)	没有根据地编造，凭空想出来。
143.忖度	cǔnduó	(动)	推测；揣度。
144.登时	dēngshí	(副)	立刻。
145.发作	fāzuò	(动)	①突然爆发或起作用。②发脾气。
146.狠命	hěnmìng	(形)〈方〉	用尽全力；拼命。
147.劳什子	láoshízi	(名)〈方〉	使人讨厌的东西。也作"牢什子"。
148.孽障	nièzhàng	(名)	旧时家长骂不肖子弟的话。
149.何苦*	hékǔ	(副)	用反问的语气表示不值得，意思是：何必自找苦吃呢？
150 命根子	mìnggēnzi	(名)	比喻最重要或最受重视的人或事物。
151.殉葬	xùnzàng	(动)	古代一种风俗，用财物、器具随葬。be buried alive with the dead
152.孝心	xiàoxīn	(名)	孝顺长辈之心。
153.套间(儿)	tàojiān(r)	(名)	跟正房两边相连的较小的房间。a small room opening off another
154.安置	ānzhì	(动)	安放；使人或事物有着落。
155.残冬*	cán dōng		剩余的(将尽的)冬天。
156.妥当	tuǒdang	(形)	稳妥适当。
157.遂心	suìxīn	(形)	合自己的心意；满意。
158.与	yǔ	(动)	给；赠。
159.乳母	rǔmǔ	(名)	奶妈。
160.贴身	tiēshēn	(形)	①紧挨着身体的。②跟随在身边的。
161.掌管	zhǎngguǎn	(动)	负责管理；主持。

162.钗钏	chāi chuàn		钗：妇女头上的首饰。钏：手镯。
163.沐	mù	(动)〈书〉	洗头发。
164.使役	shǐyì	(动)	使用。
165.陪侍	péishì	(动)	旧时指辈分或地位低的人站在辈分或地位高的人旁边伺候。

注　　释

1.曹雪芹(约1715—1763/1764)——清代杰出的小说家。名霑，字梦阮，号雪芹、芹圃、芹溪。生于南京，后来在北京定居。他的曾祖、祖父、父亲连续做官，很有权势。因受到皇室内部政治斗争的牵连，曹雪芹的父亲被免职，家产被抄没。他一生经历了家庭盛衰的巨大变化，对封建社会的腐朽和罪恶有比较清醒的认识，以他深厚的文学修养和卓越的艺术才能，创作了不朽巨著《红楼梦》。

2.林黛玉进贾府——节选自《红楼梦》第三回(人民文学出版社1957年版)。题目是后加的。内容是叙述描写小说的女主人公林黛玉初进贾府的所见所闻。通过她的见闻，勾勒出贾家荣宁两府的房屋建筑、室内陈设和生活起居的豪华气派，介绍出小说中的一大批主要人物。

3.敕造——奉皇帝命令而建造。敕(chì)：皇帝颁发的文书、诏令。

4.角门——建筑物靠近边角的小门。

5.一箭之远——一箭射到的距离。

6.垂花门——指富家宅院的内院院门，有雕刻的垂花倒悬于门额两侧，上边盖有宫殿式的小屋顶。

7.超手游廊——院门内两侧环抱的走廊。又作“抄手游廊”。

8.穿山游廊——从山墙开门接起来的游廊。山墙：房屋侧面的高墙。

9.不足之症——中医病症名。由身体虚弱引起。

10.人参养荣丸——中药中的一种补药。

11.嬷嬷(māma)——乳母，奶妈。

12.幄(wò)——帐幕。

13.仪门——官宦人家大门里面的第二道门。

14.甬路——院子里用砖、石铺成的路。

15.鹿顶——东西房和南北房连接转角的地方。

16.耳门——正院或正房的角门。

17.掐牙——锦缎叠成细条，嵌在衣服或背心的夹边上，仅露少许，作为装饰。

18.斋戒——古人在祭祀、礼佛或举行隆重大典前，沐浴、吃素，静养一至三日，摒除杂念，以示诚敬，叫“斋戒”。

19.混世魔王——古小说中某些神魔、绿林人物的外号。这里用来戏称宝玉的顽皮、任性。

20.内帏——封建贵族妇女居住的内室，此处代指女子。

21.倒座——四合房的跟正房相对的房屋。

22.抱厦厅——回绕堂屋后面的侧室。

23.总角——古时小儿头发刚刚长够长度，可以总起来梳成发髻，称为“总角”，后常拿

“总角”代表人在这种时候的年龄。

24.拂尘——撮兽类鬃、尾或棕线系(jì)在长柄的一端，用来挥拂尘土或驱赶蚊蝇。horsetail whisk

25.漱盂——漱口用的器具。盂(yú)。

26.二龙戏珠金抹额——有金色二龙戏珠妆饰图案的头上饰物。抹额：帽箍(gū)类的饰物。

27.二色金百蝶穿花大红箭袖——在大红衣料上有用深浅两色金线绣成花蝶图案的窄袖袍服。箭袖：因便于射箭穿用而得名。

28.五彩丝攒花结长穗宫绦——有彩色丝线做成的攒聚花朵的图案结成结扣的绦带。结：结子，绦带上妆饰性的结扣。绦(tāo)：用丝线做成的圆形或扁形的带子。

29.倭(wō)缎——日本缎子。

30.朝靴——朝见帝王时穿的靴子。靴(xuē)：高筒鞋。boots

31.金八宝坠脚——八宝：泛称金饰物上所嵌各色珍珠宝石。坠脚：成串悬缀的饰物下端，缀以金珠宝石等物，称为坠子或坠脚。

32.寄名锁——旧时迷信习俗，怕幼儿夭亡，给寺院或道观一定财物，让幼儿当寄名弟子，并用锁形饰物系在幼儿颈上，表示借神的命令将幼儿锁住。

33.护身符——旧时迷信习俗，道士画的一种符箓，带在身上，号称可以避祸免灾。

34.蹙(cù)——缩；皱。皱眉；愁容。

35.靥(yè)——酒窝儿。dimple

36.心较比干多一窍——比干：殷代(B. C. 14—11Century)末年人，传说比干心“有七窍”。窍：孔，即心眼。俗话说人的聪明与否决定于心眼多少。多一窍：是说比比干的心眼还多。

37.病若西子胜三分——西子：西施，春秋时越国的美女。相传西施有病，时常皱眉。

38.暖阁——一种前面两旁有隔扇、上有横楣的小炕。

39.碧纱厨——帏幛一类的东西，用木头做成架子，顶上和四周围上碧纱，可以折叠，夏天张开摆在室内或园中，坐卧在里面，可避蚊蝇。

40.藕合色——浅紫而微红的颜色。

41.花气袭人之句——全句是“花气袭人知骤暖”，见于宋代陆游诗《林居喜书》。意思是：花香扑鼻，知道天气骤然暖和了。

42.规谏——规劝，使改正错误。谏(jiàn)：用于对君主、尊长和朋友的劝勉。

词 语 例 解

正面五间上房，皆是雕梁画栋　院中随处之树木山石皆好

1.爱美之心人皆有之。

2.宪法是人人皆应遵守的国家根本大法。

3.展览会陈列的展品皆极精彩。

黛玉知是外祖母了，正欲下拜

动词“欲”表示行动上的主观打算或希望，相当于“希望”“想”“想要”。例如：

1.我欲乘风归去。

2.树欲静而风不止。

副词“欲”表示行为或情况不久就会发生，相当于“将”“将要”“快要”。例如：

3.山雨欲来风满楼。

4.黑云压城城欲摧。

5.健儿们摩拳擦掌，跃跃欲试。

哭个不休

量词“个”可以用于动词和补语之间，使补语带有宾语性质。动词可以带“了”。如：“砸个稀烂”，“下个不停”，“玩了个痛快”，“看个明白”。

量词“个”也可以跟“得”连用，但前面的动词不能带“了”。如：“洗得个干干净净”，“打得个落花流水”，“闹得个满城风雨”，“气得个不亦乐乎”。

先前　以前

表示比现在或某一个时间早的时间，二者可以互换。例如：

1.先前/以前这一带都是平房四合院，如今盖起了许多高层建筑。

2.农民的生活比先前/以前富裕多了。

但是“以前”跟“以后”相对。如：三天以前～三天以后，开学以前～开学以后。“以前”可以用在名词、动词的后面，表示时间，如：星期五以前、国庆以前、毕业以前、开学以前。“先前”跟“后来”相对，没有上述用法。

不一时

1.植树的人很多，不一时几百株小树苗就栽好了。

2.今天他骑车往返跑了几十里路，刚躺下不一时，就打起呼噜来了。

若要好时，除非从此以后总不许见哭声

连词“除非”强调某种情况是唯一的先决条件。主要用法是：

一、除非…，才…。表示一定要这样，才能产生某种结果。例如：

1.除非作手术移植肾脏，他的生命才有救。

2.除非你亲自去请，他才肯光临。

二、除非…，(否则…)不…。表示一定要这样，否则就不能产生某种结果。例如：

3.除非你答应他的条件，否则他是不会同意的。

4.除非你亲自去请，他绝不肯光临。

三、除非…(才…)，否则…。表示一定要这样，才会得到某种结果；如果不这样，就会得到另一种结果。例如：

5.除非你答应他的条件，他才同意；否则他是不会同意的。

6.除非作手术移植肾脏，否则他的生命就没救了。

不用“否则(要不、不然)”时，可以把后一小句挪到前面，意思相同。例如：

7.他不会来，除非你亲自去请。

四、如果(若)…要…，除非…。表示要想得到某种结果，一定要这样。例如：

8.要想取得第一手资料，除非亲自去作调查研究。

9.如果要提高生产效率，除非采用先进的设备和技术。

10.若要使经济现代化，除非实行改革。

一概　一律

副词“一概”“一律”都表示概括全部，没有例外。后面大都是双音节或多音节词语。例如：

一、一概/一律＋动

1.损坏公物一概/一律照原价赔偿。

2.只要是热爱祖国，愿意为祖国的建设事业贡献力量的人，我们一概/一律欢迎。

二、一概/一律＋形

3.单据未经盖章，一概/一律无效。

4.国家不分大小，应该一概/一律平等。

概括人时，常用“一律”。例如：

5.各种证件过期一概/一律作废。

6.游客一律(*一概)凭票入场。

“一律”还可以用作形容词，是一个样子的意思，如“千篇一律”“不要强求一律”。

想必太太记错了

副词“想必”有“想来一定”的意思，表示偏于肯定的推断或者估计。例如：

1.下星期举行论文答辩，想必你早已经准备好了。

2.九月初学校开学上课，想必你们已经旅游回来了。

3.接过我们的礼物，她甜甜的笑了，想必是挺满意的。

遂带着黛玉和王夫人作辞，大家送至穿堂

“遂”是文言虚词，意思和用法大致相当于“就”“于是”，表示时间相承或因果相承。例如：

1.下了飞机，遂乘车来到北京大学。

2.林黛玉母亲去世之后，到贾府过寄人篱下的生活。不久父亲又病故，遂成了孤儿。

何等眼熟

1.微雕是何等精巧的艺术！

2.这孩子何等聪明，14岁就考上了大学，17岁又考上了研究生！

3.举世闻名的万里长城何等雄伟壮丽！

仍旧　仍然

一、表示某种情况持续不变，有“还”“还是”的意思，修饰动词、形容词。多用于书面，口语用“还是”。例如：

1.王老师这学期仍旧/仍然教我们语法课。

2.这次旅行路线仍旧/仍然是先去西安，再去洛阳。

“仍旧/仍然”多用于复句表示转折的后一小句中，前面常有“可是”“但是”“却”。例如：

3.这位京剧武生演员虽已年过花甲，台上的功力却仍旧/仍然不减当年。

4.一个盲人在学习中遇到的挫折和困难是可想而知的，但是他仍旧/仍然充满信心地学下去。

二、表示恢复到原来的状态或情况，是“又”的意思。例如：

5.放出的信鸽，不久仍旧/仍然飞回原地。

6.学习结束后，他仍旧/仍然回装配车间当主任。

何苦摔那命根子

一、何苦+动(可用否定式)。句末多带“呢”。例如：

1.为了这点无关紧要的小事，何苦生这么大的气呢？

2.他决心已下，看样子主意不会改变了，你们何苦跟他费口舌呢？

二、何苦+呢。例如：

3.为了应付考试，一连几天开夜车，何苦呢！

4.你这是何苦呢？吵了半天大家都不痛快，问题还是解决不了呀！

残冬

“残”在这里是“剩余的”“将尽的”意思，多用来修饰单音节名词。如：“残生”“残敌”“残局”“残骸”“残兵败将”“残羹冷饭”“风卷残云”“残垣断壁”。

练　　习

一、填上适当的词语组成词组，并用前六个词语造句：

1.鬓发____	2.四__八__	3.远别____	4.甜__蜜__
5.举止____	6.穿__着__	7.雕__画__	8.何等____
9.吃穿____	10.时时____	11.步步____	12.一箭____
13.眉目____	14.弃__登__	15.弱不____	16.有__没__
17.袅袅____	18.疯疯____	19.敛__屏__	20.顽劣____

二、解释下列句中加点的词语：

1.黛玉知是外祖母来了，正欲下拜。

2.其钗环裙袄，三人皆是一样的妆束。

3.况我来了，自然和姐妹们一处，弟兄们是另院别房，岂有沾惹之理？

4.贾母见雪雁甚小，一团孩气，王嬷嬷又极老，料黛玉皆不遂心。

5.遂回明贾母，即把蕊珠更名袭人。

6.不过叙些黛玉之母，如何得病，如何请医服药，如何送死发丧。不免贾母又伤感起来。

7.众人都忙相劝慰，方略略止住。

8.黛玉正不知以何称呼。

9.有没有，什么要紧。

10.想必太太记错了。

11.不一时，只见三个奶妈并五六个丫环拥着三位姑娘来了。

12.正是呢，你也去罢，不必过来了。

13.黛玉度其处必是荣府中之花园隔断过来的。

14.异日再领，望舅母容谅。

三、模仿下列格式完成词组：

1.笑个不停　2.打得个落花流水　3.喝了个净光

哭个____	洗得个________	玩了个____
说个____	摆得个________	骂了个____
吃个____	花得个________	看了个____

四、选词填空(一概、一律、先前、以前)：

1.我们的汉语水平比____有了明显的提高。

2.出发____，再检查一下每个人的行李是否都准备齐全了。

3.节目开演____，演员们都在忙着化妆。

4.____他是个很爱说笑的人，最近为什么变得沉默了？

5.兑换外币____凭本人证件。

6.儿童文学作品一定要丰富多彩，切忌千篇____。

7.各公园、娱乐场所规定，暑假期间学生____半价。

8.中国有五十多个民族，各民族在政治、经济、文化方面____平等。

五、模仿造句：

1.除非作手术移植肾脏，他的生命才有救。

2.除非你陪着我，否则我就不去。

3.除非一夜不睡觉，才能写完这篇稿子，否则就完不成任务。

4.要我留下来，除非有好酒。

5.除非病得起不了床，他才不上班了。

6.他一定会来上班的，除非病得爬不起来了。

六、造句(每词作两句)：

1.何等　2.何苦　3.想必　4.仍旧　5.先前　6.不一时

七、写一篇200字左右的《林黛玉进贾府》故事梗概。

八、回答问题：

1.林黛玉进贾府为什么要“步步留心，时时在意，不要多说一句话，不可多行一步路”？

2.说说林黛玉的容貌特征。

3.贾宝玉出场之前，王夫人对他作了哪些介绍？林黛玉对他有什么样的猜想？他出场时的外表、语言、行动又如何？

4.请从王熙凤出场时的言谈、举止、神情，尤其是她的“人未到，笑声先到”等方面分析这个人物的性格。

5.请从课文里对林黛玉初进贾府的见闻、感受的描述中，分析说明贾母在贾府的地位。

生 词 索 引

C

惨然	(形)	cǎnrán	21.64
仓库	(名)	cāngkù	23.168
舱	(名)	cāng	24.122
藏书		cáng shū	16.10
操心		cāo xīn	26.64
草帽	(名)	cǎomào	17.26
插说	(名)	chāshuō	20.74
茶楼	(名)	chálóu	22.70
诧异	(形)	chàyì	24.40
拆散	(动)	chāisàn	20.40
钗钏		chāi chuàn	28.162
蝉	(名)	chán	26.3
缠绞	(动)	chánjiǎo	17.8
尝试	(动)	chángshì	21.122
常识	(名)	chángshí	18.93
偿(愿)	(动)	cháng(yuàn)	18.52
场院	(名)	chángyuàn	17.17
场合	(名)	chǎnghé	20.84
超脱	(动、形)	chāotuō	20.27
超越	(动)	chāoyuè	23.8
钞票	(名)	chāopiào	22.57
潮润润	(形)	cháorùnrùn	17.5
潮水	(名)	cháoshuǐ	21.116
嘲讽讥刺	〈书〉	cháofěng jīcì	20.71
嘲弄	(动)	cháonòng	26.74
彻夜	(名)	chèyè	24.109
瞋视	〈书〉	chēn shì	28.123
尘垢	(名)	chéngòu	26.155
尘芥	(名)	chénjiè	24.84
沉	(动)	chén	17.105
沉静	(形)	chénjìng	26.100
沉湎	(动)〈书〉	chénmiǎn	26.142
沉睡	(动)	chénshuì	21.29
沉思	(动)	chénsī	19.7
沉鸷	(形)	chénzhì	26.146
沉住气		chén zhù qì	23.112
陈列	(动)	chénliè	16.39
呈(着)	(动)	chéng(zhe)	26.160
乘兴	(动)	chéngxìng	22.7
盛	(动)	chéng	21.86
诚挚	(形)	chéngzhì	18.101
逞	(动)	chěng	18.20
痴心	(名)	chīxīn	27.30
迟疑	(形)	chíyí	21.38
耻辱	(名)	chǐrǔ	23.28
赤手空拳		chì shǒu kōng quán	19.32
冲动	(名)	chōngdòng	26.129
冲击	(动)	chōngjī	19.31
充当	(动)	chōngdāng	22.65
崇高	(形)	chónggāo	18.26
抽象	(名)	chōuxiàng	20.44
出榜		chū bǎng	27.38
出典		chū diǎn	28.141
出格		chū gé	25.11
出家		chū jiā	28.39
出口		chū kǒu	17.19
出落	(动)〈方〉	chūluo	15.38
出奇	(形)	chūqí	17.122
出入	(名、动)	chūrù	20.5
出师不利		chū shī bù lì	23.68
出息	(名)	chūxi	26.31
初夏	(名)	chūxià	19.3
除非	(连)	chúfēi	28.40
雏形	(名)	chúxíng	20.30
畜生	(名)	chùsheng	27.70
踹	(动)	chuài	27.52
穿戴	(动、名)	chuāndài	19.53
穿梭		chuān suō	17.84
穿堂	(名)	chuāntáng	28.14
船帮	(名)	chuánbāng	17.98
传播	(动)	chuánbō	20.96
传世		chuán shì	18.45
传扬	(动)	chuányáng	25.79
喘息	(动)	chuǎnxī	27.71
闯	(动)	chuǎng	15.36
捶	(动)	chuí	21.104
唇	(名)	chún	28.131

纯粹	（形）	chúncuì	15.3
纯熟	（形）	chúnshú	25.53
词锋	（名）	cífēng	26.57
词序	（名）	cíxù	20.42
刺激	（名、动）	cìjī	23.48
慈悲	（形）	cíbēi	25.19
赐	（动）	cì	28.89
从容	（形）	cōngróng	20.64
匆促	（形）	cōngcù	18.49
凑巧	（形）	còuqiǎo	25.28
粗通		cū tōng	20.59
粗略	（形）	cūlüè	18.43
促进	（动）	cùjìn	18.60
蹙缩	（动）	cùsuō	25.63
啐	（动）	cuì	27.27
忖度	（动）	cǔnduó	28.143

D

搭理	（动）	dāli	17.121
(一)沓	（量）	(yì)dá	21.39
打岔	（动）	dǎchà	26.40
打白	〈方〉	dǎbái	21.18
打点	（动）	dǎdian	17.52
打叠	（动）	dǎdié	21.30
打发	（动）	dǎfa	26.73
打躬	（动）	dǎgōng	27.114
打消	（动）	dǎxiāo	15.26
大肠	（名）	dàcháng	27.4
大典	（名）	dàdiǎn	24.15
大多数	（数）	dàduōshù	18.103
大家闺秀		dàjiā guīxiù	22.47
大理石	（名）	dàlǐshí	28.15
大前天	（名）	dàqiántiān	26.102
大体(上)	（形、名）	dàtǐ(shàng)	15.52
代价	（名）	dàijià	23.95
带挈	（动）	dàiqiè	27.9
殆尽	（形）	dàijìn	23.169
逮捕	（动）	dàibǔ	19.34
单(是)	（副）	dān(shì)	24.10
单裤	（名）	dānkù	17.28
担	（动）	dān	17.49
担当	（动）	dāndāng	24.110
担子	（名）	dànzi	17.48
胆怯	（形）	dǎnqiè	24.53
淡然	（形）	dànrán	24.72
淡雅	（形）	dànyǎ	19.15
诞辰	（名）	dànchén	18.50
当下	（副）	dāngxià	28.22
当先	（动）	dāngxiān	22.1
当铺	（名）	dàngpu	21.1
档	（名）	dàng	15.19
荡然无存		dàngrán wú cún	23.167
叨叨	（动）	dāodao	26.106
导语	（名）	dǎoyǔ	15.27
倒运	〈方〉	dǎo yùn	27.6
道儿	（名）	dàor	20.43
稻田		dào tián	21.8
得罪	（动）	dézuì	27.84
登记	（动）	dēngjì	22.59
登时	（副）	dēngshí	28.144
嘀咕	（动）	dígu	23.127
嫡亲	（名）	díqīn	28.58
底细	（名）	dǐxì	24.114
抵(得过)	（动）	dǐ(de guò)	24.104
抵当	（动）	dǐdàng	25.72
地道	（形）	dìdao	15.48
地盘	（名）	dìpán	23.136
地域	（名）	dìyù	18.72
地狱	（名）	dìyù	24.50
谛听	（动）〈书〉	dìtīng	26.89
掂	（动）	diān	21.119
踮	（动）	diǎn	21.118
点(出)	（动）	diǎn(chū)	18.78
点水不漏		diǎn shuǐ bù lòu	23.120
店板	（名）	diànbǎn	21.108
淀	（名）	diàn	17.1

殿后	(动)	diànhòu	22.2
刁钻	(形)	diāozuān	23.39
雕梁画栋		diāo liáng huà dòng	28.18
丁香花	(名)	dīngxiānghuā	19.1
钉(盯)	(动)	dīng	22.4
顶	(量)	dǐng	17.25
顶	(名)	dǐng	28.128
顶事	(形)	dǐngshì	17.46
东道主	(名)	dōngdàozhǔ	18.99
动力	(名)	dònglì	18.104
洞壁	(名)	dòngbì	20.38
兜(个)圈子		dōu(ge) quānzi	22.64
斗	(量)	dǒu	27.56
斗志	(名)	dòuzhì	23.72
逗	(动)	dòu	25.80
赌	(动)	dǔ	26.28
赌咒	(动)	dǔzhòu	26.42
杜撰	(动)	dùzhuàn	28.142
度	(动)	dù	28.75
(下)端	(名)	(xià)duān	24.37
端正	(形)	duānzhèng	15.44
断片	(名)	duànpiàn	24.93
断送	(动)	duànsòng	25.21
对策	(名)	duìcè	18.81
对付	(动)	duìfu	23.12
对象	(名)	duìxiàng	22.25
对照	(动)	duìzhào	26.54
钝响		dùn xiǎng	24.2
(一)顿	(量)	(yī)dùn	27.34
垛	(动、名)	duò	17.16

E

鹅	(名)	é	24.20
恶心	(动、形)	ěxin	15.68
恶毒	(形)	èdú	15.70
而况	(连)	érkuàng	20.60
而已	(助)	éryǐ	22.52

F

发抖		fādǒu	21.41
发疯		fā fēng	21.11
发恨		fā hèn	21.9
发昏	(动)	fāhūn	24.126
发毛	(动)〈口〉	fāmáo	26.77
发(了)霉		fā(le)méi	26.110
发泄	(动)	fāxiè	23.97
发怔		fā zhèng	21.51
发作	(动)	fāzuò	28.145
法律	(名)	fǎlǜ	20.81
法术	(名)	fǎshù	20.39
法西斯	(名)	fǎxīsī	18.16
发鬓	(名)	fàbìn	22.20
翻腾	(动)	fānteng	26.98
烦厌	(形)	fányàn	25.54
反倒	(连)	fǎndào	22.49
反抗	(动)	fǎnkàng	26.172
反之	(连)	fǎnzhī	15.58
返	(动)	fǎn	22.8
贩子	(名)	fànzi	21.83
方才	(名、副)	fāngcái	21.65
方针	(名)	fāngzhēn	18.65
放诞	(形)	fàngdàn	28.48
飞跃	(动)	fēiyuè	23.3
非但	(连)	fēidàn	22.11
(圆)腓	(名)	(yuán)féi	22.24
沸反盈天		fèi fǎn yíng tiān	24.124
分寸	(名)	fēncun	15.13
分明	(形、副)	fēnmíng	24.27
坟	(名)	fén	21.70
分外	(副、名)	fènwài	25.84
愤愤不平		fènfèn bù píng	20.67
愤恨	(形)	fènhèn	26.176
丰采	(名)〈书〉	fēngcǎi	26.159
风采夺人		fēngcǎi duó rén	23.166

风格	(名)	fēnggé	20.85
风险	(名)	fēngxiǎn	23.94
疯疯癫癫	(形)	fēngfēngdiāndiān	28.43
麸皮	(名)	fūpí	21.35
伏击	(动)	fújī	17.115
服(药)	(动)	fú(yào)	28.31
服膺	(动)〈书〉	fúyīng	18.51
俘获	(动)	fúhuò	23.123
浮水		fú shuǐ	17.125
(大)幅度	(名)	(dà)fúdù	23.2
福气	(名)	fúqi	26.117
抚(着)	(动)	fǔ(zhe)	26.85
抚恤金	(名)	fǔxùjīn	26.168
阜盛	(形)〈书〉	fùshèng	28.8
赴(会)	(动)	fù(huì)	18.15
复发	(动)	fùfā	25.22
复杂	(形)	fùzá	20.16
负担	(名、动)	fùdān	23.74
负疚	(动)〈书〉	fùjiù	24.75
傅粉		fù fěn	28.130

G

该死(的)	〈口〉	gāisǐ(de)	27.69
概念	(名)	gàiniàn	18.19
干涉	(动)	gānshè	18.84
甘心	(动)	gānxīn	27.37
高昂	(形)	gāo'áng	23.71
高贵	(形)	gāoguì	26.119
高手	(名)	gāoshǒu	23.141
高寿	(名)	gāoshòu	15.16
膏药	(名)	gāoyao	27.73
糕团铺	(名)	gāotuánpù	21.78
告假		gàojià	26.86
告诫	(动)	gàojiè	25.42
割裂	(动)	gēliè	20.55
搁	(动)	gē	19.72
格外	(副)	géwài	26.147
隔断	(名)	géduàn	28.76
隔膜	(形)	gémó	18.39
个别	(形)	gèbié	20.41
根本	(形)	gēnběn	20.93
羹	(名)	gēng	28.115
工役	(名)	gōngyì	21.33
公馆	(名)	gōngguǎn	26.16
公式	(名)	gōngshì	20.6
公子	(名)	gōngzǐ	28.122
公推	(动)	gōngtuī	17.43
攻克	(动)	gōngkè	23.157
攻势	(名)	gōngshì	23.159
恭	(形)	gōng	28.90
恭喜	(名)	gōngxǐ	27.42
拱手		gǒng shǒu	27.15
共鸣	(名)	gòngmíng	26.140
估摸	(动)〈口〉	gūmo	15.6
孤芳自赏		gūfāng zì shǎng	22.40
姑妈	(名)	gūmā	28.62
古色古香		gǔ sè gǔ xiāng	26.8
古玩	(名)	gǔwán	22.55
鼓	(名)	gǔ	22.80
故乡	(名)	gùxiāng	24.5
顾忌	(动)	gùjì	26.134
呱呱叫	(形)〈口〉	guāguājiào	26.37
挂上钩		guà shang gōu	20.46
怪不得	(副)	guàibude	19.87
关乎	(动)	guānhū	20.58
关联	(动)	guānlián	23.119
关头	(名)	guāntóu	19.54
关系(到)	(动)	guānxì(dào)	18.95
观战		guān zhàn	23.34
观礼		guān lǐ	23.155
官路	(名)	guānlù	21.96
冠带		guān dài	28.127
管保	(动)	guǎnbǎo	17.126
管待	(动)	guǎndài	27.54
管家	(名)	guǎnjiā	27.89
冠词	(名)	guàncí	15.50

掼	(动)	guàn	27.47
盥(手)	(动)	guàn(shǒu)	28.120
光顾	(动)	guānggù	16.23
光阴	(名)	guāngyīn	16.32
广泛	(形)	guǎngfàn	18.73
广阔	(形)	guǎngkuò	18.64
瑰宝	(名)	guībǎo	18.23
鬼混	(动)	guǐhùn	26.180
诡秘	(形)	guǐmì	25.67
贵庚	(名)	guìgēng	15.15
果不其然		guǒ bù qí rán	27.118
过目		guò mù	28.69
过瘾		guò yǐn	22.46

H

呵欠	(名)	hāqian	26.144
含胡	(形)	hánhu	20.34
寒暄	(动)	hánxuān	24.11
汉奸	(名)	hànjiān	17.50
旱	(形)	hàn	21.19
嚎	(动)	háo	25.14
好(不)容易		hǎo(bù)róngyì	21.95
好生(奇怪)	(副)	hǎoshēng (qíguài)	28.124
嗬	(叹)	hē	15.57
合格	(形)	hégé	18.74
何愁		hé chóu	27.116
何等	(副)	héděng	28.125
何苦	(副)	hékǔ	28.149
何以	〈书〉	héyǐ	24.88
和睦	(形)	hémù	28.137
荷花箭	(名)	héhuājiàn	17.91
核算	(动)	hésuàn	23.149
核心	(名)	héxīn	18.94
贺仪	(名)	hèyí	27.104
黑簇簇	(形)	hēicùcù	21.72
狠命	(形)〈方〉	hěnmìng	28.146
狠心	(形)	hěnxīn	17.64
恨不得	〈口〉	hènbude	22.61
哼(起来)	(动)	hēng(qilai)	21.112
横冲直撞		héng chōng zhí zhuàng	21.15
横七竖八		héng qī shù bā	24.21
横	(形)	hèng	17.120
后脑勺(儿)		hòu nǎosháo(r)	19.36
后生可畏		hòushēng kě wèi	23.9
呼噜	(动)〈口〉	hūlu	21.50
呼噪	(动)	hūzào	21.113
胡来	(动)	húlái	26.88
花白	(形)	huābái	24.34
花搭(着)	(动)〈方〉	huāda(zhe)	15.10
花冠	(名)	huāguān	25.10
花纹(儿)	(名)	huāwénr	17.20
花洋布		huā yángbù	21.42
哗	(象声)	huā	17.75
划(船)	(动)	huá(chuán)	17.55
划(破)	(动)	huá(pò)	17.34
华居	(名)	huájū	27.106
(募)化	(动)	(mù)huà	28.38
怀	(名)	huái	17.11
欢天喜地		huāntiān xǐdì	17.57
还愿		huán yuàn	28.104
荒凉	(形)	huāngliáng	16.9
荒年荒时		huāng nián huāng shí	21.97
荒唐	(形)	huāngtang	26.183
慌	(形)	huāng	17.66
皇帝	(名)	huángdì	27.117
黄豆	(名)	huángdòu	21.114
黄昏	(名)	huánghūn	19.4
惶急	(形)	huángjí	24.45
恍恍惚惚	(形)	huǎnghuanghūhū	26.79
灰飞烟灭		huī fēi yān miè	19.22
挥舞	(动)	huīwǔ	19.30
回味	(名、动)	huíwèi	23.1

(不)介意		(bù)jiè yì	16.26
借光	〈口〉	jiè guāng	15.37
借鉴	(动)	jièjiàn	18.22
借题发挥		jiè tí fāhuī	24.12
今非昔比		jīn fēi xī bǐ	23.104
金刚石	(名)	jīngāngshí	18.17
尽让	(动)〈方〉	jìnràng	28.103
紧缩	(动)	jǐnsuō	24.71
锦褥		jǐn rù	28.99
锦上添花	(成)	jǐnshàngtiān huā	23.153
谨具	(动)〈书〉	jǐnjù	27.103
晋升	(动)〈书〉	jìnshēng	23.103
京白	(名)	jīngbái	15.1
惊愕	(形)〈书〉	jīng'è	26.116
经不起		jīng bu qǐ	23.88
经典	(名)	jīngdiǎn	20.80
经意	(形)	jīngyì	26.24
精采	(名)	jīngcǎi	24.38
精光	(形)	jīngguāng	21.25
精明强干		jīngmíng qiáng gàn	25.6
精致	(形)	jīngzhì	17.21
景色宜人		jǐngsè yírén	23.36
颈(上)	(名)	jǐng(shang)	26.154
警戒	(动)	jǐngjiè	17.130
敬重	(动)	jìngzhòng	26.122
境遇	(名)	jìngyù	25.39
啾啾	(象声)	jiūjiū	26.78
久经沙场		jiǔ jīng shā chǎng	23.114
久仰	(动)	jiǔyǎng	27.93
酒精	(名)	jiǔjīng	19.52
舅母	(名)	jiùmǔ	28.24
居留	(动)	jūliú	22.67
居坐宴息		jū zuò yàn xī	28.98
局促	(形)	júcù	25.64
局势	(名)	júshì	23.131
沮丧	(形)	jǔsàng	26.123
咀嚼	(动)	jǔjué	25.58
举动	(名、动)	jǔdòng	26.11
举止	(名)	jǔzhǐ	23.165
惧悔交集		jù huǐ jiāo jí	26.84
据点	(名)	jùdiǎn	17.39
聚精会神	(成)	jùjīng huì shén	17.100
锯(开)	(动)	jù(kāi)	25.69
决计	(动)	juéjì	24.31
倔强	(形)	juéjiàng	26.53
绝望	(动)	juéwàng	25.2
峻厉	(形)〈书〉	jùnlì	26.149

K

开架		kāi jià	16.27
开明	(形)	kāimíng	17.44
开市		kāi shì	21.106
开心	(形)	kāixīn	22.74
刊登	(动)	kāndēng	18.48
靠拢		kào lǒng	20.53
(草)窠	(名)	(cǎo)kē	25.33
可(曾)	(副)〈书〉	kě(céng)	27.21
可见	(连)	kějiàn	24.68
可巧	(副)	kěqiǎo	28.20
可心(意)		kě xīn(yì)	15.25
克制	(动)	kèzhì	19.79
客套	(名、动)	kètào	15.17
客队	(名)	kèduì	23.32
空谷幽兰		kōng gǔ yōu lán	22.39
空落落	(形)	kōngluòluò	21.22
空前	(动)	kōngqián	23.105
空想	(名)	kōngxiǎng	26.71
空虚	(形)	kōngxū	16.6
恐怖	(形)	kǒngbù	25.70
恐吓	(动)	kǒnghè	26.51
口才	(名)	kǒucái	20.78
口吃	(形)	kǒuchī	26.56
哭哭啼啼		kūkutítí	27.57

窟窿	(名)	kūlong	25.16
苦(留)	(副)	kǔ(liú)	28.87
苦海	(名)	kǔhǎi	26.138
苦衷	(名)	kǔzhōng	23.56
宽洪大量		kuānhóng dà liàng	24.127
宽恕	(形)	kuānshù	25.51
宽慰	(动)	kuānwèi	24.74
筐子	(名)	kuāngzi	21.85
况且	(连)	kuàngqiě	24.32
矿(上)	(名)	kuàng(shang)	26.33
窥视	(动)	kuīshì	26.21
窥探	(动)	kuītàn	24.121
魁伟	(形)	kuíwěi	26.52
困境	(名)	kùnjìng	23.116
扩散	(动)	kuòsàn	23.80
阔气	(形)	kuòqi	26.67

L

辣子	(名)	làzi	28.50
(都)来得	(动)〈口〉	(dōu)láide	25.23
来历	(名)	láilì	20.4
来年	(名)	láinián	24.18
来去无踪		lái qù wú zōng	23.109
来着	(助)〈口〉	láizhe	26.49
烂忠厚	(形)	lànzhōnghòu	27.17
狼	(名)	láng	25.24
浪漫	(形)	làngmàn	18.31
牢门	(名)	láomén	21.101
劳什子	(名)〈方〉	láoshízi	28.147
老(大的)	(副)	lǎo(dàde)	26.35
老将	(名)	lǎojiàng	23.23
老气横秋	(成)	lǎoqìhéngqiū	15.56
老祖宗	(名)	lǎozǔzong	28.61
乐此不疲		lè cǐ bù pí	16.33
类似	(形)	lèisì	23.130
冷静	(形)	lěngjìng	23.135
冷酷	(形)	lěngkù	16.42

礼节	(名)	lǐjié	26.18
礼数	(名)	lǐshù	19.55
里里外外		lǐlǐwàiwài	26.109
理直气壮		lǐ zhí qì zhuàng	26.65
理智	(名)	lǐzhì	26.131
历来	(副)	lìlái	25.82
连贯	(动)	liánguàn	20.75
连日	(名)	liánrì	28.83
连缀	(动)	liánzhuì	20.12
联绵不断		liánmián bù duàn	25.98
敛(起)	(动)	liǎn(qǐ)	25.49
敛声屏气		liǎn shēng bǐng qì	28.47
凉爽	(形)	liángshuǎng	17.2
聊且	(副)	liáoqiě	22.44
了(结)	(动)	liǎo(jié)	20.95
(那还)了得		(nà hái) liǎode	23.146
(一)料	(量)	(yì)liào	28.46
料(着)	(动)	liào(zhe)	28.68
撂	(动)	liào	21.36
劣势	(名)	lièshì	23.129
吝惜	(动)	lìnxī	20.94
伶俐	(形)	línglì	25.94
灵感	(名)	línggǎn	22.54
灵活	(形)	línghuó	25.40
凌厉	(形)	línglì	23.160
菱角	(名)	língjiǎo	17.74
零碎	(形)	língsuì	20.49
零零碎碎	(形)	línglingsuìsuì	26.27
领	(动)	lǐng	28.92
领扣		lǐng kòu	26.152
领先	(动)	lǐngxiān	23.57
浏览	(动)	liúlǎn	16.14
流星	(名)	liúxīng	17.129
留神		liúshén	22.51
笼罩	(动)	lǒngzhào	24.82

篓	（名）	lǒu	17.32
橹	（名）	lǔ	17.86
屡次	（副）	lǚcì	24.79
滤（药）	（动）	lǜ(yào)	26.10
绿荫荫	（形）	lǜyīnyīn	26.2
乱哄哄	（形）	luànhōnghōng	21.125
掠	（动）	lüè	17.95
轮廓	（名）	lúnkuò	26.91
论理	（副）	lùnlǐ	24.51
锣	（名）	luó	27.40
落后	（形）	luòhòu	17.113
落款		luò kuǎn	19.63
落水鸡	（名）	luòshuǐjī	17.119

M

抹布	（名）	mābù	26.22
骂街		mà jiē	15.65
卖主	（名）	màizhǔ	15.73
蛮干	（动）	mángàn	23.110
蛮劲（儿）	（名）〈口〉	mánjìnr	26.99
曼妙	（形）〈书〉	mànmiào	22.21
忙里偷闲		máng lǐtōu xián	22.78
芒刺	（名）	mángcì	24.43
茂密	（形）	màomì	19.78
冒（出）	（动）	mào(chū)	17.112
冒失	（形）	màoshi	17.78
没命（地）		méimìng(de)	21.73
眉目	（名）	méimù	26.92
每常	（副）	měicháng	27.81
美感	（名）	měigǎn	22.30
门牌	（名）	ménpái	19.56
门生	（名）	ménshēng	27.9
门下	（名）	ménxià	27.100
朦胧	（形）	ménglóng	25.97
猛孤丁	（副）〈方〉	měnggudīng	15.29
猛然	（副）	měngrán	21.129
梦境	（名）	mèngjìng	18.33
秘书长	（名）	mìshūzhǎng	18.1
密集	（形）	mìjí	21.84
密密层层	（形）	mìmicéngcéng	17.88
棉絮	（名）	miánxù	21.52
绵绸	（名）	miánchóu	21.48
免得	（副）	miǎnde	25.74
腼腆	（形）	miǎntiǎn	19.66
面孔	（名）	miànkǒng	19.12
面善	（形）	miànshàn	28.136
面相	（名）〈方〉	miànxiàng	21.123
面子	（名）	miànzi	26.32
瞄	（动）	miáo	17.73
名副其实	（成）	míngfù qíshí	18.12
名讳	（名）	mínghuì	26.182
名誉	（名）	míngyù	18.10
明慧	（形）〈书〉	mínghuì	26.96
明快	（形）	míngkuài	23.14
明目张胆	（成）	míng mù zhāng dǎn	18.86
明显	（形）	míngxiǎn	23.7
命根子	（名）	mìnggēnzi	28.150
命运	（名）	mìngyùn	23.45
谬种	（名）	miùzhǒng	24.69
摸底		mō dǐ	23.35
末路	（名）	mòlù	24.48
莫	（副）〈书〉	mò	27.45
莫若	（动）	mòruò	28.139
木刻	（名）	mùkè	24.36
木偶	（名）	mù'ǒu	25.93
沐	（动）〈书〉	mù	28.163
目不转睛		mù bù zhuǎn jīng	26.111
目的	（名）	mùdì	22.10
幕	（名）	mù	23.73
暮春	（名）	mùchūn	19.2
暮色	（名）	mùsè	19.77

N

拿手戏		náshǒu xì	17.109

捺	(动)	nà	25.9
乃至	(连)	nǎizhì	18.44
奶妈	(名)	nǎimā	21.43
耐劳		nài láo	24.103
难处	(名)	nánchu	17.47
难堪	(形)	nánkān	23.83
喃喃	(象声)	nánnán	23.171
脑筋	(名)	nǎojīn	26.162
恼羞	(形)	nǎoxiū	26.47
闹鬼		nàoguǐ	26.68
内地	(名)	nèidì	26.170
内侄女	(名)	nèizhínǚ	28.51
逆转	(动)	nìzhuǎn	23.133
溺	(动)	nì	21.46
溺爱	(动)	nì'ài	28.109
腻	(形)	nì	22.50
年谊	(名)	niányì	27.110
黏着	(动)	niánzhuó	22.9
碾	(动)	niǎn	21.28
撵	(动)	niǎn	19.35
念佛		niàn fó	21.82
念念有词		niàn niàn yǒu cí	20.60
孽障	(名)	nièzhàng	28.148
嗫嚅	(形)〈书〉	nièrú	26.105
凝神静思		níng shén jìng sī	23.150
凝视	(动)	níngshì	22.45
宁可	(连)	nìngkě	23.147
拗不过		niù bu guò	25.62
浓郁	(形)	nóngyù	19.5
怒气	(名)	nùqì	26.48
女婿	(名)	nǚxu	26.51

O

喔唷	(叹)	ōyō	21.110
藕断丝连	(成)	ǒuduàn sīlián	17.53

P

趴	(动)	pā	17.124
帕	(名)	pà	28.63
徘徊	(动)	páihuái	16.18
(一)派	(量)	(yī)pài	18.4
攀谈	(动)	pāntán	27.91
盘缠	(名)〈方〉	pánchan	27.32
盘费	(名)	pánfèi	27.25
盘桓	(动)〈书〉	pánhuán	16.13
庞然大物		pángrán dà wù	15.59
泡(茶)	(动)	pào(chá)	26.41
炮烙	(名)	páoluò	25.87
陪侍	(动)	péishì	28.165
陪笑	(动)	péixiào	28.111
赔罪		péi zuì	24.117
怦怦	(象声)	pēngpēng	23.90
(热气)蓬蓬		(rè qì)péng péng	21.79
碰巧	(副)	pèngqiǎo	17.54
劈劈啪啪	(象声)	pīpī pāpā	21.109
劈手	(动)	pīshǒu	27.46
皮之不存，毛将焉附	(成)	pí zhī bù cún, máo jiāng yān fù	18.92
匹	(量)	pǐ	27.41
脾胃	(名)	píwèi	28.117
癖	(名)	pǐ	16.7
屁股	(名)	pìgu	21.94
媲美	(动)	pìměi	18.21
飘逸	(形)〈书〉	piāoyì	23.16
瞥	(动)	piē	25.60
撇	(动)	piě	21.120
拼搏	(动)	pīnbó	23.140
拼命		pīn mìng	17.51
颦	(动)〈书〉	pín	28.140
品貌	(名)	pǐnmào	27.83
平安	(形)	píng'ān	28.42
平衡	(名)	pínghéng	23.124
平起平坐		píng qǐ píng zuò	27.16
平视	(动)	píngshì	22.35

平行	(形)	píngxíng	20.3
平正	(形)	píngzhèng	18.40
评头品足	(成)	píngtóu pǐnzú	22.26
屏风	(名)	píngfēng	28.16
泼辣货		pōla huò	28.49
破	(动)	pò	17.3
破绽	(名)	pòzhàn	23.111
卜卜	(象声)	pūpū	21.121
扑楞楞	(象声)	pūlēnglēng	17.94
铺盖	(名)	pūgai	25.18
仆妇	(名)	púfù	28.3
仆人	(名)	púrén	26.17
朴素	(形)	pǔsù	15.18
普及	(动)	pǔjí	20.89
普通话		pǔtōnghuà	15.5

Q

七枝八叉		qī zhī bā chā	19.41
岂(不是)	(副)〈书〉	qǐ(bu shì)	19.45
乞丐	(名)	qǐgài	21.76
启示	(动)	qǐshì	22.29
起	(量)	qǐ	21.69
起源	(动)	qǐyuán	20.31
气派	(名)	qìpài	28.56
气色	(名)	qìsè	24.25
气息	(名)	qìxī	23.77
汽笛	(名)	qìdí	21.3
器皿	(名)	qìmǐn	25.61
器宇轩昂		qì yǔxuān'áng	23.164
千恩万谢		qiān ēn wàn xiè	27.22
牵动	(动)	qiāndòng	23.49
牵挂	(动)	qiānguà	25.27
前尘	(名)〈书〉	qiánchén	19.9
前程万里		qiánchéng wàn lǐ	20.26
前景	(名)	qiánjǐng	18.5
潜伏	(动)	qiánfú	26.139
浅陋	(形)	qiǎnlòu	16.43
强行	(动)	qiángxíng	23.122
强笑	(形)	qiǎngxiào	26.177
且说		qiě shuō	28.1
切切	(副)	qièqiè	24.41
切身	(形)	qièshēn	18.83
怯弱	(形)	qièruò	26.127
亲密无间		qīnmì wú jiàn	18.37
亲戚	(名)	qīnqi	17.56
亲热	(形)	qīnrè	15.60
亲生	(形)	qīnshēng	26.43
侵略	(动)	qīnlüè	18.57
勤	(形)	qín	21.68
擒(住)	(动)	qín(zhù)	25.15
清脆	(形)	qīngcuì	17.102
清淡	(形)	qīngdàn	21.21
清贫	(形)	qīngpín	27.101
清闲	(形)	qīngxián	25.45
清秀	(形)	qīngxiù	26.125
清一色	(形)	qīngyīsè	15.12
倾诉	(动)	qīngsù	18.32
倾斜	(形)	qīngxié	23.132
倾泻	(动)	qīngxiè	23.91
轻快	(形)	qīngkuài	19.51
轻灵	(形)	qīnglíng	23.15
轻描淡写		qīng miáo dàn xiě	26.81
轻蔑	(形)	qīngmiè	26.39
轻取	(动)	qīngqǔ	23.138
轻盈	(形)	qīngyíng	19.76
情调	(名)	qíngdiào	19.17
情思	(名)	qíngsī	28.133
情绪	(名)	qíngxù	19.84
请安		qǐngān	28.126
庆幸	(动)	qìngxìng	18.14
亲家母	(名)	qìngjiamǔ	27.19
秋波	(名)	qiūbō	22.56
求情	(动)	qiúqíng	26.38
求恕		qiú shù	26.174

泅	(动)	qiú	17.114
取而代之		qǔ ér dài zhī	20.91
取决(于)	(动)	qǔjué(yú)	20.35
(圆)圈圈	(名)	(yuán)quān quān	17.72
权变	(动)	quánbiàn	27.64
权利	(名)	quánlì	18.70
权且	(副)	quánqiě	27.105
权威性	(名)	quánwēixìng	20.83
全局	(名)	quánjú	24.59
全神贯注		quán shén guàn zhù	19.26
逡巡	(动)〈书〉	qūnxún	16.4
群芳谱	(名)	qúnfāngpǔ	18.24

R

燃放	(动)	ránfàng	24.3
扰动	(动)	rǎodòng	21.89
人才辈出		réncái bèichū	18.63
仁慈	(形)	réncí	26.179
人格化	(动)	réngéhuà	15.61
人家	(代)	rénjia	19.60
仁兄	(名)	rénxiōng	15.69
人烟	(名)	rényān	28.7
人云亦云		rén yún yì yún	20.7
忍气吞声		rěn qì tūn shēng	21.17
任凭	(连)	rènpíng	22.41
仍旧	(副)	réngjiù	28.129
容谅		róngliàng	28.93
容忍	(动)	róngrěn	18.30
柔滑	(形)	róuhuá	17.9
柔软	(形)	róuruǎn	23.13
如此这般		rúcǐ zhèbān	27.60
如何是好		rúhé shì hǎo	27.53
乳白	(形)	rǔbái	17.76
乳房	(名)	rǔfáng	21.56
乳母	(名)	rǔmǔ	28.159
褥(子)	(名)	rù(zi)	24.82
锐利	(形)	ruìlì	26.58
润泽	(形)	rùnzé	26.157
弱不胜衣		ruò bù shèng yī	28.35
弱点	(名)	ruòdiǎn	23.61
若是	(连)	ruòshì	16.25

S

桑梓	(名)	sāngzǐ	27.92
丧失	(动)	sàngshī	23.41
扫荡	(动)	sǎodàng	16.35
瑟瑟	(象声)	sèsè	24.83
煽动	(动)	shāndòng	26.59
闪光灯	(名)	shǎnguāng dēng	23.163
闪烁	(动)	shǎnshuò	26.126
擅长	(动)	shàncháng	23.125
讪讪	(形)	shànshàn	25.47
扇子	(名)	shànzi	26.6
伤感	(形)	shānggǎn	28.33
商议	(动)	shāngyì	27.26
商酌	(动)	shāngzhuó	27.55
晌午	(名)	shǎngwu	17.59
赏钱	(名)	shǎngqian	26.26
赏心乐事		shǎng xīn lè shì	16.20
上上下下		shàng shàng xià xià	26.36
少不得		shǎo bu dé	27.24
少顷	(名)〈书〉	shǎoqǐng	27.80
哨兵	(名)	shàobīng	17.93
舍(与)	(动)	shě(yǔ)	27.29
射击	(动)	shèjī	17.101
设想	(动)	shèxiǎng	20.36
身段	(名)	shēnduàn	22.22
身子骨儿	(名)〈方〉	shēnzigǔr	15.62
神速	(形)	shénsù	23.40
婶	(名)	shěn	24.99
(更)甚	(副)	(gèng)shèn	22.16
渗(出)	(动)	shèn(chū)	19.37

升	（量）	shēng	27.39
生存	（动）	shēngcún	18.91
生手	（名）	shēngshǒu	25.29
生意	（名）	shēngyì	21.20
生硬	（形）	shēngyìng	15.24
声东击西		shēng dōng jī xī	23.108
声息	（名）	shēngxī	24.120
胜(于)	（动）	shèng(yú)	18.35
盛会	（名）	shènghuì	18.89
失常	（形）	shīcháng	23.134
失措	（动）	shīcuò	26.178
失利		shī lì	23.46
失色	（动）	shīsè	24.112
失神	（动）	shīshén	21.127
失望	（动）	shīwàng	26.93
失言		shī yán	26.104
施脂		shī zhī	28.132
时常	（副）	shícháng	28.97
时款	（形）	shíkuǎn	22.18
时髦	（形）	shímáo	26.164
实力	（名）	shílì	23.22
驶	（动）	shǐ	17.83
使唤	（动）	shǐhuan	26.29
使役	（动）	shǐyì	28.164
适才	（副）	shìcái	27.76
适合	（动）	shìhé	19.18
适应	（动）	shìyìng	20.90
世好	（名）	shìhǎo	27.111
事过境迁	（成）	shì guò jìng qiān	23.24
事迹	（名）	shìjì	24.92
事由	（名）	shìyóu	26.63
试金石	（名）	shìjīnshí	15.49
市井无赖		shìjǐng wúlài	22.27
士气	（名）	shìqì	23.69
示意	（动）	shìyì	19.65
视觉	（名）	shìjué	20.19
视力	（名）	shìlì	16.40
视线	（名）	shìxiàn	24.33
势必	（副）	shìbì	23.121
势均力敌	（成）	shì jūn lì dí	23.86
势如破竹	（成）	shì rú pò zhú	23.98
收割	（动）	shōugē	17.15
收敛	（动）	shōuliǎn	26.103
守(着)	（动）	shǒu(zhe)	19.68
手段	（名）	shǒuduàn	20.18
手榴弹	（名）	shǒuliúdàn	17.104
手下	（名）	shǒuxià	26.25
受刑		shòu xíng	19.28
瘦削	（形）	shòuxuē	24.35
舒畅	（形）	shūchàng	24.91
舒展	（形）	shūzhǎn	17.89
赎	（动）	shú	21.126
熟人	（名）	shúrén	22.12
熟悉	（动）	shúxī	19.11
鼠	（名）	shǔ	25.92
漱口		shù kǒu	28.119
刷	（动）	shuā	26.23
衰退	（动）	shuāituì	16.41
拴马桩		shuān mǎ zhuāng	17.67
双喜临门		shuāng xǐ lín mén	23.154
爽快	（形）	shuǎngkuai	26.12
水灵	（形）〈方〉	shuǐling	15.39
水皮儿	（名）	shuǐpí(r)	17.81
水式	（名）	shuǐshì	17.127
水银	（名）	shuǐyín	17.63
吮	（动）	shǔn	17.35
顺当	（形）〈口〉	shùndang	23.161
丝毫	（副、名）	sīháo	20.48
思考	（动）	sīkǎo	20.54
思路	（名）	sīlù	23.17
厮认		sī rèn	28.30
斯文扫地	（成）	sīwén sǎo dì	16.34
死板	（形）	sǐbǎn	15.41
四通八达		sì tōng bā dá	28.95

似笑非笑		sì xiào fēi xiào	25.57
松弛	(形)	sōngchí	26.15
松散	(动)	sōngsǎn	26.153
悚然	(形)〈书〉	sǒngrán	24.42
送死发丧		sòng sǐ fā sāng	28.32
飕	(象声)	sōu	26.80
塑(造)	(动)	sù(zào)	22.23
素不相识		sù bù xiāngshí	16.28
肃然	(形)	sùrán	28.13
宿愿	(名)	sùyuàn	18.53
诉之于		sùzhīyú	20.20
素质	(名)	sùzhì	15.45
随和	(形)	suíhe	28.118
随机应变	(成)	suíjī yìngbiàn	20.9
随着	(介、副)	suízhe	18.7
遂	(副)〈书〉	suì	28.72
遂心	(形)	suìxīn	28.157
孙女	(名)	sūnnǚ	28.59
损人		sǔn rén	15.67
损失	(动、名)	sǔnshī	23.143
梭鱼	(名)	suōyú	17.82
所向披靡	(成)	suǒxiàng pīmǐ	23.99
所在	(名)	suǒzài	18.80
锁眼	(名)	suǒyǎnr	26.90

T

趿(拉)	(动)	tā(la)	21.75
胎	(名、量)	tāi	21.47
滩	(量)	tān	21.128
(书)摊	(名)	(shū)tān	16.11
瘫	(动)	tān	23.64
贪婪	(形)〈书〉	tānlán	26.20
坍塌	(动)	tāntā	21.71
弹簧	(名)	tánhuáng	23.38
坦然	(形)	tǎnrán	25.86
塘	(名)	táng	17.132
堂伯	(名)	tángbó	24.113
唐突	(形、动)〈书〉	tángtū	19.67
堂屋	(名)	tángwū	25.85
淌	(动)	tǎng	25.48
滔滔(地)	(形)	tāotāo(de)	26.34
逃犯	(名)	táofàn	19.57
淘米		táo mǐ	24.111
讨厌	(动、形)	tǎoyàn	24.100
套间儿	(名)	tàojiānr	28.153
特长	(名)	tècháng	23.58
特殊	(形)	tèshū	19.13
特征	(名)	tèzhēng	15.47
疼爱	(动)	téng'ài	28.113
啼	(动)	tí	21.54
提醒	(动)	tíxǐng	23.170
体统	(名)	tǐtǒng	27.11
替身(儿)	(名)	tìshēnr	25.73
天蓝色	(形)	tiānlánsè	19.38
田(横)埂	(名)	tián(héng) gěng	21.6
甜言蜜语		tiányán mìyǔ	28.114
腆	(动)〈方〉	tiǎn	27.23
调和	(形、动)	tiáohé	26.5
条理	(名)	tiáolǐ	20.77
条文	(名)	tiáowén	20.82
条约	(名)	tiáoyuē	18.36
跳荡	(动)	tiàodàng	17.62
跳跃	(动)	tiàoyuè	17.12
贴(着)	(动)	tiē(zhe)	27.74
贴身	(形)	tiēshēn	28.160
铁纱	(名)	tiěshā	26.1
听觉	(名)	tīngjué	20.21
(巴黎)通	(名)	(Bālí)tōng	22.68
(一)通	(量)	(yì)tōng	16.5
通身	(名)	tōngshēn	28.55
通用	(动)	tōngyòng	20.61
同性	(名)	tóngxìng	22.14
铜墙铁壁		tóngqiáng tiěbì	17.90
投	(动)	tóu	17.103
投机	(形、动)	tóujī	24.14
头里	(名)〈口〉	tóuli	17.41

头绳(儿)	(名)	tóushéngr	24.95
透明	(形)	tòumíng	17.24
屠户	(名)	túhù	27.3
土壤	(名)	tǔrǎng	23.76
推辞	(动)	tuīcí	27.109
推动	(动)	tuīdòng	18.61
推翻	(动)	tuīfān	24.58
推让	(动)	tuīràng	28.116
推想	(动)	tuīxiǎng	24.115
吞噬	(动)	tūnshì	16.30
吞吞吐吐	(形)	tūntūntǔtǔ	24.49
脱节		tuōjié	20.73
脱口而出		tuō kǒu ér chū	20.63
脱落	(动)	tuōluò	24.28
脱险	(动)	tuōxiǎn	19.59
拖尾巴		tuō wěiba	17.42
驼背	(名)	tuóbèi	26.19
妥当	(形)	tuǒdang	28.156
椭圆形	(形)	tuǒyuánxíng	26.145
唾弃	(动)	tuòqì	25.59

W

挖苦	(动)	wāku	15.54
瓦楞	(名)	wǎléng	24.26
外道	(动)〈方〉	wàidao	28.86
外甥女	(名)	wàishengnǚ	28.70
外孙女	(名)	wàisūnnǚ	28.57
外祖母	(名)	wàizǔmǔ	28.2
(两)弯	(量)	(liǎng)wān	28.134
顽劣		wán liè	28.108
完满	(形)	wánmǎn	22.69
玩赏	(动)	wánshǎng	22.48
玩物	(名)	wánwù	24.86
丸药	(名)	wányào	28.45
绾	(动)	wǎn	27.78
晚生	(名)	wǎnshēng	27.97
晚霞	(名)	wǎnxiá	26.101
万(万)	(副)	wàn(wàn)	24.39
万分	(副)	wànfēn	21.32
万里无云		wàn lǐ wú yún	17.60
惘然	(形)	wǎngrán	21.66
往日	(名)	wǎngrì	26.83
往往	(副)	wǎngwǎng	18.47
忘怀	(动)	wànghuái	23.29
旺盛	(形)	wàngshèng	23.70
妄想	(名)	wàngxiǎng	25.55
偎	(动)	wēi	21.53
危机四伏		wēijī sì fú	18.76
威力	(名)	wēilì	18.34
威胁	(动)	wēixié	18.77
威严	(形、名)	wēiyán	26.148
维持	(动)	wéichí	20.88
惟独	(副)	wéidú	25.7
维护	(动)	wéihù	18.58
帷幔	(名)	wéimàn	26.7
围剿	(动)	wéijiǎo	17.131
苇眉子	(名)	wěiméizi	17.4
苇子	(名)	wěizi	17.13
委实	(副)	wěishí	24.56
委婉	(形)	wěiwǎn	15.23
萎缩	(动)	wěisuō	26.13
娓娓动听		wěiwěidòng tīng	15.64
唯唯	(象声)〈书〉	wěiwěi	27.10
未曾	(副)	wèicéng	25.71
未尝	(副)	wèicháng	19.24
位次		wèicì	28.100
猬集	(动)〈书〉	wèijí	16.3
为(她)起见		wèi(tā)qǐjiàn	24.48
文静	(形)	wénjìng	19.43
文盲	(名)	wénmáng	20.87
文弱	(形)	wénruò	26.95
文体	(名)	wéntǐ	20.86
文言	(名)	wényán	15.20
文艺复兴	(名)	wényìfùxīng	18.41
窝心	(形)〈方〉	wōxīn	15.74
污泥	(名)	wūní	19.42
呜咽	(动)	wūyè	25.35

X

小人	(名)	xiǎorén	24.128
小叔子	(名)〈口〉	xiǎoshūzi	24.106
小厮	(名)	xiǎosī	28.12
晓得	(动)	xiǎode	17.14
孝心	(名)	xiào xīn	28.152
些须	(名)	xiēxū	27.88
斜刺里		xiécì lǐ	21.91
邪僻	(形)	xiépì	22.28
协商	(动)	xiéshāng	18.71
携手	(动)	xiéshǒu	18.69
卸	(动)	xiè	21.107
懈	(形)	xiè	24.107
谢忱	(名)	xièchén	18.102
心爱	(形)	xīn'ài	22.17
心安梦稳		xīn ān mèng wěn	22.77
心肠	(名)	xīncháng	21.45
心境	(名)	xīnjìng	19.10
心灵	(名)	xīnlíng	19.86
心平气和		xīnpíng qìhé	20.66
心思	(名)	xīnsi	26.45
新兴	(形)	xīnxīng	22.19
信步	(动)	xìnbù	22.6
信守不渝		xìn shǒu bù yú	19.81
形骸	(名)〈书〉	xínghái	24.87
形势	(名)	xíngshì	17.40
形态	(名)	xíngtài	15.42
幸得	(副)	xìngde	27.99
兴会	(名)	xìnghuì	26.114
凶多吉少		xiōng duō jí shǎo	23.102
凶恶	(形)	xiōng'è	27.66
修长	(形)	xiūcháng	17.10
(钱袋)羞涩	(形)	(qiándài) xiūsè	16.16
休(说)	(副)	xiū(shuō)	22.15
袖手旁观	(成)	xiù shǒu páng guān	18.98
嘘	(动)	xū	25.36
虚伪	(形)	xūwěi	26.120
许(给)	(动)	xǔ(gěi)	25.5
蓄	(动)	xù	26.60
叙功	(动)〈书〉	xùgōng	27.63
絮絮	(形)	xùxù	25.20
序言	(名)	xùyán	18.38
轩昂	(形)	xuān'áng	28.96
轩敞	(形)	xuānchǎng	27.107
轩峻	(形)	xuānjùn	28.80
漩涡	(名)	xuánwō	26.132
旋转	(动)	xuánzhuǎn	25.65
穴	(名)	xué	25.91
学名	(名)	xuémíng	28.53
学徒	(名)	xuétú	21.77
雪耻	(动)	xuěchǐ	23.84
寻常	(形)	xúncháng	19.21
驯骡		xún luó	28.74
驯熟	(形)	xúnshú	25.38
寻死觅活		xún sǐ mì huó	25.13
(稍)逊	(形)〈书〉	(shāo)xùn	23.65
迅速	(形)	xùnsù	19.50
殉葬	(动)	xùnzàng	28.151

Y

哑	(象声)	yā	21.55
丫头	(名)	yātou	28.19
丫鬟	(名)	yāhuan	28.27
压制	(动)	yāzhì	26.169
雅称	(名)	yǎchēng	23.19
雅座	(名)	yǎzuò	22.72
烟霭	(名)〈书〉	yān'ǎi	24.24
烟波	(名)	yānbō	17.118
奄奄	(形)	yānyān	21.59
言谈	(名)	yántán	28.34
严办		yán bàn	21.12
严厉	(形)	yánlì	24.105
俨然	(形)〈书〉	yǎnrán	24.76
掩饰	(动)	yǎnshì	22.38
厌倦	(动)	yànjuàn	24.85

厌弃	(动)	yànqì	25.78
厌恶	(动)	yànwù	26.30
秧	(名)	yāng	17.61
央(人)	(动)	yāng(rén)	25.32
央及	(动)	yāngjí	27.43
阳性	(名)	yángxìng	22.36
佯装	(动)	yángzhuāng	15.55
养兵千日用兵一时	(成)	yǎngbīngqiānrì yòngbīngyìshí	23.11
养活	(动)〈口〉	yǎnghuo	27.31
仰仗	(动)	yǎngzhàng	24.73
吆喝	(动)	yāohe	17.111
摇(船)	(动)	yáo(chuán)	17.58
摇摆	(动)	yáobǎi	21.88
遥相呼应		yáo xiāng hū yìng	23.118
咬紧牙关		yǎo jǐn yá guān	21.111
咬啮	(动)〈书〉	yǎoniè	23.31
(眼睛)窈陷	(动)	(yǎnjing)yǎo xiàn	25.88
药罐	(名)	yàoguàn	26.171
药棉	(名)	yàomián	19.49
要害	(名)	yàohài	18.79
要命		yào mìng	19.73
野兽	(名)	yěshòu	25.30
腋下	(名)	yèxià	26.70
业余	(名)	yèyú	23.21
一触即溃	(成)	yìchù jíkuì	23.100
一旦	(副)	yídàn	20.51
一定(的)	(形)	yídìng(de)	20.29
一概	(副)	yígài	28.41
一举两得	(成)	yì jǔ liǎng dé	22.73
一扫而空		yì sǎo ér kōng	25.101
一失足(成)千古恨	(成)	yì shī zú (chéng) qiān gǔ hèn	23.148
一望无边		yí wàng wú biān	17.87
一一	(副)	yīyī	20.14
一准	(副)	yìzhǔn	17.69
衣料	(名)	yīliào	22.53
依循	(动)	yīxún	26.135
依依	(形)	yīyī	19.75
依(从)	(动)	yī(cóng)	25.8
噫	(叹)	yī	27.49
疑惑	(动)	yíhuò	24.76
疑惧	(动)	yíjù	26.113
疑虑	(名)	yílǜ	25.100
以来	(方位)	yǐlái	27.7
倚赖	(动)	yǐlài	20.22
意念	(名)	yìniàn	20.13
异日	(名)	yìrì	28.91
异性	(名)	yìxìng	22.13
议题	(名)	yìtí	18.75
亿万	(数)	yìwàn	18.13
意味	(名)	yìwèi	21.100
抑郁	(形)	yìyù	20.68
抑制	(动)	yìzhì	26.94
阴沉	(形)	yīnchén	24.66
阴凄凄	(形)	yīnqīqī	21.37
音素	(名)	yīnsù	20.10
阴性	(名)	yīnxìng	22.34
银白	(形)	yínbái	17.18
引动	(动)	yǐndòng	27.77
引言	(名)	yǐnyán	16.1
隐蔽	(动)	yǐnbì	17.99
隐痛	(名)	yǐntòng	23.30
隐语	(名)	yǐnyǔ	24.78
鹦鹉学舌		yīngwǔ xué shé	20.8
赢	(动)	yíng	23.55
赢得	(动)	yíngdé	18.9
萦绕	(动)	yíngrǎo	19.85
影壁	(名)	yǐngbì	17.71
应酬	(动)	yìngchou	24.116
应门	(动)	yìngmén	19.62
应运而生		yìng yùn ér shēng	18.29
硬朗	(形)〈口〉	yìnglang	15.63

(打)硬仗	(名)	(dǎ)yìngzhàng	23.54
硬碰硬		yìng pèng yìng	23.85
拥抱	(动)	yōngbào	25.99
拥护	(动)	yōnghù	18.8
涌	(动)	yǒng	24.117
用度	(名)	yòngdù	28.4
优劣		yōu liè	23.137
幽微	(形)	yōuwēi	24.4
悠悠自得		yōuyōu zìdé	22.5
忧郁	(形)	yōuyù	19.16
犹	(副)〈书〉	yóu	28.4
油晃晃	(形)	yóuhuǎng huǎng	27.67
油渍	(名)	yóuzì	26.61
游击	(名)	yóujī	17.29
有底		yǒu dǐ	23.66
有点(儿)	(副)	yǒudiǎnr	26.55
有益	(形)	yǒuyì	18.2
迂回战	(名)	yūhuízhàn	23.106
余威	(名)	yúwēi	23.158
与	(动)	yǔ	28.158
与众不同		yǔ zhòng bù tóng	25.12
伛偻	(形)〈书〉	yǔlǚ	26.156
玉	(名)	yù	28.107
欲	(副)〈书〉	yù	28.21
欲望	(名)	yùwàng	26.130
寓	(动、名)	yù	24.7
狱(中)	(名)	yù(zhōng)	19.27
预防	(动)	yùfáng	24.44
遇合	(动)	yùhé	19.83
原故	(名)	yuángù	28.112
原野	(名)	yuányě	19.70
原则	(名)	yuánzé	18.68
怨不得		yuàn bu de	28.60
怨府	(名)〈书〉	yuànfǔ	24.62
怨恨	(动、名)	yuànhèn	17.79
院落	(名)	yuànluò	28.94
曰	(动)〈书〉	yuē	24.9
约莫	(副)	yuēmo	19.74
月白	(形)	yuèbái	24.96
月钱	(名)	yuèqián	28.65
越轨		yuè guǐ	22.33
云彩	(名)〈口〉	yúncai	17.23
云烟	(名)	yúnyān	19.8
运气	(名)	yùnqi	21.124

Z

砸锅	〈方〉	zá guō	15.9
杂粮	(名)	záliáng	21.24
杂忆	(名)	záyì	15.2
宰	(动)	zǎi	24.19
在意		zài yì	28.6
在座	(动)	zài zuò	18.82
赞许	(动)	zànxǔ	20.70
藏青	(形)	zàngqīng	26.143
遭(到)	(动)	zāo(dào)	23.44
早晚	(名、副)	zǎowǎn	27.108
造化	(名)	zàohua	26.76
则	(连)〈书〉	zé	24.55
贼	(名、形)	zéi	17.65
增益	(动)	zēngyì	18.25
债	(名)	zhài	21.44
沾惹		zhānrě	28.105
瞻仰	(动)	zhānyǎng	22.42
展现	(动)	zhǎnxiàn	18.3
战果	(名)	zhànguǒ	23.82
战利品	(名)	zhànlìpǐn	17.108
战友	(名)	zhànyǒu	19.29
张罗	(动)	zhāngluo	26.62
张望	(动)	zhāngwàng	26.72
长(一辈)	(形)	zhǎng(yībèi)	24.8
长房	(名)	zhǎngfáng	28.11
掌管	(动)	zhǎngguǎn	28.161
长亲	(名)	zhǎngqīn	27.13
障碍物	(名)	zhàng'àiwù	20.23
帐簿	(名)	zhàngbù	22.58
帐房	(名)	zhàngfáng	26.108

帐目	(名)	zhàngmù	22. 60
丈人	(名)	zhàngren	27.2
招架	(动)	zhāojià	19.33
着慌		zháo huāng	17.123
召集	(动)	zhàojí	17.36
照旧	(形)	zhàojiù	25.46
哲人	(名)〈书〉	zhérén	18.27
折罪		zhé zuì	24.129
这忽儿	(名)〈口〉	zhèhūr	21.102
真格的	(形)〈方〉	zhēngéde	15.34
珍惜	(动)	zhēnxī	18.55
针线	(名)	zhēnxian	28.102
缜密	(形)	zhěnmì	23.126
阵地	(名)	zhèndì	23.156
阵容	(名)	zhènróng	23.51
镇定	(形)	zhèndìng	19.44
震动	(动)	zhèndòng	17.33
震荡	(动)	zhèndàng	17.96
蒸	(动)	zhēng	25.31
蒸笼	(名)	zhēnglóng	21.80
争(口)气		zhēng(kǒu)qì	23.96
征兆	(名)	zhēngzhào	16.44
整幅	(形)	zhěngfú	20.32
拯救	(动)	zhěngjiù	26.137
正题	(名)	zhèngtí	15.33
正话	(名)	zhènghuà	15.31
正经	(形)	zhèngjing	27.12
正门	(名)	zhèngmén	28.9
正义感	(名)	zhèngyìgǎn	18.97
证书	(名)	zhèngshū	23.152
(与)之	(代)	(yǔ)zhī	16.21
知己	(形、名)	zhījǐ	22.32
支离破碎	(成)	zhīlí pòsuì	20.76
支配	(动)	zhīpèi	23.89
支取	(动)	zhīqǔ	25.81
支吾	(动)	zhīwu	23.151
直接	(形)	zhíjiē	19.61
直来直去		zhí lái zhí qù	15.28
职业	(名)	zhíyè	23.20
执意	(动)	zhíyì	25.75
只得	(副)	zhǐdé	24.6
只消	(连)〈方〉	zhǐxiāo	27.58
指导	(动)	zhǐdǎo	18.59
指教	(动)	zhǐjiào	21.10
指使	(动)	zhǐshǐ	21.13
指引	(动)	zhǐyǐn	25.37
致(以)	(动)	zhì(yǐ)	18.100
致敬	(动)	zhìjìng	24.16
稚气	(形)	zhìqì	19.71
至亲骨肉	(形)	zhìqīn gǔròu	27.112
志士	(名)	zhìshì	19.69
秩序	(名)	zhìxù	26.184
制止	(动)	zhìzhǐ	17.85
中断	(动)	zhōngduàn	16.8
中人	(名)	zhōngrén	24.94
中止	(动)	zhōngzhǐ	24.80
衷心	(形)	zhōngxīn	20.69
终归	(副)	zhōngguī	19.40
终结	(动)	zhōngjié	24.130
终日	(名)	zhōngrì	22.79
肿	(动)	zhǒng	26.14
中举		zhòng jǔ	27.1
众所周知		zhòng suǒ zhōu zhī	18.85
周正	(形)〈方〉	zhōuzheng	24.101
肘弯	(名)	zhǒuwān	21.103
(一)株	(量)	(yì)zhū	24.118
株连	(动)	zhūlián	19.80
猪油	(名)	zhūyóu	27.20
逐渐	(副)	zhújiàn	23.59
主导权	(名)	zhǔdǎoquán	23.63
主力	(名)	zhǔlì	23.25
主张	(动、名)	zhǔzhāng	26.118
注儿	(名)	zhùr	15.8
注视	(动)	zhùshì	22.37
铸成	(动)	zhùchéng	26.128
祝福	(动)	zhùfú	24.1
专横	(形)	zhuānhèng	26.150

转化	(动)	zhuǎnhuà	20.57
转弯抹角		zhuǎnwān mòjiǎo	20.45
转移	(动)	zhuǎnyí	17.116
妆束	(名)	zhuāngshù	28.28
装大		zhuāng dà	27.14
装蒜	〈口〉	zhuāng suàn	26.87
壮胆		zhuàngdǎn	27.65
壮丽	(形)	zhuànglì	28.81
惴惴	(形)〈书〉	zhuìzhuì	25.90
拙	(形)	zhuō	28.84
捉摸	(动)	zhuōmō	15.51
卓越	(形)	zhuōyuè	18.11
着落	(名)	zhuóluò	16.19
姿态	(名)	zītài	20.65
滋味儿	(名)	zīwèir	15.14
子弟兵	(名)	zǐdìbīng	17.133
自爱	(动)	zì'ài	26.181
自不待言		zì bù dài yán	16.24
自负	(形)	zìfù	26.75
自觉	(动)	zìjué	20.11
自来	(副)	zìlái	28.36
自命	(动)	zìmìng	26.166
自是	(动)	zìshì	26.151
自投罗网	(成)	zìtóu luówǎng	19.46
自慰	(动)	zìwèi	21.99
自信	(动)	zìxìn	23.42
自制	(动)	zìzhì	23.47
纵酒	(动)	zòngjiǔ	26.141
纵然	(连)	zòngrán	18.6
纵使	(连)	zòngshǐ	16.29
走投无路		zǒu tóu wú lù	25.26
组长	(名)	zǔzhǎng	17.30
诅咒	(动)	zǔzhòu	15.71
醉醺醺	(形)	zuìxūnxūn	25.4
尊姓大名		zūnxìng dàmíng	19.64
作揖		zuō yī	27.5
左右	(副)	zuǒyòu	25.1
作难	(动)	zuònán	27.61
作为	(动)	zuòwéi	16.15
作兴	(副)〈方〉	zuòxīng	15.11

注　释　索　引

词语例解索引